陕西古代文献研究

（第一辑）

贾三强　主编

商务印书馆
The Commercial Press
创于1897

2016年·北京

图书在版编目（CIP）数据

陕西古代文献研究. 第1辑 / 贾三强主编. — 北京：
商务印书馆，2016
ISBN 978 - 7 - 100 - 12691 - 5

Ⅰ．①陕… Ⅱ．①贾… Ⅲ．①地方文献－研究－陕西
－古代 Ⅳ．①K294.1

中国版本图书馆CIP数据核字（2016）第253476号

陕西古代文献研究
（第一辑）
贾三强　主编

商　务　印　书　馆　出　版
（北京王府井大街36号　邮政编码100710）
商　务　印　书　馆　发　行
三河市尚艺印装有限公司印刷
ISBN　978 - 7 - 100 - 12691 - 5

2016年11月第1版　　　　开本 710×1000　1/16
2016年11月北京第1次印刷　印张 17

定价：60.00元

《陕西古代文献集成》编纂手记
（代前言）

贾三强

　　"陕西古代文献集成"是新中国成立以来陕西省实施的最大的古籍整理项目。项目预期分成两个阶段，分别在"十二五"规划和"十三五"规划期间启动并完成。课题的任务是，将历史遗留下来而又没有经今人整理过，或虽经今人整理但整理本有较多问题，并且具有很高历史和文化价值的典籍，整理成为点校本或注释本，以供中等以上文化程度的人们阅读。工程浩大，任务繁重，时间紧迫，要求很高，需要课题组织者和参与者付出很大的努力，将这项世纪工程做好，不仅为当代也为后世贡献一份珍贵的精神遗产。

一、课题缘起

　　中国历史上凡是经济繁荣、民众富庶、社会安泰时，执政者往往把精力和财力投入到文化建设上来。宋初四部大书《太平御览》、《太平广记》、《文苑英华》、《册府元龟》，明初《永乐大典》，清代康熙乾隆年间的《古今图书集成》和《四库全书》等，无不基于这种背景。这就是所谓"盛世修书"的传统。

　　改革开放以来，陕西省长期在全国经济发展方面居于中游甚至偏下，上一辈学者欲整理陕西古代文献者不乏其人，但是都因所需巨资无法筹措而望洋兴叹。西北大学文学院的学者在 21 世纪初就曾提出过编纂《陕西乡贤文集丛书》和《陕西方志丛书》整理本的设想，但是由于投资巨大，耗时甚多而未能得到有关方面的回应，不得不暂时作罢。

国家实施西部大开发的战略，提出将西安市建成国际性大都会的设想。陕西省政府根据古长安是十三朝古都，陕西省是中华民族的发祥地之一的地缘优势，不失时机地提出了要将陕西省建设成我国的文化大省和文化强省的战略目标。较之十几年前，陕西省的综合经济实力有了较大的提升。近年来陕西省在文化遗址修复和文物保护方面，采取了大力度的措施，恢复和整修了相当多的文物古迹，例如日前已列入世界遗产名录的汉长安城未央宫遗址、唐长安城大明宫遗址，以及汉昆明池遗址公园、汉城湖公园、唐芙蓉园、曲江遗址公园等；文物的修复保护也取得很大成就，如秦始皇陵兵马俑的彩绘保护、古代纸质文献的修复保护等。这些成就赢得了举世瞩目。但是这些成果，主要是从空间上展现文物和遗址的形貌，而这些文化遗产内在的精神支撑，也就是其产生的时代、背景、存在、湮毁等丰富的文化信息，更要依靠文献的记述。正如笔者在一篇文章中所说："历史上的文明，文物只是一端，而文献则构成另外一极。无文物则不睹其容，无文献则不知其故。文物为体，文献则为神，着此一睛，则飞龙在天。"更何况有些精神遗产是地面文物所无法负载的。例如，宋代以后，理学成为中国官方的主要意识形态，而陕西关中理学即关学是其重要的组成部分。关学的代表人物张载、马理、吕柟、冯从吾、康乃心、李颙、李因笃、王心敬等人的著作，不仅是陕西省的珍贵文化遗产，也是中华民族的精神财富。张载的"为天地立心，为生民立命，为往圣继绝学，为万世开太平"的豪言壮语，成为世世代代立志为国捐躯的有志之士的座右铭。而这些遗产，也亟待抢救。如《康乃心全集》目前只有中国社科院图书馆收藏的一套手抄本，各种意外，都可能使其永远失去。

2005 年，笔者在一次学术会议上见到山东大学古籍所所长郑杰文教授。郑教授建议说，山东和陕西堪称是中国古代文献的渊薮，山东省已决定整理出版《山东文献集成》，陕西省理应启动类似项目。确实如此，单就经典性的古代文献，山东有《论语》、《孟子》，陕西则有《周易》、《周礼》、《史记》、《汉书》，《诗经》和《尚书》中亦有相当篇目与陕西有关。

有鉴于此，我们认为编纂一套能比较全面反映陕西省古代文化辉煌成就的大型丛书的时机已经成熟，并且刻不容缓。2011 年初，我们通过陕西省人民政府参事室向省政府提出建议：抓住当前有利时机，倾省内外可以利用的学术资源，尽速启动，用 10 年左右时间编纂一套全面反映陕西古代文献成就的大型丛书《陕西古代文献集成》。

陕西省人民政府主要领导迅速做出批示："对我省历史上形成的，目前又没有被整理出版的典籍，应下力气投入，以传承历史文化和文明。"批准"陕西古代文献集成"项目为陕西省"十二五"规划重大古籍整理项目。

二、精心组织

项目获得立项后，下来是将项目面临的各种问题逐一研究，有条不紊地具体落到实处。

1. 成立"陕西古代文献集成"编辑修纂工作班子。一是编修委员会，由陕西省省长任主任，中共陕西省委宣传部部长和主管文化的副省长任副组长，各主要参与单位的领导任成员；二是成立专家委员会，由陕西省古籍整理保护出版工作领导小组（以下简称"省古籍整理领导小组"）专家委员会代行职责；三是成立编纂委员会，设在项目直接承担者西北大学，负责项目的编纂实施工作。由一批在国内享有盛誉的专家担任顾问，由一批以陕西省内年富力强的古代文献学者为主，担任委员会成员。项目的首席专家为西北大学文献中心主任、古典文献学学科带头人贾三强教授。编纂委员会还确定了一期工程的具体进展计划。并且提出，这一项目在省古籍整理领导小组统一领导下实施开展，省古籍整理出版办公室负责项目的总体协调和日常行政事务工作，负责协调各有关单位的协调沟通，督促检查项目的进展情况和经费使用情况。西北大学为项目的第一承担单位，负责项目的具体组织和实施。为落实这些要求，省古籍整理领导小组于 2012 年 9 月下发文件，通知到了各相关单位。

西北大学还在项目主持人贾三强教授所在的文学院成立了重大项目管理办公室，从办公场所、人员配备方面提供了必要条件，使项目顺利启动。

2. 确定子课题。按照省政府文件精神，我们决定先整理一批没有经过今人整理，或虽有近人整理本但整理本存在较多问题的典籍。为了有利于今人阅读，特别是有利于省内各级官员阅读，以便使这些文化资源成为今天的经济建设、精神建设、社会建设和环境建设的有用信息，我们决定不采用国内某些省市采取的古籍影印的方式，而是采用古籍点校本，并用繁体字横排本的形式，这样既尊重了古代文献的原有形式，又便于今人的阅读。既然确定为目前只做尚未有今人整理本的陕西古代典籍，课题组经过反复研究论证，确定下来约 304 个子课题，依传统古籍分类法，分成经史子集四部。按前后两期实施，"十二五"期间先行完成 151 个子课题。在这些子课题的确定中，专家委员会意见得到了极大的重视。

3. 开展项目的招标工作。根据专家委员会的建议，对于子课题的承担，我们决定采用招标制和委托制结合的办法，以招标制为主，而无人投标或投标者明显不合要求者，再采用委托专家承担的方法。省古籍整理小组在 2012 年 9 月下发文件，公开向省内征集一期工程的 151 个子课题的承担者。以省内高校和古籍整理部门为主的学者踊跃申报，经编纂委员会初审，决定将 74 位学者申报的 117 项子课题交付专家委员会审查。2013 年元月，专家委员会审定 107 项子课题合格。入选者绝大多数是近年来从事文献研究已有成就的中青年学者，有一部分已对所申报的子课题有了相当深入的研究。对于无人申报或申报者不合要求的课题，还有专业性太强如中医药方面的子课题，我们采取了委托相关的具有高水平的专家承担的方式，现在已在着手进行的子课题有 160 余项。

4. 多次召开相关会议，进行学术交流，互促互进，并及时解决实际问题。在项目规划时，我们就提出了课题进行中，每年召开一次学术研讨会、一次行政事务会设想。前者主要交流课题研究中的学术问题，后者主要针对项目进行中出现的各种事务性问题，及时加以解决。2013 年 3 月，东亚汉学研究学会（秘书处设在日本长崎大学）、西北大学文学院和陕西省社会科学院古籍整理研究所联合举办，西北大学文学院承办了"陕西地方文献国际学术研讨会"。与会专家学者 50 余人，分别来自日本，中国大陆和台湾地区，共提交论文 41 篇。论文专业性强，水平高，围绕陕西古籍整理与校勘、古代文献编年、宗教文献的文学阐释、陕西地方方言、域外汉学的开拓与发展等学术问题，进行了深入的交流。会议期间，还举行了"陕西古代文献"课题开题报告会。由贾三强教授介绍项目的立项和准备工作，省古籍办副主任吴敏霞研究员发表了讲话。与会专家一致认为项目具有重大的文化意义，并且对项目的各方面问题提出了许多好的意见和建议。对于这次会议，《中国社会科学报》2013 年 3 月 4 日曾专发消息《"陕西古代文献集成"项目启动》予以报道。会议论文由东亚汉学研究学会会刊《东亚汉学研究》出版特别号《"陕西地方文献国际学术研讨会"论文集》悉数发表。

2014 年 6 月，西北大学文学院和陕西省社科院古籍所举办了"第二届陕西地方文献学术研讨会"，会议的参加者全部是项目的承担者，各位学者专家对自己承担课题中的学术问题做了归纳研究，发表的论文有很强的现实针对性。对于项目的深入开展和将项目做成高质量的学术成果，可谓是一次高调的"集结号"。

行政事务会议也力争开成办实事、解决实际问题、不务空谈的交流会。虽然我们已给各位课题承担者发了《工作手册》，专门规定了体例，但是在实际操作中，仍然产生了一系列问题。于是 2013 年 10 月召开的行政事务会议，专就体例不一展开了研讨。集思广益，将各位专家学者的意见建议分门别类做了梳理，又重新修订了《工作手册》，大家反映良好。此后，关于体例问题的意见已很少出现。

根据实际需要，从事编修编纂的单位建立了畅通的管道，问题一发生，就做出快速反应，及时沟通，及时解决。去年年末，省政府主管文化的副省长过问了项目的进展，明确表示，这个项目是省上亲自抓的重大文化项目，也是新中国成立以来投资最多的软文化工程，受到省委省政府主要领导的关注，必须抓紧抓好。为此，陕西省社科院、陕西省古籍整理办公室、陕西省古籍整理委会员专家委员会、西北大学四家的领导和项目主持人开会，对当前面临的问题一一过滤，采取相应对策。如稿件完成后的审阅、成书的分集等具体问题均涉及，并且有了明确的应对之策。

5．利用电子信息时代的优势，建立随时应答的动态管理模式。项目日常的工作人员现有4人，其中3人为在校博士生等。他们利用年轻上进、电子信息技术较为精通的优势，提出了很多很好的建议。例如建立了全员的电子通信网，随时随地都可与各位项目承担者进行联系，实现无纸交流，无纸办公。并且建立了联络群，可以随时发布各种信息，对各种问题进行及时应答。具有普遍性的问题，还可由专门或专业人士进行解答。

最近，我们正在建设"陕西古代文献集成"信息终端，逐步将一些共享的资源录入，建成课题组的大资料库、大信息库。这个终端的建成，必将为课题的开展起到重要的促进作用。

三、成果怡人

现在，我们一方面督促课题承担者尽快交稿，一方面要组织审稿。经陕西省古籍办协调，决定由省古籍整理领导小组的专家委员会组成审稿小组。下一步的审稿工作将是紧张繁重的。

从目前提交的稿件看，质量大都令人满意。有些整理成果，还具有相当高的学术价值。

1．精心撰写点校前言和凡例。我们要求，点校前言要交代作者、著述及版本、学术或文学成就、点校特点等，不拘一格，但必须包括以上主要信息。试举李廷训《醯鸡吟》中整理者关于李庭训生平的考证：

> 《醯鸡吟》是晚明人李廷训创作的一部诗集。有关李廷训的生平资料甚少，《明史》等正史上无传，虽于地方志上有一些记载，但都语焉不详，倒是在其诗集中留存了不少的原始材料，将外证与内证结合起来进行考察，还是可以大致勾勒出李廷训的主要事迹。
>
> 明隆庆五年刻万历三十五年增修本《保定府志》卷八记载："李廷训，固原州人，由进士升南京户部主事。"乾隆《甘肃通志》卷三二所载"乙酉科"举人有："李廷训，固原人。"按，"乙酉"即万历十三年（1585）。又卷三三所载"乙未科"进士有："李廷训，固原人。"按，"乙未"即万历二十三年（1595）。《醯

鸡吟》卷首《醯鸡吟自叙》自署："关中六盘山人"云云。按，"六盘山"位于明代平凉府固原境。卷二《经金佛峡》题下自注："余幼时赴平凉"云云，《济泾行》题下自注："时余以忧归也。丙午"按，"忧"即指丁忧，在任官员回乡为父母守丧。"丙午"即万历三十四年（1606）。诗中有句曰："溯泾流兮望崆峒"云云。按"泾流"指源出于六盘山的泾水，"崆峒"即崆峒山，为六盘山的古称，均处于明代平凉府固原州境。据此种种可知，李廷训原籍为明代固原人，即今宁夏固原人。按，"李廷训"一作"李庭训"，见《雍正河南通志》卷九"归德府·宁陵县"条所载，乾隆三十四年抄本《庄浪志略》卷二十所收《署篆静宁州别驾王公德政碑记》一文的署名。以及下文所引者。又据《乾隆西安府志》卷四二《选举志》载"万历二十三年乙未朱之蕃榜"进士有："李廷训，三原人。"又卷四三《选举志》载"万历十三年乙酉科"举人有："李廷训，三原人。"《雍正陕西通志》卷三一、卷三二所载者亦同。《雍正河南通志》卷三三记载："李廷训，陕西三原人，进士。"乾隆四十八年刻本《三原县志》卷六记载："乙酉科，李庭训。""乙未科，李庭训。"而《醯鸡吟》卷八《壬辰银夏之乱周将军手刃刘酉功居其首》题下自注："戊午，偶访余于三原，故有赠别之句，以志余意焉。"按，"戊午"，即万历四十六年（1618）。同卷《渭原道中》首联曰："家山西万里，匹马向三原。"卷十三《陈幼白学使校士三原》首联曰："三辅人文挟策来，代天哲匠持闱裁。"可知李廷训晚年又移家定居于三原，即今陕西三原。而据卷十三《瓮园记》诗序曰："癸丑夏，余卜郊西南隅隙地，构筑一室，题曰'瓮园'，以艰于水也。……区区五亩之宅，亭榭外所植花卉几何，窃取陶公涉园成趣之意，故谬以八景题之。"按，"癸丑"，即万历四十一年（1613）。知其定居三原当在此前后。

整理者主要根据地方志和作品内证等有限资料，将李廷训的生平做了最大限度的勾勒复原，使我们对这位极少为人所知的四百年前乡先贤的生平事迹，有了比较清晰的了解。

毕沅是乾嘉学派中的领军人物之一，且位高权重，其言颇为世人所重。《关中金石记》是其呕心沥血之作，清人评价甚高。钱大昕《序》谓："斯记自关内、山南、河西、陇右，悉著于录，而且征引之博，辨析之精，沿波而讨源，推十以合一，虽曰尝鼎一脔，而经史之实学寓焉。大昕于兹事，笃嗜有年，尝恨见闻浅尠，读公新制，如获异珍。"然其中亦有一些讹误。整理者据实考之正之，如《芮定公碑》条：

> 永徽元年六月立，李义府撰文，正书，无姓名，在醴泉西谷村。
>
> 芮定公者，豆卢宽也。《唐书·钦望传》，祖宽，高祖初擢殿中监。子怀让，

尚万春公主。贞观中迁礼部尚书、左卫大将军、芮国公，卒赠特进、并州都督，谥曰定。此碑额题曰"唐故特进芮国公"，与史所称正合。文甚泐，赵氏《金石目录》以为义府所撰，当无误也。

豆卢氏，本慕容之后，有名苌者，于魏封北地王，始赐此姓。《元和姓纂》云，慕容连，北地王之后。

整理者对此做了考辨：

首先，此条节引《旧唐书》不当，致文意不清。《旧唐书·豆卢钦望传》原文为："祖宽……高祖定关中……累授殿中监，仍诏其子怀让尚万春公主……贞观中历迁礼部尚书、左卫大将军，封芮国公。永徽元年卒，赠特进、并州都督，陪葬昭陵，谥曰定。""贞观中"云云乃指豆卢宽，非其子怀让。

其次关于北地王的考述有误。其一，关于北地王，据《晋书》、《北史》、《隋书》等先后有后燕慕容精和南燕慕容钟，豆卢氏为何者之后，史书记载多有抵牾之处，无从确考，岑仲勉《元和姓纂四校记》豆卢条有详细辨析，可参看。另，史书记载尚有一北地王后汉刘谌，与豆卢氏无关。其二，据《北史·豆卢宁传》，豆卢宁"父苌，魏柔玄镇将，有威重，见称于时。武成中，以宁勋追赠柱国、大将军、少保、涪郡公"。无封北地王事。其三，据史书记载，后燕亡后，公卿多归北魏。而豆卢氏来源，据《北史·豆卢宁传》，豆卢宁"高祖胜，以燕皇始初归魏，授长乐郡守，赐姓豆卢氏。或云北人谓归义为豆卢，因氏焉。又云避难改焉，未详孰是"。三种说法各异，但都与燕灭于魏这一历史背景有关，当非毕沅所说始于"有名苌者，于魏封北地王"。其四，说"慕容连，北地王之后"亦为舛讹。考《元和姓纂》"慕容"、"豆卢"条，无慕容连其人。而"豆卢"条云："本姓慕容，燕王廆弟、西平王慕容运孙北地王精之后。入魏，北人谓'归义'为'豆卢'，道武因赐姓豆卢氏。精生犹丑，犹丑曾孙苌、永思、宁。宁生绩……永思生通，通生宽，唐礼部尚书芮定公。宽生承业、怀让。"与"连"字形近者只有"運"字，然"運"非北地王之后，却是始封北地王者慕容精的祖父，"连"或为"運"之讹。

而这类点校前言，不啻是精严的学术论文。也确有整理者在学术刊物或学术会议上将其作为论文发表，引发了学界的关注和兴趣。

2. 标点要一再推敲，力争不出错误。有些甚至经整理者与审稿者的多次往复商量，方才最后确定。康海《对山集》的整理者是位青年学者，其点校整理颇具功力，但偶有不妥之处。如《明故承事郎辉县知县李君墓志铭》之铭文曰："华山之麓，其坟穹然。是惟君宅，行义不爽。俾艰厥嗣，天亦允惑。子德孔庄，子行弗长。子名则扬，视履罔斁。天乎何忌？永兹千世。"审稿者改为："华山之麓，其坟穹然。是惟君宅。行义不爽，俾艰厥嗣，天亦允惑。子德孔庄，子行弗长，子名则扬。视履罔斁，天乎何忌？永兹千世。"整理者始则表示不解，审稿者说明，不要机械地认为这种四言之文必是两两成句，而还要看文义，特别是此类文字通常有韵，故还要看其韵脚。这就使得整理者心服口服，并且从中学到了古籍整理的一些知识。

3. 采用按语形式说明难点和纠正谬误。有的课题承担者提出，有些原著中有明显讹误，但限于主要做点校整理本的体例，无法用笺注的方式加以纠正。但若不予指出改正，会影响读者阅读，甚至以讹传讹。我们认为，这次大规模的古籍整理工作，首先就是要让今天的大专毕业水平以上的读者能读懂理解，因此建议，采用变通方式，可以在校记中用加按语的方式解决。而且古人著作中亦有此例。《对山集·奉直大夫通州知州张君墓志铭》，整理者句读为："若审编之公惟醴泉解理常与君不避豪右"，句意殊为难解。故审稿者建议改为："若审编之公，惟醴泉解理常与君不避豪右"，并在校记中加按语："解理常，按《乾隆醴泉县志》卷八《闻人》：'解经，字履常，成化十六年乡试第一……历官户部郎中、盐运司运同。'当系此人。然未详'理''履'孰是。"既以他书校勘，指出"理"或作"履"，同时又说明了墓主与解氏在审核编制人丁赋役等方面不畏豪强之事，使文义豁然开朗。

毕沅《关中金石记·绎山碑》条云："李斯篆，在西安府学。"指北宋徐铉摹本刻石在西安府学（今西安碑林）。此条对碑中的"攸"字做了考证：

> "攸"作"攸"，《说文解字》曰："攸，行水也，从攴攴、人〔一〕，水省〔二〕。"秦刻石作"汶"。今此作"攸"，盖用水省之意，优于许，而与"汶"则不相合矣。

文义相当佶屈古奥，故需略加说明。整理者的校记为：

> 【一】"人"，此前脱一"从"字。见（汉）许慎撰、（清）段玉裁注《说文解字注》第 124 页，上海古籍出版社 1988 年。以下引《说文解字》俱出此书。
>
> 【二】"水省"，按段注曰："《卫风》传：'汶汶，流貌是也。作汶者，俗变也。'据此，"攸"字亦写作"汶"。许慎所谓"水省"，即谓省去"氵"字边。此则与毕沅所谓用"攸"代"汶"是"用水省"之意，并谓此用法优于许慎之意有异。

经过校记【二】的说明，文义就相当明白了。

4. 对少数校注本要求重在笺证。这类整理本很少，主要是一些博硕士生的论文。既然已经做成校注本，我们也择其善者采入丛书。其花费的精力与学术之水准也达到相当的程度。王庭诶《松门稿校注》是一篇硕士论文，作者在读博期间又用了很多精力加以修订，几乎对每一篇诗文中的典故都做了笺证。可见其用心之勤之苦。《送理斋徐公参藩河南序（代）》，整理者"解题"谓：

　　此序为王庭诶代他人所作。理斋徐公，当为徐三畏。徐三畏（？—1608），字子敬，直隶任丘人。万历五年（1577）进士。初授绛县令。万历六年（1578）为扶风县令。万历十一年（1583）擢户科给事中。万历十二年（1584）出为陕西按察佥事。万历十六年（1588）二月，升河南参议，领河内、武陟、沁河诸卫黄河堤坝修筑工程。是年十二月，升河南副使，备兵磁州。万历十八年（1590）七月，升陕西右参政。寻为左参政。万历二十一年闰十一月，为陕西按察使。万历二十六年（1598）七月为右佥都御史，巡抚甘肃。万历二十九年（1601）七月，升兵部右侍郎。万历三十三年（1605）十一月，加兵部尚书。十二月，以兵部尚书兼右副都御使总督陕西三边军务粮饷。万历三十五年（1607）八月加太子太保。万历三十六年（1608）九月卒于官（参阅明张溶《明神宗显皇帝实录》、清宋世荦嘉庆《扶风县志》、清胡延光绪《绛县志》）。此序当作于万历十六年（1588）二月左右，徐三畏赴河南参议任之前。其时王庭诶以告病归里，离京近一年。

由此可见，中壮年文献学专家学者在课题进行中起到了中流砥柱的作用。而在收获课题成果的同时，我们又看到陕西省新一代文献学人才的茁壮成长，还有什么比这样的事更让人高兴的呢？

《陕西古代文献研究》是"陕西古代文献集成"项目在进行过程中的一些研究成果，将不定期结集出版，以期成为展现陕西古代文献独特文化内涵的一个窗口。

目　录

明安国本《颜鲁公文集》考述 …………………………………… 赵阳阳　1

《礼记说义纂订》编刊与整理述论 ……………………………… 马梅玉　9

明代陕西戏曲创作与表演述论 …………………………………… 贾三强　13

杜牧大和九年分司东都事考述 …………………………………… 李向菲　23

吕大临《易章句》辑校补正 ……………………………………… 曹树明　36

《河汾教》及其作者考述 ………………………………………… 马君毅　52

从《陕西省珍贵古籍名录》到《国家珍贵古籍名录》的思考 ……… 姜　妮　62

王庭谋万历十五年、十六年行实与诗文考 ……………………… 高　璐　72

采得百花成蜜后，为谁辛苦为谁甜 ……………………………… 胡世强　84

马鲁创作考论 ……………………………………………………… 蔡　丹　88

陕南宋代墓志及其特征 …………………………………………… 党　斌　93

论严如熤治理陕南成就及价值 ……………………… 丁俊丽　崔科飞　98

屈复《变竹枝词》中的民俗史料 ………………………………… 杜学林　108

清乾隆四十四年《西安府志》修纂特色与价值 ………………… 高叶青　116

契丹耶律家族在秦地的交游创作考 ……………………………… 和　谈　121

《溪田文集》作者及内容考论 …………………………………… 李月辰　134

《真定奏疏》考述 ………………………………………………… 李云飞　140

《申质堂夫子全稿》考述 ………………………………………… 刘　璐　145

李娓娓行年考 ……………………………………………………… 卢晓瑞　152

《西渎大河志》考述 .... 孙师师   157

温仪生平考述 .... 孙亚男   163

试论《吕氏乡约》对儒家礼教的推进 .... 孙玉茜   171

朱象先及其《古楼观紫云衍庆集》考论 .... 王　璐   176

马自强年谱 .... 邢　宽   180

明代杨斛山学术思想略论 .... 陈战峰   192

王杰传略 .... 孙　靖   199

马汝骥交游考 .... 潘晓玲   209

叙述性家乘《三原焦吴里梁氏家乘》的特点及价值刍议 .... 杨一铎   219

明清陕西三原温氏家族著述考略 .... 周喜存　刘燕歌   225

从《思庵野录》看渭南薛敬之的读书观 .... 朱成华   233

《周雅续》的文献价值述略 .... 赵金丹   238

台阁体流行时间的重新检视 .... 师海军   243

户县草堂寺金代题咏小考 .... 孙海桥   255

后　记 258

明安国本《颜鲁公文集》考述

赵阳阳

颜真卿之著述，据殷亮《颜鲁公行状》、令狐峘《颜真卿神道碑铭》及《新唐书·艺文志》的著录，有《庐陵集》10卷（任吉州别驾时编集）、《临川集》10卷（任抚州刺史时编集）、《吴兴集》10卷（任湖州刺史时编集）等，大抵每官一集。然而这些集子，经唐、五代乱离，俱已亡佚。颜真卿别集之编纂，则兴起于北宋。《四库全书总目提要》卷149《颜鲁公集》条云："有吴兴沈氏者，采掇遗佚，编为十五卷，刘敞为之序，但称沈侯而不着名字。嘉祐中又有宋敏求编本，亦十五卷……至南宋时，又多漫漶不完。嘉定间，留元刚守永嘉，得敏求残本十二卷，失其三卷，乃以所见真卿文别为补遗，并撰次《年谱》附之，自为后序。"[1] 其中对颜集北宋本与南宋本的论述，基本可信。唯北宋本之吴兴沈氏本与宋敏求编本究竟是截然不同的两本，或是内容、编次完全一致的同一刊本，则尚有疑问。[2]

至明嘉靖年间，无锡安国先有活字本《颜鲁公文集》之排印，复有刊本《颜鲁公集》之流传，其刊刻底本则一，文字上并无大的差异。因安国本为今存《颜鲁公文集》之最早版本，此后之刊本、抄本多以之为底本，故对安国本的深入考察是研究颜集版本的核心。以下从安国本之分别、来源、面貌、流传等方面分别加以考述。

一、安国活字本与安国刊本

今存世之《颜鲁公集》15卷、《补遗》1卷，为明代学者都穆于嘉靖二年（1523）

---

① 永瑢等撰：《四库全书总目提要》，中华书局影印浙本1965年版，第1284页。

② 参见拙文《〈颜鲁公文集〉四库提要疏证》，见《山左先贤与齐鲁典籍研讨会论文集》，山东图书馆2014年版。

重新编订而成。都穆编成此书后，先由安氏活字排印，随后又付之剞劂。据叶德辉《书林清话》"明安国之世家"条称："盖国所印之书，《初学记》为刻本，《颜鲁公集》则活字印本，非《初学记》亦活字印也。《颜鲁公集》又有嘉靖二年安国刻本，则在活字印本之后。万历中平原令刘思诚刻本即从之出。半叶十行，行二十字。"① 可见刻本之刊行在活字本之后。又王文进《文禄堂访书记》卷4："《颜鲁公文集》十五卷、《补遗》一卷，唐颜真卿撰，明安国刻活字本。首本传、行状、年谱、碑铭。半叶十三行，行十六字。白口。板心上刊'锡山安氏馆'五字，下记刊工姓名。"② 其所谓"刻活字本"当指据活字本而刻，更印证了叶德辉之论断。

因活字本与刊本均以都穆编订本为底本，故文字差异甚微，仅行款上有所不同，据傅增湘《藏园群书经眼录》著录：

> 明锡山安国活字印本，十三行十六字，版心上方有"锡山安氏馆"五字，下有刊工人名。每卷首题"锡山安国刊"。前有刘敞序，后有留元刚跋。此书朱幼平文钧藏，今归赵元方许。沅叔。（己卯十二月二十七日持示）
> 明嘉靖二年锡山安国安氏馆刊本，十行二十字。余藏，丙辰。③

可见，活字本每半页十三行行十六字，刊本则每半页十行行二十字，此为两版之最大差异，此外活字本版心上方有"锡山安氏馆"五字，中刻书名、卷次、页码，下有刻工人名。④

安氏活字本根据内容之多寡，似乎有先印与后印之区分。缪荃孙《艺风藏书记》载："《颜鲁公文集》十卷、《补遗》一卷、《年谱》一卷、《附录》一卷，锡山安国活字本。首有杨一清序。瞿氏、丁氏《书目》均无《补遗》、《年谱》，此本独全，亦可贵也。"⑤ 其《艺风藏书续记》载："《颜鲁公文集》十五卷，明活字本，唐颜真卿撰。口上有'锡山安氏馆'五字，《年谱》、《行状》、《碑碣》均有。后留元刚序，则大字也。"⑥ 缪荃孙跋语中所及"瞿氏、丁氏《书目》"盖指瞿镛《铁琴铜剑楼藏书目录》、丁丙《善本书室藏书志》而言。考瞿镛《铁琴铜剑楼藏书目录》著录明活字本《颜鲁公文集》云："此明锡山安国以活字铜版印行者，板心有'锡山安氏馆'五字，较万历间鲁

① 叶德辉：《书林清话》卷9，辽宁教育出版社1998年版，第175页。
② 王文进著，柳向春整理：《文禄堂访书记》，上海古籍出版社2007年版，第251—252页。
③ 傅增湘：《藏园群书经眼录》，中华书局2009年版，第850页。据《四部丛刊》影刊安国馆刊板《颜鲁公文集》书影，知安氏刊本每卷卷首亦题"锡山安国刊"五字。
④ 活字本而有刊工姓名，足见活字本对刻本传统的尊重。
⑤ 缪荃孙著，黄明、杨同甫标点：《艺风藏书记》卷6，上海古籍出版社2007年版，第132页。
⑥ 同上书，第397页。

公裔孙允祚刻本独完善，殆出留氏旧本，惟《补遗》一卷有目无书，《年谱》一卷亦阙。"①而丁丙《善本书室藏书志》卷24亦著录明活字本《颜鲁公文集》15卷《补遗》1卷，云：

> 明嘉靖癸未吴郡都穆重为编订，以奏议第一，表次之，碑铭次之，书序与记之又次之，而以诗终焉。卷仍十五以符旧数，毗陵安民泰梓之，石淙杨公序之，即此本也。版心有"锡山安氏馆"五字。按田裕斋瞿氏书目亦安氏本，亦缺《年谱》、《行状》、《碑铭》，岂当时先印正集流通，以后未将《附录》复合欤？②

按，丁氏所谓田裕斋，即常熟瞿镛之藏书室，"田裕斋瞿氏书目"亦即瞿镛《铁琴铜剑楼藏书目录》。瞿镛、丁丙所著录之活字本《颜鲁公文集》皆缺《年谱》与《补遗》（即瞿目所谓《行状》、《碑铭》），而缪氏所著录之活字本则不缺。因此，丁丙做出推测，大约当时先印正集流通，以后未将《附录》复合。结合活字本、刊本之先后刷印次序，以及活字本先后印本内容之多寡，丁丙之推论应符合实情。

二、安国本之来源及其面貌

对于安国本的渊源与内容等，清严可均《铁桥漫稿》有相应考查：

> 明嘉靖中锡山安国民泰得旧写本刻之，万历中颜允祚又以家藏旧写本刻之，其后颜崇榘复据安国本重刻之，其源皆出于留本。无《和政公主》等十碑，而展十二卷为十五卷。以奏议居首，以诗终，盖就南宋本改编，而书帖居末，又与南宋不同。③

严跋中对于安国本内容、编次的记述大体可信，然而对于诸刊本底本的考察，似不够准确。实际上万历年间颜允（清人避雍正帝讳多作"允"）祚刊本以安国本为底本，清嘉庆间据安国本重刻的是"颜崇槼"，而非"颜崇榘"。至于说安国本系"安国民泰得旧写本刻之"，亦未加深考。

安国刊本《颜鲁公文集》15卷，后有《补遗》1卷、《附录》1卷，以及留元刚所

---

① 瞿镛：《铁琴铜剑楼藏书目录》卷19，清光绪常熟瞿氏家塾刻本。
② 丁丙：《善本书室藏书志》卷24，清光绪刻本。
③ 严可均：《铁桥漫稿》卷9"书《颜鲁公文集》后"条，清道光十八年四录堂刻本。

撰《年谱》一卷，且此本前有刘敞序，后有留元刚跋。因此安国本当据南宋留元刚本重刻。考孙星华《文忠集》识语云："颜鲁公《文忠集》四库著录者，为锡山安国重刻宋留元刚本。"① 此语虽就四库本而言，但判断安国本据留元刚本重刻，则毫无疑义。问题是都穆在重编《颜鲁公文集》时，究竟是全面袭用留元刚本的面貌，还是据他本进行增补改动，尚不确定。万历间罗树声为刘思诚重刊《颜鲁公文集》所作《跋》中云："然初宋敏求购为十二卷，益以元刚之补缀、都公之家藏，然后为卷十五。"刘思诚刊本完全据安国本重刊，因安国本为都穆所编，罗树声按照常理推测，认为都穆重编时应当补入家藏本的内容。罗氏的推测看似合理，但事实究竟如何，还得根据相关文献进行深入考察。

留元刚本的原貌，因留本的不传而难以亲见，不过据都穆《颜鲁公文集后序》云：

> 《颜鲁公集》有二，予家旧藏本凡十五卷，人间所传又有宋永嘉守留元刚本，视予家者十五而阙其三。……考之《馆阁书目》，谓嘉祐中宋敏求惜公文不传，乃集其刻于金石者为十五卷。及观元刚之序，则云原父所序，即敏求集其刻于金石者，而乃止十二卷，何也？②

都穆之疑问可由叶德辉来解答，叶氏《书林清话》卷8"明安国之世家"条云："留元刚宋嘉定间守永嘉，得宋敏求编十五卷本残本十二卷，失其三卷，乃以所见真卿文别为《补遗》，并撰次《年谱》，付之为后序，后人复即元刚之本分十五卷。"③ 其所谓"后人"即明人都穆，盖留元刚所得北宋本已经残缺三卷，仅余十二卷。都穆对留元刚本的编次、内容等有较为详细的记载，其《颜鲁公文集后序》复云：

> 元刚复谓公所著书"逸而不传"，而其本有公文《补遗》及《年谱》、《行状》，皆予家所无。而予家本自《和政公主碑》至《颜夫人碑》十首，又元刚之所未有，此又何也？旧本皆以诗居首，今僭为编订，以奏议第一，表次之，碑铭次之，书序书记之类又次之，而以诗终焉。若补遗诸作，则各从其类。卷仍十五，以符旧集之数。而《年谱》、碑状、列传诸文，别为缮写，以附书后。其间字之讹谬，复为校雠，损坏不可读者姑且阙之。④

---

① 见光绪年间广雅书局翻刻武英殿聚珍本《文忠集》16 卷卷末。
② 颜真卿：《颜鲁公文集》卷末，《四部丛刊》影印明安国刊本。
③ 叶德辉：《书林清话》，辽宁教育出版社 1998 年版，第 175 页。
④ 颜真卿：《颜鲁公文集》卷末。

都穆之疑问只能有一种答案，即是其家旧藏本 15 卷当为北宋本系统。其所谓"旧本"盖就其家藏本与南宋留元刚本而言，既然"皆以诗居首"，说明两本的编排次序一致。而今本"以奏议第一，表次之，碑铭次之，书序书记之类又次之，而以诗终焉"的排序，则是都穆重编的结果。按之《四部丛刊》影印安国本，都穆仅就留元刚十二卷本进行改编，调整其内容次第，将留元刚本的《补遗》、《年谱》、《碑（铭）》、《（行）状》、《列传》均加保留，而将正文卷数分为 15 卷，这是安国刊本与留元刚本仅存的差异，都穆并未据家藏本对留元刚本的内容进行任何增补改动。既然南宋留元刚本的原来面貌即是 12 卷，那么所缺"自《和政公主碑》至《颜夫人碑》十首"大概存留在所据底本已经亡佚的 3 卷中。

留元刚本的卷数，在留元刚《后序》与都穆《后序》中均未明确，然黄本骥《颜鲁公著作考》却说："留元刚序云《颜鲁公集》十二卷、《补遗》三卷、《年谱》一卷。"小注云："嘉定间元刚守永嘉，得敏求残本，失其三卷，因为补之，附以《年谱》。《宋史·艺文志》有《颜真卿集》十五卷，即元刚本也。"[1]黄本骥认为留元刚本为 15 卷，系在宋敏求本残余之 12 卷基础上，增补 3 卷。实际上，从流传至明代的留元刚本来看（主要是通过都穆的《后序》），留本仍为 12 卷，其所补辑者，另成《补遗》。黄本骥所谓"《补遗》三卷"，盖臆测之言。此外，黄本骥认为《宋史·艺文志》所载《颜真卿集》15 卷为留元刚本，亦无确证。《宋史·艺文志》之编纂，因袭旧志的成分颇多，所著录者未必是留元刚本。

留元刚本之具体篇目，以今世传都穆编订之安国本考察之，仍然缺少都穆《后序》所谓"自《和政公主碑》至《颜夫人碑》十首"，可见都穆并未将家藏 15 卷本多出的内容增补到留本中，而仅就留本自有内容进行了重编，并订正了文字的讹误。《四库全书总目提要》卷 149《颜鲁公集》云：

> 又《和政公主碑》残文、《颜元孙墓志》残文二篇，见《汀氏笔录》；《陶公栗里》诗见《困学纪闻》，今俱采出，增入《补遗》卷内。……后附《年谱》一卷，旧亦题元刚作，而谱中所列诗文诸目，多集中所无，疑亦元刚因旧本增辑也。[2]

观提要所举《政和公主碑》等，都穆家藏 15 卷本多已有之，然皆不见留元刚本与安国刊本，无怪乎提要称："独此本为锡山安国所刻，虽已分十五卷，然犹元刚原本也。"也就是说安国刻本篇目悉同宋留元刚本，都穆虽重编为十五卷，然并未以家藏本

---

① 见黄本骥重编：《颜鲁公文集》卷 19，清《三长物斋丛书》本。
② 永瑢等撰：《四库全书总目提要》，第 1284 页。

补遗。清孙星衍《平津馆鉴藏书籍记》著录"《颜鲁公文集》"云："此集据刘敞序，本十五卷，后留元刚仅得十二卷，附以《补遗》、《年谱》、《行状》。明都穆复重为编次，仍作十五卷，以符旧集之数。《碑铭》、新旧史《本传》，则又穆所附益也。"① 孙星衍认为安国刊本之《补遗》、《年谱》、《行状》为留元刚所增，颇得其实，而谓《碑铭》、新旧史《本传》，为都穆所附益，似不及四库馆臣严谨。前及都穆《颜鲁公文集后序》中云："若《补遗》诸作，则各从其类，卷仍十五，以符旧集之数。而《年谱》、《碑》、《状》、列传诸文别为缮写，以附于后。"是对留元刚新增内容的处理方式，其中"碑状"盖指《颜真卿神道碑铭》与《颜鲁公行状》。陈振孙《直斋书录解题》载："元刚复为之《年谱》，益以《拾遗》一卷，多世所传帖语，且以《行状》、《碑》、《传》为附录。"② 讲的也是附录的内容。试想留元刚当初在增补鲁公事迹时，既已收录《行状》，似无理由遗漏《神道碑铭》，孙氏所云不确。

三、安国本之流传

安国本于嘉靖年间刊行之后，流传广泛，影响深远。明高儒《百川书志》卷 12 著录之"《颜鲁公文集》十五卷，《补遗》一卷，《附录》四卷"③，无疑就是安国本，因《百川书志》编成于嘉靖十九年（1540），正在嘉靖本刊行后不久。此外，明清书目中著录安氏本之记载颇多，唯明人著录多简略，仅记书名、卷数、册数等，是否指安国本，尚不确定。清人则瞿镛、陆心源、丁丙、缪荃孙等皆有详细著录，足见安国本为藏书家所宝重。

万历十七年（1589），山海刘思诚重刻《颜鲁公文集》，此本"十行二十字，行款与锡山安国刊本同，疑即翻安刻者"④。丁丙《善本书室藏书志》著录刘思诚万历翻安本《颜鲁公文集》，云："前有嘉靖二年石淙杨一清《序》，次刘敞《鲁公文集序》，次留元刚《后序》，次嘉靖癸未吴郡都穆《后序》，盖翻安国刊本也。有万历己丑平原邑人赵焞、平原学博楚麻城罗树声为刘侯重锓序跋。"⑤ 此本未对安国本进行相应的补订工作，因此在安国本尚存的前提下，此本的价值受到局限。

万历二十四年（1596），颜真卿二十五世裔孙颜允祚重刊《颜鲁公文集》，其书

① 孙星衍：《平津馆鉴藏书籍记》卷 2，清道光刻本。
② 陈振孙：《直斋书录解题》卷 16，上海古籍出版社 1987 年版，第 471 页。
③ 高儒：《百川书志》卷 12，叶德辉观古堂刻本。
④ 傅增湘：《藏园群书经眼录》，第 850 页。
⑤ 丁丙：《善本书室藏书志》卷 24。

前有刘敞、杨一清、都穆序，可知其所出为安氏本。又增万历丙申戴燝后序、张居仁序。① 《四库全书总目》评价此本云："今世所行，乃万历中真卿裔孙允祚所刊，脱漏舛错，尽失其旧。"② 四库提要的评价，对后世学者影响很大，瞿镛《铁琴铜剑楼藏书目录》著录明活字本《颜鲁公文集》卷15，云："此明锡山安国以活字铜版印行者，板心有'锡山安氏馆'五字，较万历间鲁公裔孙允祚刻本独完善，殆出留氏旧本。"③ 因提要的苛评，此本不甚流传。

清乾隆年间纂修《四库全书》，其抄录底本为"副都御史黄登贤家藏本"，据《四库全书总目提要》卷149《颜鲁公集》提要"独此本为锡山安国所刻"一语，知底本为明嘉靖年间锡山安国刊本。据提要，馆臣自石刻、碑帖、笔记中采得颜真卿遗篇若干，增入《补遗》。然而提要中所列举之篇名④，在都穆家藏本中多已存在（都穆家藏本较留元刚本多"自《政和公主碑》至《颜夫人碑》十首"）。可见安国刻本篇目悉同宋留元刚本，都穆虽重编为15卷，然并未以家藏本补遗。孙星衍《廉石居藏书记》著录"锡山安国刊本"云："是本都穆所私定也。四库所收即此本，疑脱都氏序，故疑为元刚本。仍搜辑《殷府君夫人颜氏碑铭》、《尉迟回庙碑铭》之属，增入《补遗》、《年谱》、《附录》各一卷。"⑤ 谓四库所据安国本脱都穆序，亦为推测之辞。提要已然确定四库抄录之底本为安国刊本，其所谓"虽已分15卷，然犹元刚原本"并非以四库抄录者为留元刚刊本，而是说安国刊本虽然分为十五卷，但仍继承留元刚原本之内容。

嘉庆七年，曲阜颜崇槼又据安氏本重刊《颜鲁公文集》。据《藏园订补郘亭知见传本书目》，莫友芝著录作"嘉庆中颜氏重刻安本"，邵懿辰则作"嘉庆中平津馆孙氏刊本"，傅增湘按语云："见嘉庆中颜氏刊本，有孙星衍序，甚精，则非孙氏自刊可知。"⑥ 知此本为颜崇槼重刊安国本，卷首有孙星衍序。叶昌炽《缘督庐日记抄》"光绪乙亥九月廿七日"条云："购《颜鲁公集》一部，微有缺页，有元留元刚，明杨一清、都穆序，云无锡安氏所刊。今此本每卷首题三十世孙崇槼校刊，当是重刻本也。"⑦ 叶氏亦谓崇槼校刊本为安国刊本。

---

① 沈德寿：《抱经楼藏书志》卷51，见《清人书目题跋丛刊》影印本。

② 永瑢等：《四库全书总目提要》，第1284页。

③ 瞿镛：《铁琴铜剑楼藏书目录》卷19。

④ 《四库全书总目提要》卷149《颜鲁公集》提要云："今考其遗文之见于石刻者，往往为元刚所未收。谨详加搜辑，得《殷府君夫人颜氏碑铭》一首，《尉迟回庙碑铭》一首，《太尉宋文贞公神道碑侧记》一首，《赠秘书少监颜君庙碑》、《碑侧记》、《碑额阴记》各一首，《竹山连句诗》一首，《奉使蔡州书》一首，皆有碑帖现存。又《政和公主碑》残文、《颜元孙墓志》残文二篇，见《江氏笔录》；《陶公栗里》诗见《困学纪闻》，今俱采出，增入《补遗》卷内。"见中华书局影印浙本，第1284页。

⑤ 孙星衍撰，焦桂美、沙莎标点：《廉石居藏书记》内编卷上，上海古籍出版社2008年版，第213页。

⑥ 莫友芝撰，傅增湘订补：《藏园订补郘亭知见传本书目》卷12，中华书局2009年版，第996—997页。

⑦ 叶昌炽：《缘督庐日记抄》卷1，民国上海蟫隐庐石印本。

　　要之，明安国排印之活字本与刊印本皆以南宋留元刚本为底本，留本所据则为元刚所获北宋本残存之 12 卷。留元刚在残存 12 卷之基础上，增辑遗文，撰作《年谱》，刻以行世。留本较北宋本缺少自《和政公主碑》至《颜夫人碑》等 10 首、凡 3 卷的内容，增加了《补遗》及《年谱》、《行状》，其篇目次第则一仍其旧，皆以诗为首。至明嘉靖时都穆据留元刚本重编，篇目则以奏议第一，以诗终焉，宋本的原貌才被完全打破。安国本行世以来，逐渐成为后来诸版本的底本，奠定了今存颜集的基本面貌。

（作者单位：西北大学文学院）

《礼记说义纂订》编刊与整理述论

马梅玉

　　《礼记说义纂订》24卷，明末杨梧著。杨梧（1583—1658），字凤阁，号念劬，陕西泾阳人。关西杨氏自明代以来，家世学《礼》，屡中高科。杨梧本人在万历四十年（1612）以《礼记》魁乡举，后其从子杨昌龄又于弱冠之龄以明《礼》举乡荐第一，复登进士第。于是海内治《礼》学者率以为宗，杨氏《礼》学遂声名大震。[①]

　　杨梧《礼记说义纂订》成书于顺治十三年（1656），关于此书撰作之原因，杨昌龄《刻〈礼记说义纂订〉记略》称："家世学《礼》，每对人曰：'世道交丧，挽回之力唯礼为大。'又曰：'教子者不始于《曲礼》、《内则》，明经者不察于《丧记》、《祭义》，而欲感发天良，端本兴治，其道无繇。'"因此杨梧"闭户经年，著成此书，其苦心为人处，经学、制举，取之咸宜"。足见其为往圣继绝学之决心，以及此书游离于经学与制举间的特质。

　　《礼记说义纂订》撰成后，杨梧从子昌龄请钱谦益、龚鼎孳、杨廷鉴分别作序，钱谦益序称："先生之精诣深造，勃窣理窟，非仅资帖括、媒青紫已也。"钱氏点明此书"资帖括、媒青紫"的实用价值，同时也认为此书"精诣深造"，有超出传统经义讲章之处。杨廷鉴序有慨于礼学"习者既伙，疏者亦日繁，人各是其所是，而非其所非"，赞颂杨著"以独出之见，折衷盈庭，譬之丽水之金，泛索之丽水弗得也，广收其沙而汰之，而金者乃出"。龚鼎孳《青州郡丞杨凤阁先生传》则着眼于介绍杨梧之生平概况。

　　然而三序既成，杨昌龄却"遭嫉者排挤，罣吏议"（龚鼎孳《青州郡丞杨凤阁先生传》），刊书之事暂时停滞，直至康熙十四年（1675）才被追还清白，而此时杨梧已忧愤而卒。昌龄遂"续刻此书，少抒遗恨"（杨昌龄《刻〈礼记说义纂订〉记略》），又请

[①]　杨梧生平参龚鼎孳《青州郡丞杨凤阁先生传》，见康熙十四年刊本《礼记说义纂订》卷首。以下引及杨昌龄《刻〈礼记说义纂订〉记略》、钱谦益等人序文，均见康熙本卷首，不一一标注。

徐乾学、汪琬、慕天颜等作序。徐乾学序称此书"无分章过脉之拘，无析言破义之陋，灼然异于俗学"，徐氏精于礼学，有《读礼通考》120 卷，其评价大体公允。慕天颜序云："戴《记》一经得汉宋诸儒而尊，得凤阁先生而信。"则将杨梧于汉宋诸儒并举，认为杨书平实可信。

《礼记说义纂订》系"积五十年而成之者"（徐乾学《序》），"萃众说而撷其精，衷百家而钩其秘"（杨廷鉴《序》），其所引诸说或已亡佚，赖此书以存。其著作缘起，据其自序云："科举原以明经，吾惧《礼》之亡于科举也，不揣固陋，拟著一书，上穷渊源，下光发挥。"可见，在杨梧看来，《礼》学与制举的关系并非势同水火。同时他也意识到世俗的制义读本常割裂经义，误导初学，故撰《礼记说义纂订》来阐明经义。不过他采用的著述体例与此前的应试读本差别并不大，徐乾学《序》对这一点有所揭示："观其钩微掇要，固科举家所必资……今使岩谷韦带之儒，禁人勿为帖括，人必笑其迂疏。杨公父子以明《礼》取高科，而著书有源本如此。"徐氏进而发掘此书的现实意义，认为俗学之顽固已不能用学术直道救药，而要靠身处于科举而不为俗学者来曲线救治，从而赢得更多的读者，重返经学的正道。徐氏所论正合杨梧著书的本意，也印证了此书确实做到了"经学、制举，取之咸宜"，是一部具有特殊学术价值的经学读本。

清初朱彝尊撰《经义考》，其卷 146 著录"杨氏《礼记说义》"，云"未见"，仅据汪琬文集录出《礼记说义纂订序》一篇。蒋光煦《东湖丛记》卷 2 "续经义考"条载："仁和沈椒园廉访（廷芳）撰《续经义考》，未成书也，稿本散佚，曾见其副。其《杨氏（梧）礼记说义纂订》二十四卷，所录□□（按，缺字当指蒙叟钱谦益）序、徐健庵司寇（乾学）序及龚芝麓尚书（鼎孳）《传略》。"并引沈廷芳按语云："予获是书于闽中，读之而叹其精当明备，四十九篇之条理秩然，中惟《中庸》《大学》二篇，以朱子有章句，故不复释，亦以见其有识。因为录二序一传，以存梗概。不录汪序者，前考中已见也。"①沈廷芳乾隆元年举博学鸿词，除庶吉士，授编修，据其按语可见乾隆时部分学者对此书价值的认可。

《礼记说义纂订》于康熙十四年刊刻，后世罕见传抄。《四库全书总目提要》著录此书，提要以此书"不载《经》文，但如时文题目之式，标其首句，而下注曰几节。大旨以陈澔《礼记集说》、胡广《礼记大全》为蓝本，不甚研求古义"②，而列入存目。其实此书的体例在当时颇为常见，自南宋卫湜《礼记集说》流行以来，因其采摭群言最为赅博，故此后注《礼记》者多取用卫书之体例与内容，或出具姓名，或不标出处

① 蒋光煦：《东湖丛记》卷 2，清光绪九年缪氏《云自在龛丛书》本。
② 永瑢等：《四库全书总目提要》，中华书局 1965 年版，第 195 页。

（如陈栎《礼记集义详解》等）。而杨著的不言所出、"不复考订同异"（《四库全书总目》）与其"经学、制举，取之咸宜"（杨昌龄《刻〈礼记说义纂订〉记略》）的著述宗旨有关。杨梧在书前凡例中说："非敢剿说扬己，实欲刊落繁文，以便观览。"明其宗旨，则《四库全书总目提要》以纯熟的考据眼光评价杨著，便略显严苛了。

新时期学界对此书的认知尚笼罩在《四库全书总目提要》之下，黄开国主编《经学辞典》、李正德等所纂《陕西著述志》等书也基本袭用提要的论断，未能深入发掘此书的经学史价值。而严佐之《经学、制举，取之咸宜：17世纪下叶的一种经学读本——以清杨梧〈礼记说义纂订〉为例》①一文，通过对此书及其同时代相关著作的广泛考察，认为杨梧所著《礼记说义纂订》及与其体例相近的"经学读本"在17世纪后期的清顺治至康熙中期大量涌现，其社会文化意义非同一般。其两栖于学术和应试之间的特点，与当时的经学、制度密切相关，对清代经学发展进程也产生了重大影响。严文更从经学史的角度，发掘此书融合经学与制举的双重属性，认为清初学问与功名分为两途，因此"经学之书不宜场屋，制义之书不宜学问"。而杨梧身处清初经学的转型时期，试图将经学著作与世俗读本合而为一，最终达到假科举以明《礼经》的目的。严文视野开阔，观点独到，对杨著的价值挖掘得最为充分。由此可见，杨梧此书之价值除体现在学术本身外，还体现在其文化史意义上。此书虽非纯粹的学术研究，亦绝非仅供应试的出版物，与通常意义上的经学专著和世俗读本均不相同。

目前学界对此书版本的著录、研究，重要者有王锷《三礼研究论著提要》与杜泽逊《四库存目标注》，著录此书版本也仅有康熙刻本及其影印本。缘于四库馆臣将此书列为"存目"，未能充分发掘和认识其价值，当下对于《礼记说义纂订》一书，尚没有相应的点校整理成果，这与此书的学术史、文化史价值不相匹配。且目前通行的《四库存目丛书》影印清康熙刻本，将原书序文、传略、凡例、目录、参正校勘姓氏尽行删去，这对全面了解此书的成书过程、撰作背景颇不便利，影印正文复有千余字的脱漏，内容亦不够完备。因此，我们欲为学界提供一个最为完整而可信的《礼记说义纂订》校订本，力求形成一部符合新时期学术品格的古籍整理著作。其主要内容涉及以下几个方面：

（1）前言：主要就《礼记说义纂订》的版本、内容、价值等做详细的考论，尤其对此书版本情况以及点校时所用底本的选择做重点描述。

（2）校勘：此书仅有清康熙十四年杨昌龄刻本，故以他校及本校为主，慎用理校。选取卫湜《礼记集说》、陈澔《礼记集说》、胡广《礼记大全》、阮刻《礼记注疏》、孙希旦《礼记集解》、朱彬《礼记训纂》等作为校本。其中所涉《礼记》本文虽不多，仍

---

① 　参见巩本栋等编《中国学术与中国思想史》，江苏教育出版社2002年版，第499—514页。

参取历代石经、宋清诸儒研核《礼记》之著作，逐次考斠，抉摘舛讹。

（3）标点：采用现在通行的古籍标点体例对《礼记说义纂订》进行标点。

（4）序跋：今日通行之《四库存目丛书》本《礼记说义纂订》（据国家图书馆藏康熙本影印），书前诸序（近一万字）悉数删落。可据国家图书馆藏清康熙刊本之完本，依次补出卷首之杨廷鉴序（1656）、钱谦益序（1656）、龚鼎孳序（不著时日）、杨梧自序（1656）、汪琬序（1675）、徐乾学序（1675）、慕天颜序（1675）、解几贞序（1675）、凡例八则、杨昌龄《刻礼记说义纂订记略》（1675）、《礼记说义纂订》目录、参正校勘姓氏等，庶几《礼记说义纂订》之刊刻流传可得而观焉。

（5）评述：汇集清代以来目录学著作对《礼记说义纂订》的著录（如《经义考》、《浙江采集遗书总录》、《四库全书总目》等），以及前人文集、笔记中涉及《礼记说义纂订》的版本、抄传、价值评定等内容（如蒋光煦《东湖杂记》卷 2 之《续经义考》条等）。

（6）传记：附录有关杨梧生平、家世的相关资料，清代以来陕西、泾阳等方志中所涉杨梧及其家族文字皆予以辑录，可为读书知人之助。

礼是中国文化的核心范畴之一，触及中国社会的各个层面，并因时代的变迁和解释模式的不同而叠加构成了一个丰富的文化系统。近世以来，在西学强烈冲击和内部新旧更替的双重压力下，传统文化开始经历解体、重构的艰难历程，礼学的价值也受到强烈的质疑。近二十年来，礼学研究逐次复苏，然而其重心基本上在先秦礼学，对明清礼学的研究仍然薄弱。有鉴于杨著的特殊学术与文化价值，即此书将经学与制举熔为一炉，与一般性的学理著作不同，我们欲对《礼记说义纂订》进行点校整理。为了熟悉礼学在不同历史时期的文化意蕴，当下亟须关注、研读古代的经学读本，而杨著兼教科书与学术著作于一身，在通俗性和学术性上均有较高的价值。因此，对此书进行精心校证，对于当下阅读此书以及经学史的研究，均当有所帮助。

（作者单位：西安交通大学人文学院）

明代陕西戏曲创作与表演述论

贾三强

　　明代前中期的北杂剧，从整体上看，已经走上了贵族化、文人化的道路，日益典雅，失去了民间艺术活泼的生命力，在与南戏系统衍生出的传奇戏的竞争中，节节败退，逐步走向没落。但是，这是个历时二百余年的漫长历史过程，在相当长的时间里，北杂剧仍然足以与传奇分庭抗礼，相争不让。因此，陕西，尤其是关中地区，明代前中期演出的戏曲几乎清一色是北杂剧。

　　1378年，朱元璋封次子朱樉为秦王[①]，受封时带来包括杂剧在内的唱本1700种[②]。有明一代，陕西地区杂剧演出活动在贵族官府和平民百姓两个阶层都相当炽盛。

　　明代后期的著名文人袁宏道在其日记中写到了秦王府中的演戏活动："（万历三十七年八月）丙子，宴于（西安）秦藩，乐七奏，杂以院本、北剧、跳舞。"[③]陕西一百多个府州县在明代前中期普遍建筑了城隍庙。其典型的格局是在庙的前部修筑戏楼，楼下留有大片场地。直到现在，关中民间还留传有谣谚"城隍庙对戏楼"，可见城隍庙建戏楼在当时已是通例。起初修建戏楼演戏是为了娱神，在各种节日期间给神演戏。实际上四里八乡的百姓成为观戏的主体。于是后米演变成娱人，平时也经常演出，成为普通老百姓的休闲娱乐活动。如洪武八年（1375），三原城隍庙落成，杜康祖在《修三原城隍庙戏楼碑》中描述道："乃造歌楼，演唱杂剧。"[④]《鄠县新志》载："周仪，孝义举人。与诸生约，鸡鸣从事，乃鸡未鸣时辄先自起，衣冠而待……邑民有事于城隍庙，声伎繁艳，观者塞途，诸生无一敢延伫者。"[⑤]当时城隍庙演戏已是常态，凡百

①　《明史》卷116《朱樉传》。
②　李开先《张小山小令后序》："洪武初年，亲王之国，必以词曲一千七百本赐之。"见李开先著、路工辑校：《李开先集》上册，中华书局1959年版，第370页。
③　袁宏道著，钱伯城笺校：《袁宏道集笺校》下册《场屋后记》，上海古籍出版社1981年版，第1489页。
④　转引自《中国戏曲志·陕西卷》张庚序，中国ISBN中心出版社2000年版，第12页。
⑤　孙景烈：《鄠县新志》卷3《官师》第四"教谕·明"。

姓有事，就可在其处演戏，且"声伎繁艳，观者塞途"，可见演戏时之热闹非凡。

明代是北杂剧的变体时期，也有人称这种变体杂剧是南杂剧。即像南戏一样，不循一本四个宫调的惯例。据统计，传世的一百六七十种元杂剧剧本中，五个宫调的只有《赵氏孤儿》、《五侯宴》、《东墙记》、《降桑椹》以及 5 本 21 折连台本戏《西厢记》中的一本，只占 3% 左右，其余的都是四个宫调。这种模式被突破的趋势在明代初年就已出现。当时最著名的杂剧作家是明太祖朱元璋的孙子周宪王朱有燉，他的杂剧剧本集为《诚斋乐府》，共收入杂剧作品 31 本。他本人按当时人的做法，并没有对剧本按照套数分折，很多甚至没有分折，但是今天看来，大多数作品还是四个宫调，例外者有《曲江池》、《牡丹园》和《仗义疏财》，占作品总数的十分之一，远较元人为多。①

明代中期以后，文人们更是不再墨守一本四折的成规。明代中后期杂剧最著名的集子是《盛明杂剧》。这个集子共收杂剧 60 种，短的一折，长的八九折，其中四折的有 21 种，只略高于总数的三分之一，而一折的就有 23 本，超过四折的 14 本。②南戏结构自由的特点也在北杂剧中得到了充分体现。

一般认为，明代杂剧以 15 世纪后期的成化弘治年间为界，分成前后两期。明代前期以宫廷杂剧为主导，其代表作家是藩王朱权、朱有燉和御用文人贾仲明、汤舜民、杨景贤等人。陕西地区在这一时期并没有出现有名的作家。明代中期以后，杂剧领域便成为文人戏一统天下。③明代前期中国社会大体安定，因此杂剧也同其他文学样式相同，被歌功颂德、说教卫道和神仙道化等主题充斥着。而进入明代中期以后，历史上各朝各代在相应时期出现的各种社会问题在明代也产生了，如土地兼并问题、政治腐败问题、农村剩余人口问题，另外在明代还形成了城市中市民社会崛起，与传统农业社会难以兼容的现象。这些都使社会各阶层之间的矛盾冲突大量发生，如朝臣中的忠奸之争，下层民众与上层统治者的权益之争。这些矛盾使明王朝的统治根基发生动摇。社会矛盾不可避免地体现在这一时期的杂剧内容中。

明代中期陕西地区出现了两个享誉全国的著名杂剧作家——康海和王九思。他们以自己的优秀作品，使得杂剧创作在明代前期经历百年沉寂后异军突起，大放光彩，再次出现了创作的热潮，一直延续到明代后期。正因为他们的出现，令明代陕西杂剧在全国占有重要的地位。

王九思（1468—1551），陕西鄠县（今户县）人；康海（1475—1540），陕西武功

① 戚世隽：《"折"的演变——从元刊杂剧到明杂剧》，《中华戏曲》第 37 辑第 149 页。
② 张艳艳：《〈盛明杂剧〉研究》，黑龙江大学 2008 年硕士学位论文，第 58 页。
③ 徐子方：《文人剧和南杂剧——明代杂剧艺术论系列之一》，《东南大学学报》（哲学社会科学版）2003 年第 1 期；丁雅琴：《明代杂剧的类型演变》，《太原大学学报》2007 年第 1 期。

人。两人分别于弘治九年（1496）和弘治十五年（1502）年中进士，康海还是状元。两人经历相仿，中进士后都在京城做官，后因与陕西兴平人大宦官刘瑾（1451—1510）同乡，在正德五年（1510）刘瑾案中均受牵连，罢官归乡，终老田园。两人为终生挚友、儿女亲家，在中晚年隐居故乡时，时常往来，诗文词曲相娱，还写作杂剧并指导演出。

> 海、九思同里同官，同以瑾党废。每相聚沜东、鄠、杜间，挟声伎酣饮，制乐造歌曲，自比俳优，以寄其怫郁。①

这些事迹在两人的集子中多有体现。因此两人的杂剧创作也互有影响。

王九思的四折杂剧《杜甫游春》写唐代大诗人杜甫游览唐代长安城南名胜曲江池和鄠县渼陂的故事②，背景是在安史之乱初平后的肃宗至德二载（757）。历史上，杜甫在这一年离京赴肃宗所在的凤翔（在今陕西），有诗《至德二载，甫自京金光门出间道归凤翔。乾元初，从左拾遗移华州掾，与亲故别，因出此门，有悲往事》。而唐军从叛军手中收复长安，是这一年九月二十八日。随后，肃宗回到西京，并在十二月初三将太上皇玄宗迎回长安。王九思此作中借春游时的杜甫之口说玄宗和肃宗已经回京，并非历史事实。但作者之意并不在要写一段信史，而是借虚构的杜甫游春之事，抒发自己的感慨。

剧中的杜甫曾有过一腔抱负："两手要扶唐社稷，一心思画汉麒麟。"但是怀才不遇："只想与朝廷建立大功业，不幸天下有事，蹭蹬到今日，莫非是命也呵！"看来是说安史之乱耽搁了自己的前程，但是话头一转，说到此前李林甫的专权：

> 【朝天子】他狠心似虎牢，潜身在凤阁，几曾去正纲纪，明天道？风流才子显文学，一个个走不出漫天套。暗里编排，人前谈笑，把英雄都送了。

"风流才子"，指的正是自己这样的有才有识之士，但是却在李林甫之流的手中，"一个个走不出漫天套"，"把英雄都送了"。

但这并非是这个杂剧的主题，作者由衷赞叹的是杜甫的决意归隐。

> 【东原乐】相映着日色红，恰便似青莲隐约在风前动，瀑布飞来百尺虹。堪题

---

① 《明史》卷286《王九思传》。
② 亦名《曲江春》。沈泰编：《盛明杂剧二集》卷18，民国董康覆刻明本。

咏。我待要避人来也，住在这紫云深洞。

（副末〔饰岑参〕）先生正当向用之际，何以有此山林之念？（正末〔饰杜甫〕）
你不知道：

【绵搭絮】不怕你经纶夺世，锦绣填胸，前挤后拥，口剑舌锋。呀！眼睁睁难
分蛇与龙，烈火真金假铜。似等样颠倒英雄，不如的急流中归去勇！

因此在戏的最后，杜甫受岑参之邀，去游览鄠县渼陂时，朝中宰相房琯派使者持圣
旨前去征召他入朝升任翰林学士，他虽随使者回朝谢了圣恩，但随后表达了归隐的
决心：

【离亭燕带歇拍煞】从今后青山止许巢由采，黄金休把相如买，摩挲了壮怀。
想着俺骑马上平台，登楼吟皓月，倚剑观沧海。胸中星斗寒，眼底乾坤大。你
看！那薄夫匪才，谁是个庙堂臣？怎做得湖海士？羞惭杀文章伯。紫袍金阙中，
骏马朝门外，让与他威风气概。我子要易右沽酒再游春，乘桴去过海。

这也恰是王九思归隐后对黑暗官场极度失望的心境写照。

全剧除结构谨严，情节流畅外，其语言功夫也令人叹赏。写杜甫眼中曲江池一带
的风光和并抒发他的感慨：

【耍孩儿】我则见长空霭霭浓云罩，低压着花梢树杪，纷纷微雨洒南郊，把春
光用意妆描。我子见烟横贝阙禅林远，风摆金铃雁塔高。忽听得儿童报，绿莎牛
背，赤脚山樵。

【四煞】蓬莱宫望转迷，斗城门路匪遥，淡烟疏雨频凝眺。林花着雨胭脂湿，
岸柳和烟翡翠摇。忽听佳人报，画栏中红残芍药，湖山下绿满芭蕉。

【三煞】琼卮酒满斟，锦囊诗正好，倚楼对景穷搜掠。叶心润带蝴蝶粉，花片
香归燕子巢。忽听得诗人报，吟就这一联佳句，费尽了多少推敲！

【二煞】坐黄昏，风雨冥，对清灯，庭院悄，梨花无语伤怀抱。彩毫细点城南
景，碧殿长怀梦里朝。忽听得游人报，逍遥呵今夜！玩赏在明朝。

【煞尾】良宵敧枕眠，浮生随处好。霎时酒醒晨钟报，不似那一刻千金怕到晓。

清丽绮靡，有元代著名杂剧作家白朴、郑光祖之风。王九思曲艺术成就极高。明
代后七子领军人物之一的王世贞评价道：

敬夫（王九思字）与康德涵（康海）俱以词曲名一时，其秀丽雄爽，康大不如也。评者以敬夫声价不在关汉卿、马东篱（马致远）下。①

王九思和康海都写过《中山狼杂剧》②，分别为单折和四折。两人所作都本于马中锡（1446—1552）的寓言《中山狼传》。其作述春秋末期晋国赵简子打猎射伤一狼，狼逃跑中遇东郭先生，哀求其搭救自己。于是东郭先生让狼藏在自己的书囊中，骗走了赵简子。将狼放出后，狼要吃他。遇一老人，老人用计将狼骗回书囊，与东郭先生一起将狼杀死。这篇寓言的主题显然是讽刺忘恩负义之辈，并且寓意对这种人一定不能姑息纵容。马中锡曾在陕西督学，是王九思和康海的老师。明代开始，人们多以为康海是为讽刺李梦阳而作，云李梦阳曾为朝中重臣草拟弹劾刘瑾的奏章，被刘瑾下狱，欲置之死地。李求救于康海。康海以同乡名义请求刘瑾放过李梦阳，李得脱罪。然而后来康海因交结刘瑾获罪罢官，李梦阳则落井下石，故康海作此剧。但据学者们研究，王九思、康海罢官后，与李梦阳关系密切，因此这种说法不是事实。③

可见两人所写的同一题材的《中山狼》杂剧不是针对某个人物，而是针对当时的社会现实。

这的是施恩容易报恩难，做时差错悔时难。你看那世人奸巧把心瞒，空安眉戴眼。他与那野狼肺腑一般般。④

那世上负恩的，好不多也！那负君的，受了朝廷大俸大禄，不干得一些儿事。使着他的奸邪贪佞，误国殃民，把铁桶般的江山，败坏不可收拾。那负亲的，受了爹娘抚养，不能报答。只道爹娘没些挣挫，便待拆骨还父，割肉还母。才得亨通，又道爹娘亏他抬举，却不思身从何来？那负师的，大模大样，把个师傅做陌路人相看。不思做蒙童时节，教你读书识字，那师傅费他多少心来？那负朋友的，受他的周济，亏他的游扬，真是如胶似漆，刎颈之交。稍觉冷落，却便别处去趋炎赶热，把那穷交故友，撇在脑后。那负亲戚的，傍他吃，靠他穿，贫穷与你资助，患难与你扶持。才竖得起脊梁，便颠番面皮，转眼无情。却又自怕穷，

① 王世贞：《曲藻》，见《中国古典戏曲论著集成》（四），中国戏剧出版社 1959 年版。
② 王九思之作见《渼陂集》，崇祯张宗孟刊本；康海之作见《盛明杂剧初集》卷 19。
③ 王士祯：《池北偶谈》卷 14《谈艺四》·中山狼传："见马中锡《东田集》。东田，河间故城人，正德间右都御史，康德涵、李献吉（李梦阳字）皆其门生也。按《对山集》有《读中山狼传》诗云：'平生爱物未筹量，那记当年救此狼。'则此传为马刺空同（李梦阳号）作无疑。今入唐人小说，亦如《天禄阁外史》之类。"但有学者认为王九思是马氏学生，而康海则非。见田守真《杂剧〈中山狼〉本事与李梦阳、康海关系考》，《西南师范学院学报》1985 年第 1 期；田守真《康海事略》，《四川师范大学学报》（社会科学版）1995 年第 4 期。
④ 王九思：《中山狼院本》。

忧人富，划地的妒忌，暗里所算他。你看，世上那些负恩的，却不个个是这中山狼么？①

　　这两部《中山狼》杂剧虽然与李梦阳没什么关系，但是二人在因被诬为刘瑾同党而遭罢官时，朝中没什么人替他们说话却是事实。这种局面，让这两位与刘瑾除同乡之外并没有其他关系，并且对刘瑾所作所为相当鄙夷的传统文人士大夫，感到极度失落。因此各写了这样一部剧作，来对世道人心、世态炎凉做出批判，也是顺理成章的事。因此，也使得他们对忘恩负义行为的批判，具有更为深广的社会意义。

　　王九思的《中山狼》也是北杂剧史上第一部单折的剧本。从此之后，单折剧成为明人杂剧创作中的一个大宗，最有名的就是徐渭的《四声猿》，可见其影响之大。

　　康海还有一本四折杂剧《王兰卿贞烈传》②。写妓女王兰卿善歌舞，得到书生张于鹏的喜爱，两人相好。张于鹏中举赴青州任推官期间，张母将王兰卿赎身归家，纳为张妾。王孝敬婆母，服侍张妻，贤惠异常。张于鹏任官三年，归家致仕，与兰卿相敬。六年后张得重病不治身亡，王兰卿自杀殉葬。夫妻两人死后均列籍仙班。

　　此剧是根据实事创作的。于鹏是张附翱的字。张是康海故乡武功邻县鄠屋（今周至）人，又与康海同时，在康海中状元之前一年中举，因此两人应该熟识。据《鄠屋县志》：

　　　　张附翱，蔡原里人，（张）俊子，有诗名。任山东青州推官，治狱明允。③

其妾王兰卿亦入《县志》：

　　　　王氏，名兰卿，本娼家女，嫁为青州推官张附翱妾。附翱病卒，氏服毒以殉。④

王九思为王兰卿殉情而死创作散曲《北南吕·一枝花》套数，其题曰：

　　　　歌儿王兰卿侍暖泉张子。张子死，用亦饮药死。予闻而异之，为此词传焉。⑤

---

①　康海：《中山狼》。

②　王季烈校：《孤本元明杂剧》第 11 册，商务印书馆 1939 年版。近年一些出版物如新编《周至县志》和一些秦腔史料中，称张附翱和王兰卿成立了陕西第一个家庭剧班张家班或华庆班，并得到王九思、康海等人的支持。或云王九思、康海也有家庭戏班，然而这些说法未有史料支持，故对其说不予采用。

③　（乾隆）《鄠屋县志》卷 7《选举·举人·弘治辛酉科》。

④　（乾隆）《鄠屋县志》卷 8《列女·明》。

⑤　谢伯阳编：《全明散曲》第 1 册，齐鲁书社 1994 年版，第 952 页。

这套散曲，还被康海完整纳入剧本的第四折中。全剧与《中山狼》一样，有着康海剧作流畅自如、结构严谨、人物生动、话语流丽的风格。虽然作者将王兰卿和张于鹏的爱情写得相当动人，歌颂了人间真情的可贵，但是结局却是一桩血淋淋的封建礼教桎梏下妇女的悲剧。特别是作者对王兰卿殉情无保留的讴歌态度，在剧中表现得淋漓尽致。王兰卿在服毒以后唱道：

【尾声】则您这小官人休堕了弓裘志，老夫人好效前贤事体。（云）我如今死了，我夫君在阴司地府里呵，（唱）喜孜孜且并肩行，笑吟吟无半星儿悔。

用今天的眼光审视，可以想见，这个戏起到的社会作用是负面的。康海和王九思家中都有下一辈女子殉夫的事情发生。康海之子康栗的妻子杨氏、杨氏之嫂康海的侄女康氏和王九思的侄媳张氏都殉夫而死。康海和王九思有关王兰卿的作品可能对她们的自杀起了鼓励作用。

关中自宋代大理学家张载之后形成关中理学流派，简称关学。这一学派相对不重视对抽象义理的辨析，而是重视实践功夫。尤其是明清时，关中的文学家大都身兼理学家，深受人们尊敬。因此，他们的言行具有强烈的导向作用，尤其是王九思、康海这样享誉全国的大文学家。他们对崇高的道德理想的执着是可贵的，但是对这种道德非人性一面的愚忠也会导致现实的人间悲剧。他们未尝没有在情与理之间苦苦挣扎，因此他们在鼓励妇女殉情死节时，并非如同《王兰卿贞烈传》杂剧中所表现的那样义无反顾，"笑吟吟无半星儿悔"。在儿媳杨氏殉夫死节后，康海给王九思去长信恳求他为此妇撰写墓志，并详细说明了其家里如何防范杨氏殉节等事："念惟此妇，自五月念二栗死，即坚志死节。荆妻及诸女辈，日夜防卫，已极缜密。乃于其月念九，潜服毒鼠药数七，几不可生。赖觉之颇早，得以投救，至于今日。"然而还是无法防住杨氏的再度自杀。康海言及自己的心情，"予痛哭几死"，"痛彻心骨，殆何忍言"，然而还是从理学立场，给予了正面评价："父母劬劳之恩，眷属缱绻之意，顾不能一移其初志，而不迫不怒，从容就死如此，古之达人志士不足与之先也。"①康海还写过两篇哭康栗及杨氏的祭文，同样表现了这两种心情："新妇则视死如归，若茹脍食蔗，岂故自轻其生、不念父母养育之恩邪？然纲常所系，尤有大于是者，故新妇乐然就死，以鸿毛视生，非尔父母家教与吾儿履方迪义之效，何以有是？"却紧跟着又哀叹："于乎

---

① 康海：《康对山先生集》卷22《与王敬夫书》，万历刻本。

痛哉！"①"夫死生亦大矣，妇从容就义，视死如归，烈丈夫亦或难之，妇独易易如是，虽尔父见山先生家教有素，吾儿生前敦义尚行，方正不挠，故天特与之相之，使有此美。二者是邪？非邪？"②最后一句，将康海于情痛彻心扉，于理大义凛然，游走于两者之间，何其难也的心境，传达得真切自然。

看来康、王也如同后来吴敬梓的小说《儒林外史》中王玉辉老夫子在鼓励女儿自杀殉夫后那样，在事后流下凄凉的滚滚泪珠。明清时代坚持理学理想的人物，大都有这种冲突。

康海、王九思写戏，也排演自己写的戏。友人李开先曾来鄠县，王九思招来戏班招待，演出自己创作的杂剧《杜甫游春》。李开先对此事有生动的记述：

> 渼陂设宴相邀，扮《游春记》。开场唱《赏花时》，予即驳之曰："'四海讴歌百姓欢，谁家数去酒杯宽'两注脚韵走入'桓欢'韵。"因请予改作"安、干"二字。至"唐明皇走出益门镇"予又驳之曰："平声用阴者犹不足取，况用'益'字去声乎？"复请改之。上句乃"太真妃葬在马嵬坡"，拘于地名，急无以为应；若用"夷门"，字倒好，争奈不曾由此去耳。因戏之曰："非是王渼陂错做了词，原是唐明皇错走了路。"满座大笑，扮戏者亦笑，而散之门外。③

这种边写边排边演边改，无疑有助于精益求精，将剧作冶铸成精品。

明代万历年间以后，南戏发展而来的传奇戏北上，取代了流行四百年的北杂剧，北杂剧的没落，成为了不可挽回的趋势。这一过程几乎是瞬时发生的，让人目不暇接。

> 南都万历以前，公侯与缙绅及富家，凡有燕会，小集多用散乐，或三四人，或多人，唱大套北曲，乐器用筝、三弦子、拍板；若大席，则用教坊打院本，乃北曲四大套者。中间错以"撮垫圈"、"观音舞"，或"百丈旗"，或"跳队子"。后乃变而尽用南唱，歌者止用一小拍板，或以扇子代之，间有用鼓板者。今则吴人益以洞箫及月琴，声调屡变，益为凄惋，听者殆欲堕泪矣。大会则用南戏，始止二腔，一为弋阳，一为海盐。弋阳则错用乡语，四方士客喜阅之；海盐多官语，两京人多用之。后则又有四平，乃稍变弋阳而令人可通者。今又有昆山，较海盐又为轻柔而婉转，一字之长，延至数息，士大夫禀心房之精，靡然从好，见海盐

---

① 康海：《康对山先生集》卷46《祭栗》。
② 康海：《康对山先生集》卷46《祭栗与妇文》。
③ 李开先：《词谑》第14条，见《中国古典戏曲论著集成》（三），中国戏剧出版社1959年版。

等腔已白日欲睡，至院本北曲，不啻吹篪击缶，甚且厌且唾之矣。①

对北杂剧之深恶痛绝，乃至于斯！甚至风气传统保守的宫廷之中，这种变化也在发生。

　　到今上（神宗）始设诸剧于玉熙宫，以习外戏，如弋阳、海盐、昆山诸家皆有之，其人员以三百为率，不复属钟鼓司，颇采听外间风闻，以供科诨。②

南戏在明代前中期从温州流传到南方各地后，逐步形成了所谓传奇的"四大声腔"：产生于江西的弋阳腔，流行于南京、北京、湖南、福建和两广地区；余姚腔虽产于浙江绍举地区，但主要流行在江苏地区；海盐腔产生和流行于浙江地区；昆山腔即昆曲，不像其他三大声腔产生于民间，而是元代末年苏州昆山镇的一些文人士大夫切磋的产物，因其高雅，在明代中期以前仅流行于苏州地区，但是嘉靖、隆庆时经戏曲改革家魏良辅等人改造，大大普及于各地，成为传奇四大声腔之首。

在万历年间，传奇进入陕西地区。如前所述，万历三十七年（1609）袁宏道在秦王府看戏，还是院本和北杂剧。但是也就在这一时期，传奇传入陕西，并且有剧作家进行了剧本的创作。

王元寿，生卒年不详，明代传奇作家。字伯彭，陕西合阳人。早年中举，终生不仕，家居合阳，潜心戏曲。中年曾游江南，以文会友。晚年生活困苦。与祁彪佳（1602—1645）同时，并为好友。祁氏的《远山堂曲品》中收他创作的剧目达23种。依次为：《北亭记》、《玉马坠》、《一轮画》、《击筑记》、《紫骝记》、《将无有》、《申流柱》、《紫绶记》、《石榴花》、《莫须有》、《宝碗记》、《领春风》、《郁轮袍》、《鸳鸯被》、《题燕记》、《异梦记》、《紫绮裘》、《鸾书错》、《梨花记》、《灵宝符》、《玉扼臂》、《空缄记》、《紫台怨》，另有明抄本《景园记》。他是晚明最高产的剧作家之一。现在传世的作品有《梨花记》、《异梦记》与《景园记》，分别收录于《古本戏曲丛刊》初、二、三集。他的剧作多写才子佳人的爱情故事，这也是南戏、传奇的主流题材。艺术上相当精致，善于巧合误会，笔墨穿插。描绘人物，尤其是青年女子，祁彪佳评价道："伯彭善为儿女传情，必有一段极精惊处，令观者破涕为欢。"其《远山堂曲品》称他"匠心独构"，将他的剧作列为"能品"③。晚明大戏剧家汤显祖刊印《异梦记》，并加以评点，可见对他的推崇；晚明戏曲评论家冯梦龙、陈继儒将他的作品刻印发行。他是晚明陕

---

① 顾起元：《客座赘语》卷9"戏剧"条，中华书局1987年版，第302页。
② 沈德符：《万历野获编》补遗卷1"禁中演戏"条，中华书局1997年版，第798页。
③ 祁彪佳：《远山堂曲品》，见《续修四库全书》集部第1758册，影印国家图书馆藏明抄本，下文所引同。

西有代表性的传奇剧作家。

王异是另一位卓有成就的传奇作家，生卒年不详，又名王权，字无功，又写作元功，合阳县人。青壮年时，屡试不第，遂改名无功，居家学戏剧创作。晚年遍游江浙一带，不知所终。一生创作大型传奇七种：《弄珠楼》、《检书记》、《花亭记》、《保主记》、《看剑记》、《玛瑙簪》、《灵犀佩》；改编两种：《水浒记》、《种玉记》。另外还创作有一定数量的散曲，收录在《太霞新声》中。杭州凝崇堂在明末刊刻过他的一些剧本，现存《弄珠楼》一种，收入《古本戏曲丛刊》第三辑。其传奇情节离奇多变，有"曲折争奇"之名。与其同乡王元寿多写才子佳人不同，他好写英雄人物，尤其是侠女。即便是爱情题材戏，也多有侠气。祁彪佳在《远山堂曲品》中说他是"无功喜传侠女，故红侠中每有技击者"，称赞他的剧作"格善变，词善转"，所写生、旦"通本不脱豪侠之气"，"一洗脂粉之病"。晚明才子佳人小说流行一时，大都是郎才女貌，一派香软之风。他的创作实属难能可贵。《弄珠楼》写阮翰林与霏烟的爱情故事，情节曲折，结构严谨。《花亭记》和《保主记》虽已失传，但有昆剧、秦腔等改编本，至今在舞台上仍演出不辍。昆曲中的《赠剑联姻》和《点将斩棘》就出自他的《花亭记》。

就在以昆曲为代表的传奇在陕西舞台上取代北杂剧的时候，源自民间的地方戏秦腔等剧也开始出现在戏曲舞台上，明代后期万历年间的抄本传奇《钵中莲》中有一支曲子名叫《西秦腔二犯》，这是秦腔之名首见于文献。这标志着从宋金时代开始的宫调联曲体的戏曲，将要被新生的板腔体戏曲取而代之。中国戏曲注定将要进入花部乱弹、百花齐放的新时代了。

（作者单位：西北大学文学院）

杜牧大和九年分司东都事考述

李向菲

　　杜牧，字牧之，号樊川居士，京兆万年（陕西西安）人。唐文宗大和二年（828）进士，授弘文馆校书郎。后赴江西观察使幕，转淮南节度使幕。至大和九年（835），由淮南节度掌书记转监察御史，赴长安供职，是年秋天，即以疾病为由，分司东都。大和九年至开成二年（837）这三年，是杜牧一生中极为重要的一段时间，这期间唐朝廷政局发生了剧烈的变化，特别是大和九年甘露之变发生后，杜牧和同时期其他文人一样，思想上受到了很大冲击，在仕途选择和人生态度上都发生了一定程度的转变。对此，虽然有学者发表了文章进行探讨，但是仍然有很多问题没有完全弄清楚，以下主要分析杜牧于大和九年春入朝至开成二年在东都洛阳这一段时间内的行踪与思想，并对其之后的行迹稍做探析，以现其思想变化轨迹。

一、分司东都原因

　　据胡可先考证，杜牧入朝为监察御史时间在大和九年春①，可从。在朝仅数月，旋又分司东都。分司的具体时间和其中原因，缪钺在《杜牧年谱》中说："秋七月，侍御史李甘因反对郑注、李训，被贬为封州司马……李甘贬后，（杜牧）盖恶李训、郑注之专权，即移疾，分司东都也。"②胡可先则认为李甘被贬只是原因之一，"更为重要的原因还在于牛李党争造成朝中人事的变化"。他认为，杜牧属于牛党人物，其入京是受牛党人物牛僧孺推荐。大和八年十月，李德裕罢相，李党要员郑覃此时也被调换，由御

---

① 胡可先：《杜牧大和九年形迹思想新探》，《南京师范大学学报》2002 年第 3 期。
② 缪钺：《杜牧年谱》，见《缪钺全集》第 5 卷，河北教育出版社 2004 年版，第 218—219 页。

史大夫转户部尚书；同时李宗闵入相，十一月，温造由前河阳节度使为御史大夫。牛僧孺这时虽在淮南节度使任，但其党人李宗闵已为宰相，他料想自己也入朝在望，故先荐杜牧入京。不料大和九年，朝廷发生天翻地覆的变化："五月'戊午，以御史大夫温造为礼部尚书'；六月'丁酉，礼部尚书温造卒'；"壬辰，诏以银青光禄大夫、守中书侍郎、同平章事、襄武县开国侯、食邑一千户李宗闵贬明州刺史'。在这一个月，杜牧的两个靠山，一死一贬，因为地位的变化，牛僧孺入朝也就无望了。杜牧这时在监官的位置上肯定呆不住，只好移疾而分司东都。"而"杜牧为分司的时间应该是六月，而不是七月"[①]。

杜牧入京无疑是受牛僧孺推荐，但是认为他是牛党分子，并将其入京与分司东都看作与牛党人物共进退，则显得有些证据不足。

首先，说牛僧孺料想自己入相在望而先荐杜牧入朝，就和史书所载牛僧孺在这个时期的心态不符。牛僧孺虽为牛党人物，政治上没有多大作为，但也并非大恶；且自宝历年间以来，他由于看到朝政日非，屡有求退之举。《旧唐书·牛僧孺传》载其在"宝历中，朝廷政事出于邪幸，大臣朋比，僧孺不奈群小，拜章求罢者数四。帝曰：'俟予郊礼毕放卿'。及穆宗祔庙郊报，后又拜章陈退，乃于鄂州置武昌军额，以僧孺检校礼部尚书、同中书门下平章事、鄂州刺史、武昌军节度、鄂岳蕲黄观察等使"。而大和年间此次罢相出镇，也是他自己求退。大和六年（832）十二月，由于文宗以"太平"责之，又受朝议所论及李德裕党排挤，因"旬日间三上章请退，不许。会德裕党盛，垂将入朝，僧孺故得请。上既受左右邪说，急于太平，奸人伺其锐意，故训、注见用。数年之间，几危宗社。而僧孺进退以道，议者称之。开成初，搢绅道丧，阉寺弄权，僧孺嫌处重藩，求归散地，累拜章不允，凡在淮甸六年。开成二年五月，加检校司空、食邑二千户，判东都尚书省事、东都留守、东畿汝都防御史。僧孺识量弘远，心居事外，不以细故介怀"[②]。其晚年数次求退、求居散地，心态大约和当时大多数文士如白居易等对政治的悚惧、避祸心理有着相似性。因此他举荐杜牧入朝恐怕并非因为自己想要入相。

其次，郑覃确实属于李党，由御史大夫转户部尚书，也确实是因为李德裕罢相引起的连锁反应。而温造是否属于牛党，则未见任何史料记载，史书也未载其和牛党人物有任何往来。仅仅根据温造接替李党人物郑覃的御史大夫职位，尚不能判定其属于牛党，并进而推测其为杜牧的靠山。

再次，杜牧虽然和很多牛党人物等都有来往，比如牛僧孺、白敏中等，但未见史

① 胡可先：《杜牧大和九年形迹思想新探》，《南京师范大学学报》2002年第5期。
② 《旧唐书》卷172《牛僧孺传》，中华书局2002年版，第4470、4472页。

料记载其与李宗闵有任何来往，因此同样不能仅仅根据牛僧孺和李宗闵的关系，就进而推定李宗闵为杜牧的靠山。而且在大和九年前后，郑注、李训等人把持朝政，党派成为他们贬逐或者拉拢朝官的一个借口。此时朝官的贬官、升官和党派斗争没有必然的联系，并不具备判断党派分属的依据。

因此胡可先对杜牧分司东都原因的分析稍嫌牵强，而杜牧离开长安的时间也不能坐实为其所认定的大和九年六月。

此处之所以要花气力做此辩证，是因为目前学界在涉及牛李党争的研究中，有一种将牛李党争扩大化的倾向。在分析文人及其创作时，总是先入为主地给每个人贴上一个党派的标签，然后在这个前提下再讨论其心态、思想、行为、创作。但是实际上，牛李两党只是由座主门生、亲友姻戚、乡党同年等关系所组成两个松散的对立集团，并非一种现代意义上的、具有不同政治原则的党派。当时，除了牛李两党人物，大量的朝官都游离于两党之外。特别是涉及一些非政治核心的文人时，这种党派性质就更为单弱。比如杜牧和李商隐，他们和牛李两党人物都有着千丝万缕的联系，但并不能说他们就必定归属于哪个党派。在杜牧的研究中，由于其和牛党人物牛僧孺、白敏中等有来往，也给李党人物李德裕多次上书讨论政事，因此有人根据前者将其划归牛党，有人根据后者加以否定，其党派身份一直有争议。于是又有人提出一个折中的办法：杜牧在感情上归属牛党，但是在理智上或者说政见上赞同李党。这样的研究将复杂问题简单化，而在这个过程中很多史实也就被忽略掉了，其结果也去历史真相越来越远。因此，我们在分析时，首先应该去掉这些党派的帽子，然后从文献本身出发分析，或许可以得出接近史实的判断。

具体到杜牧大和九年之所以分司东都，并不是简单的党派斗争的结果。缪钺先生认为李甘被贬是杜牧要求分司东都的原因，很有道理，但是这件事情只能说是一个导火索。此时的朝廷，密云不雨，很多人出于避祸心理，开始远离朝廷是是非非，如白居易，如牛僧孺。杜牧是一个很有政治抱负的人，大和九年他才 33 岁，正是大有作为的时候，但是朝廷却早已不是他这种性格的人能够施展才能的地方了。而他又不像自己的友人李甘、李中敏那样敢于直言，不顾一切。他只有选择离开。在杜牧的集子中，未发现有这一段时期所作的诗文，或者说没有被他收入集中流传下来，可见他的处境与心情。他的郁闷从他之后在洛阳及以后所作的诗文中可约略窥见。

李甘被贬封州司马后，大概不久就卒于任上。开成四年（839），杜牧作《李甘诗》悼念他，详细叙述了李甘被贬的经过，对大和九年前后的政局也做了描述。诗第一节云：

大和八九年，训注极虓虎。潜身九地底，转上青天去。四海镜清澄，千官云片缕。公私各闲暇，追游日相伍。岂知祸乱根，枝叶潜滋莽。九年夏四月，天诚若言语。烈风驾地震，狞雷驱猛雨。夜于正殿阶，拔去千年树。吾君不省觉，二凶日威武。操持北斗柄，开闭天门路。森森明庭士，缩缩循墙鼠。平生负名节，一旦如奴虏。指名为锢党，状迹谁告诉。喜无李杜诛，敢惮髡钳苦。①

杜牧此处所述正与史书所载相对应，大和八年（834），李训自流人补四门助教，旋充翰林侍讲学士；郑注同年秋入京，为太仆卿，大和九年四月为御史大夫，正是杜牧所说"潜身九地底，转上青天去"。此二人为文宗献上除去宦官的策略，受到文宗重用，遂左右了朝政，其跋扈之状正如"虓虎"。河北藩镇再叛局面已成，大和九年朝廷以王元逵为成德节度使，史元忠为卢龙节度，认可其割据，大和八年底至大和九年，没有藩镇叛乱事件发生，因此朝廷表面看来无事，即"四海镜清澄"。而众多的朝廷官员也无所事事，"公私各闲暇，追游日相伍"。

但是在杜牧看来，这表面的平静之下已有祸根蕴藏其中。"九年夏四月，天诚若言语"，据《旧唐书·五行志》载，"九年四月二十六日夜，大风，含元殿四鸱吻皆落，拔殿前树三，坏金吾仗舍，废楼观内外城门数处，光化门西城墙坏七十七步"②。在古人看来，所有的自然灾异，都是上天的警示，"政有感伤，天地见眚"，灾异一旦发生，君主就要自省。永徽元年（650）晋州地震，高宗便问侍臣是否政教不明；贞元年间京师地震，德宗即自遣"寡德"。而朝臣也常以之规谏皇帝，元和七年（812）京师地震，李绛即规谏宪宗以"绥万方为念"③。大和九年三月乙卯，京师发生地震，四月大风，杜牧此处当是合而言之。但是文宗对此天谴却毫无省觉，以致训、注"二人相挟，朝夕计议，所言于上无不从，声势烜赫"④。

朝官们则如循墙之鼠，被驱之如奴虏。据《资治通鉴》载："是时李训、郑注连逐三相（按指李德裕、路随、李宗闵），威震天下，于是生平丝恩发怨无不报者。""时注与李训所恶朝士，皆指目为二李之党，贬逐无虚日，班列殆空，廷中汹汹。"⑤杜牧所作《周墀墓志》中也说到此时局势："时大和末，注、训用事。夏六月，始逐丞相宗闵，立朋党语，钩挂名人，凡白日逐朝士三十三辈，天下悼慑以目。"⑥当时朝中混乱

---

① 杜牧著，陈允吉校：《樊川文集》卷1，上海古籍出版社2007年版，第91—92页。本章关于杜牧诗文的系年以缪钺《杜牧年谱》为基础，参以曹中孚《杜牧诗文编年补遗》（《江淮论坛》1984年第3期）、王西平《杜牧诗文系年考辨》（《西北大学学报》1986年第1期）、郭文镐《杜牧若干诗文系年之再考辨》（《西北师院学报》1987年第2期）等。
② 《旧唐书》卷37《五行志》，第1362页。
③ 《旧唐书》卷37《五行志》，第1348页。
④ 《资治通鉴》卷245"大和九年"，中华书局1956年版，第7903页。
⑤ 《资治通鉴》卷245"大和九年"，第7905页。
⑥ 杜牧著，陈允吉校：《樊川文集》卷7，第713页。

之状及朝官的惶惶不安可以想见。"喜无李杜诛，敢惮髡钳苦"，李杜指东汉顺帝朝李固和杜乔，皆为宦者谗毁而遭杀害，这里反用其意，表示庆幸朝官们还没有像李杜那样被诛杀。诗人接着叙述李甘被贬之事：

> 时当秋夜月，日直曰庚午。喧喧皆传言，明晨相登注。予时与和鼎，官班各持斧。和鼎顾予云：我死有处所。当庭裂诏书，退立须鼎俎。君门晓日开，赭案横霞布。俨雅千官容，勃郁吾累怒。适属命郎将（原注：赵耽），昨之传者误。明日诏书下，谪斥南荒去。夜登青泥坂，坠车伤左股。病妻尚在床，稚子初离乳。幽兰思楚泽，恨水啼湘渚。恍恍三间魂，悠悠一千古。

李甘与杜牧于大和二年（828）同制策登科，两人相善，文章趋向大率相类。大和九年七月，两人均为御史台官员，李甘为侍御史，杜牧为监察御史。李甘被贬事，《旧唐书·李甘传》载："（郑）注亦求入中书。甘唱于朝曰：'宰相者，代天理物，先德望而后文艺。注乃何人，敢兹叨窃。白麻若出，吾必坏之。'会李训亦恶注之所求，相注之事竟寝，训不获已，贬甘封州司马。"[1] 而《新唐书·李甘传》又增赵儋事："既而麻出，乃以赵儋为鄜坊节度使，甘坐轻肆，贬封州司马。"且云"甘终于贬"[2]。《旧唐书》将李甘被贬事与赵儋为鄜坊节度使事，分别记于该年七八月，两件事之间似乎并无联系。《资治通鉴》大概注意到两《唐书》这一矛盾，谨慎起见，沿用旧传将李甘被贬事系于七月，而未载赵儋为鄜坊节度使事。据杜牧本诗，则《新唐书》所载为是，两事相互关联。而杜牧诗和《旧唐书》所载此事具体日期亦有不同。"时当秋夜月，日直曰庚午"句，冯集梧注曰："大和九年七月，甲辰朔，八月，甲戌朔，则庚午乃七月二十七日也。《旧纪》以赵儋为鄜坊节度系之八月甲申，与牧之诗不合。诗'秋夜月'，别有作'仲秋月'者，又似当在八月，然八月无庚午，不可为据。"[3]《旧唐书·文宗纪》所记赵儋事日期当有所舛误，应以杜牧诗所说为是；而李甘被贬日期，《旧唐书·文宗纪》载于七月癸亥，即二十。之后又记癸亥以下甲子、丁卯日事，《旧唐书·文宗纪》按日纪事，当不致大错，杜牧所记日期或许有误，庚午或为庚申之误。

诗中"和鼎顾予云：我死有处所"句，充分说明了当日朝士不甘"缩缩循墙鼠"，又无由施展抱负的抑郁心态，唯愿以死赴之。诗歌最后一节描述了甘露之变后的政局及诗人自己的心态：

---

① 《旧唐书》卷 171《李甘传》，第 4451 页。
② 《新唐书》卷 118《李甘传》，第 4291 页。
③ 杜牧著，冯集梧集注：《樊川诗集注》卷 1，上海古籍出版社 1998 年版，第 68 页。

其冬二凶败，涣汗开汤罟。贤者须丧亡，谗人尚堆堵。予于后四年，谏官事明主。常欲雪幽冤，于时一裨补。拜章岂艰难，胆薄多忧惧。如何干斗气，竟作炎荒土。题此涕滋笔，以代投湘赋。

虽然训、注被诛，但是贤人一时丧亡，佞人仍然充斥朝廷，政局没有任何起色。杜牧于大和四年（830）入朝为左补阙，虽为谏官，却出于恐惧心理，不能为友人申冤，只能以此诗悼念。

杜牧是一个很有政治抱负的人，欲事功之心一生未泯。他在淮南牛僧孺幕府时，曾写作《罪言》，为朝廷出谋划策，希望能削平藩镇，以巩固唐王朝的统治。此次入京正是要发挥自己的才干，然而却遇上如此政局。李甘被贬是一个导火索，让杜牧内心也产生了恐惧，于是要求分司东都。其《自撰墓志铭》、两《唐书》本传皆在"拜监察御史"后接着说"分司东都"，未言具体时间，大概就在李甘被贬后不久，即七月底八月初。《新唐书·杜牧传》说杜牧："少与李甘、李中敏、宋邧善，其通古今，善处成败，甘等不及也。"[1] 李甘、李中敏二人均以直言被黜，而杜牧虽处剧职，却没有遭祸，诚"善处成败"者也。

二、东都的行踪与交游

大和九年七八月，杜牧分司东都，在洛阳一直待到开成二年春。清代学者王鸣盛在《十七史商榷》中将唐代分司官的任职原因分成三种类型：安置罢黜者、远黜量移者及性乐恬退者。[2] 台湾学者王吉林认为，中唐以后分司东都者大致有两种情况，一是在朋党政争中暂时屈居下风者以闲职分司东都；二是因年老力衰不愿从事剧务，又不想致仕者自请分司东都。[3] 所论均很有道理，但是具体到甘露之变前后，分司东都者却大都是出于对朝政悚惧、避祸的心理。白居易、杜牧都属于这一类，但是和白居易的闲适不同，杜牧正处于人生壮年阶段，他的政治抱负还完全没有得以施展，却于洛阳闲居，因此过得极为抑郁。

杜牧在这一段时间内所作的诗，主要有"愁"与"望幸"两个主题。

其诗中处处可见愁苦之状，如《洛中二首》其一："多把芳菲泛春酒，直教愁色对

---

① 《新唐书》卷 166《杜牧传》，第 5097 页。
② 王鸣盛撰，陈文和等校点：《十七史商榷》卷 85 "分司官"条，凤凰出版社 2008 年版，第 583—5844 页。
③ 王吉林：《晚唐的社会与文化》，台北学生书局 1990 年版，第 244 页。

愁肠。"① 又如《题敬爱寺楼》："暮景千山雪，春寒百尺楼。独登还独下，谁会我悠悠。"化用陈子昂《登幽州台歌》之意，一片寂寞愁肠。

又有《张好好诗》云：

> 洛城重相见，婳婳为当垆。怪我苦何事，少年垂白须。朋游今在否，落拓更能无。门馆恸哭后，水云秋景初。斜日挂衰柳，凉风生座隅。洒尽满襟泪，短歌聊--书。②

杜牧于洛阳东城遇到曾在江西幕中结识的歌妓张好好，昔日旧友四散，当年的幕主沈传师也已下世，而自己仍落拓无所成就，感旧伤怀。时年杜牧 33 岁，尚称"少年"，却已是"垂白须"。事实上，杜牧不仅须白，发亦白。《东都送郑处诲校书归上都》诗中说："故人容易去，白发等闲生。此别无多语，期君晦盛名。"③ 无端发白，可见其愁状。关于此诗末两句，傅璇琮先生认为，郑处诲在京为秘书省校书郎，为正九品下，官阶较低，所以杜牧以之劝勉。④ 这一看法实误。此时的杜牧对于在朝为官及个人安危都有一种悚惧心理，他自己虽然避开了是非之地，但是对于这些在朝做官的朋友，还是规劝他们要保护好自己。"晦盛名"乃劝对方要韬光养晦，以免遭祸之意。

洛阳是陪都，高宗武后朝大半时间居于此地，玄宗开元年间也数次巡幸，玄宗以下诸帝就再没有去过东都。敬宗即位以后，"常欲东幸"，宝历二年（826）更是"敕检修东都已来旧行宫"，但都被宰臣以边鄙不宁为由谏止，之后的皇帝再也未见有东幸之意。⑤ 洛中的故行宫对于杜牧来说，就是皇帝、朝廷的代表，所以每每遇到，就伤感不已，如《故洛阳城有感》⑥ 诗所表达的：

> 一片宫墙当道危，行人为尔去迟迟。荜圭苑里秋风起，平乐馆前斜日时。钩党岂能留汉鼎，清谈空解笑胡儿。千烧万战坤灵死，惨惨终年鸟雀悲。

感叹之余，诗人又有"望幸之意"。《洛阳长句二首》⑦ 其一云：

---

① 杜牧著，陈允吉校：《樊川文集·别集》，第 1307 页。
② 杜牧著，陈允吉校：《樊川文集》卷 1，第 8—9 页。
③ 同上。
④ 傅璇琮：《唐代翰林学士传论·晚唐卷》，辽海出版社 2007 年版，第 227 页。
⑤ 见王溥撰：《唐会要》卷 27 "行幸"，上海古籍出版社 2006 年版。
⑥ 《樊川文集》卷 3，第 332 页。
⑦ 同上书，第 327 页。

　　　　草色人心相与闲，是非名利有无间。桥横落照虹堪画，树锁千门鸟自还。芝盖不来云杳杳，仙舟何处水潺潺？君王谦让泥金事，苍翠空高万岁山。

　　此诗作于春日，缪钺《杜牧年谱》系于开成元年（836），恰在甘露之变以后三四个月之中。头两句说明杜牧此时的心境，深感宦海风波的险恶，将是非名利看得若有若无，自己的心与草色一样的清闲；但是对皇帝的"芝盖"、"仙舟"又有期盼之意。此诗其二的结尾又说："连昌绣岭行宫在，玉辇何时父老迎。"这个想法在其诗中反复出现。如前引《洛中二首》其一又说："柳动晴风拂路尘，年年宫阙锁浓春。一从翠辇无巡幸，老却蛾眉几许人。"又《题寿安县甘棠馆御沟》诗说："一渠东注芳华苑，苑镵池塘百岁空。水殿半倾蟾口涩，为谁流下蓼花中。"[1]对皇帝的念念不忘，希望皇帝能幸临东都，都是自己想要有所作为的心态的曲折表现。

　　这种心境也集中表现在他的《洛中送冀处士东游》诗[2]中。冀"处士有儒术，走可挟车辀。坛宇宽帖帖，符彩高酋酋"。却不乐为官，高蹈出世，"四十余年中，超超为浪游"。而杜牧自己却是"我作八品吏，洛中如系囚"，在这种压抑的境况中，"忽遭冀处士，豁若登高楼。拂榻与之坐，十日语不休"。杜牧与之谈古论今，分析当朝治乱根本，对于这样的有才之士，杜牧觉得应该是"好入天子梦，刻像来尔求"，为朝廷所用，施展抱负，但是冀处士却并不愿为世所用，说"人生一世内，何必多悲愁"，因此让杜牧觉得其"信非吾辈流"。缪钺《杜牧年谱》系此诗于开成二年，这时杜牧在洛阳已经第三个年头了，可见其在洛阳几年心情一直如此。

　　杜牧虽有惧祸心理，但仍然有用世之意，这也正是杜牧和同时其他文人，特别是以白居易为中心的洛中闲居文人群的不同之处。他在洛阳三年，却从未和这一群体有任何来往，大概即因为这些人"信非吾辈流"。关于杜牧和白居易的矛盾纠葛，有人从文风分析，认为是对元白诗浅俗风格的不屑，有人从人事关系分析，认为白居易、元稹曾攻击过杜牧祖父杜佑，因此杜牧对白居易等十分反感。[3]这些因素固然会影响到杜牧对白居易的看法，但是杜牧和白居易等人的性格方面差异应是更为重要的原因。

　　杜牧在洛中有自己的交往圈子，包括李戡、李中敏、韦楚老、卢简求等人。

①　杜牧著，陈允吉校：《樊川文集》卷4，第552页。
②　杜牧著，陈允吉校：《樊川文集》卷1，第100页。
③　参见吴在庆《试论杜牧与元白的公案》（《厦门大学学报》1998年第1期）、胡可先《杜牧大和九年形迹思想新探》、王相民《谈谈杜牧与白居易的矛盾纠葛》（《渭南师范学院学报》2008年第1期）等论文。

　　杜牧为李戡所作墓志铭^①说自己早在沈传师幕时就曾听闻李戡的大名，听闻李戡"有道、有学、有文"，"一举进士，耻不肯试"，而杜牧"大和九年，为监察御史，分司东都，今谏议大夫李中敏、左拾遗韦楚老、前监察御史卢简求咸言于某曰：'御史法当检谨，子少年，设有与游，宜得长厚有学识者，因访求得失，资以为官，洛下莫若李处士戡。'某谢曰：'素所恨未见者。'即日造其庐，遂旦夕往来"。李戡读书业儒，很有识见，"语言行止，皆有法度"。开成元年春为平卢节度使王彦威所辟，开成二年罢归洛阳后病故。

　　此墓志铭中有一段李戡批评元白诗的文字：

　　　　所著文数百篇，外于仁义，一不关笔，尝曰：诗者可以歌，可以流于竹，鼓于丝，妇人小儿，皆欲讽诵，国俗薄厚，扇之于诗，如风之疾速。尝痛自元和已来有元、白诗者，纤艳不逞，非庄士雅人，多为其所破坏。流于民间，疏于屏壁，子父女母，交口教授，淫言媟语，冬寒夏热，入人肌骨，不可除去。吾无位，不得用法以治之。

　　这段文字颇引后人议论，作为杜牧反对元白诗风的证据。其中矛盾纠葛，此处不拟辩驳。杜牧对李戡的观点看来是认同的，有人以杜牧自己也写过此类诗歌，认为他对元白的批评过激过厉。通过上面对杜牧政治思想的分析，可以看出他对元白的批评想必有着对其为人的不赞同的因素在内。

　　关于李中敏，据旧传载：

　　　　元和末登进士第，性刚褊敢言，与进士杜牧、李甘相善，文章趣向，大率相类。中敏累从府辟，入为监察，历侍御史。大和中，为司门员外郎。六年夏旱，时王守澄方宠郑注，及评构宋申锡后，人侧目畏之。上以久旱，诏求致雨之方。中敏上言曰："仍岁大旱，非圣德不至，直以宋申锡之冤滥，郑注之奸弊，今致雨之方，莫若斩郑注而雪申锡。"士大夫皆危之，疏留中不下。明年，中敏谢病归洛阳。及训注诛，竟雪申锡，召中敏为司勋员外郎。^②

　　新传增其从事幕府之事："沈传师观察江西，辟为判官。"^③与杜牧同在江西幕时相识。李中敏上言事，两《唐书》均系于大和六年，唯《资治通鉴》据《开成纪事》等

①　杜牧著，陈允吉校：《樊川文集》卷9《唐故平卢军节度巡官陇西李府君墓志铭》，第743—745页。
②　《旧唐书》卷171《李中敏传》，第4450—4451页。
③　《新唐书》卷118《李中敏传》，第4289页。

系于大和八年六月，考异曰："中敏疏言申锡临终，按，申锡去年（大和七年（833））七月卒，若六年，则申锡尚在。"① 则其退居洛阳当在大和九年。其退居洛阳时间既和杜牧时间相近，原因也同样是"谢病"，其中原因，大概也和杜牧类似。

韦楚老，据《唐语林》卷7载韦楚老"与杜牧同年生，情好相得"②。《唐才子传》有传，但其仕历缺略甚多。杜牧有《洛中监察病假满送韦楚老拾遗归朝》诗，吴企明《唐才子传校笺·韦楚老》将此诗系于大和九年，认为韦楚老大和九年为左拾遗，杜牧《李戡墓志》作于开成二年，其中提到"左拾遗韦楚老"，则开成二年韦楚老尚在左拾遗任上；又据《旧唐书·李德裕传》载开成五年（840）二月李德裕出为淮南节度，时"拾遗令狐绹、韦楚老、樊宗仁等，连章论德裕妄奏钱帛以倾僧儒"，又引杜牧《上宰相求湖州第二启》中提到"故殿中侍御史韦楚老"，则韦楚老尝任殿中侍御史。③

按，此处考证有误。首先，杜牧《洛中监察病假满送韦楚老拾遗归朝》诗并非作于大和九年，诗题说得很清楚，"病假满"，当指开成二年春，杜颛眼疾，杜牧请假百日，同眼医石生前往扬州看望，假满去官，此诗即作于开成二年秋。又长庆四年韦楚老进士及第，《唐才子传校笺》以诗中"十载丈夫堪耻处"句，以长庆四年（824）下推十年，正大和九年，以证此诗作于大和九年。然而，此句并非指韦楚老而言，而是杜牧自指。全诗云：

> 洛桥风暖细翻衣，春引仙官去玉墀。独鹤初冲太虚日，九牛新落一毛时。行开教化期君是，卧病神只祷我知。十载丈夫堪耻处，朱云犹掉直言旗。④

"独鹤初冲太虚日"、"行开教化期君是"、"朱云犹掉直言旗"三句指对方而言，韦楚老如今入朝为左拾遗，如鹤冲太虚；谏官的职责正是在皇帝左右规谏，即"行开教化"；"掉"乃摇动之意，杜牧期望对方能像汉代的朱云那样，挥舞直言的大旗，虽位居下僚，却不惮于皇帝面前弹劾佞臣。"九牛新落一毛时"、"卧病神只祷我知"、"十载丈夫堪耻处"，则指自己处境而言，与对方相比，自己官职既微不足道，身体不好，且还为弟弟眼病到处奔波。杜牧大和二年及第，到开成二年正好十年，十年来无所作为，为大丈夫所不齿，此数句正是诗人慨叹自己处境的不堪。

其次，杜牧《上宰相求湖州第二启》提到韦楚老时是在讲其给自己推荐眼医："至二年间，颛疾眼暗无所睹。故殿中侍御史韦楚老曰：'同州有眼医石公集，剑南少尹姜

① 《资治通鉴》卷245"大和八年六月"，第7895—7896页。
② 王谠撰，周勋初校正：《唐语林》卷7，中华书局2008年版，第653页。
③ 傅璇琮主编：《唐才子传校笺》卷6，第3册，中华书局1987年版，第158页。
④ 杜牧著，陈允吉校：《樊川文集》卷3，第329页。

沔丧明，亲见石生针之，不一刻而愈，其神医也。'某迎石生至洛。"① 其事在开成二年春，则韦楚老其时官殿中侍御史。其入朝为左拾遗当在开成二年秋，《旧唐书·李德裕传》所书日期当有误。

韦楚老何时为殿中侍御史，何时分司洛阳，史料未载。御史台之属有台院、殿院、察院三院，分别由侍御史、殿中侍御史、监察御史居之，称为三院御史，掌管御史台的监察任务。从韦楚老和杜牧、李中敏的交往看，大和九年韦楚老当以殿中侍御史职分司东都，大概在李甘被贬后，和杜牧、李中敏都退居洛阳。

卢简求，据《册府元龟》卷 729 载："字子藏，释褐江西王仲舒从事，又从元稹为浙东、江夏二府掌书记。裴度镇襄阳、保厘东洛，皆辟为宾佐。入朝为监察御史。裴度镇太原，复奏为记室。"② 裴度"保厘东洛"在大和八年三月至开成二年五月，则卢简求在东都乃裴度幕宾。

三、畏祸心理的形成

从以上分析可以看出，大和九年入朝所见及甘露之变发生后，杜牧的用世之心受到打击，心态发生转变，由大和九年入京之前的洋洋意气一下子变成悚惧畏祸心理。开成二年秋杜牧入宣州崔郸幕府，四年春入朝为左补阙，虽然仕途上比较顺利，但是他的心境却似乎一直阴云笼罩。

开成二年秋，他到了扬州这个曾经让他"赢得青楼薄幸名"的地方，感受到的却是"谁知竹西路，歌吹是扬州"③，因为心态已经发生变化，于是扬州也不是以前的扬州了。

当他由扬州南渡入宣州而过润州时，闻杜秋娘流落事而作《杜秋娘诗》，杜秋娘曾为漳王傅姆，宋申锡冤案发生后，"干幽茅土削，秋放故乡归。……自古皆　贯，变化安能推。……女子固不定，士林亦难期。……地尽有何物，天外复何之。指何为而捉，足何为而驰。耳何为而听，目何为而窥。己身不自晓，此外何思惟。因倾一樽酒，题作杜秋诗。愁来独长咏，聊可以自怡"④。他从杜秋娘坎坷的遭遇联想到许多历史人物，感到命运的变化莫测，又慨叹自己也难免命运的摆弄。

杜牧第一次入宣州幕府，在大和四年九月至大和七年春，这次故地重游，他一改

---

① 杜牧著，陈允吉校：《樊川文集》卷 16，第 1008 页。
② 王钦若等纂，周勋初等校订：《册府元龟》卷 729 "幕府部辟署"，凤凰出版社 2006 年版，第 8397 页。
③ 《樊川文集》卷 3《题扬州禅智寺》，第 344 页。
④ 杜牧著，陈允吉校：《樊川文集》卷 1，第 45 页。

当年欢悦畅快的情绪而充满着忧伤，所作诗基调大多比较消沉。第一次是："我初到此未三十，头脑锋利筋骨轻。画堂檀板秋拍碎，一引有时联十觥。"①"大和六年亦如此，我时壮气神洋洋。"第二次来则是："今年阁茸鬓已白，奇游壮观唯深藏。景物不尽人自老，谁知前事堪悲伤。"②偶尔诗人也会产生归隐的念头："惆怅无因见范蠡，参差烟树五湖东。"③

杜牧此次在宣州幕府仅一年左右，开成三年冬即迁左补阙。谏官职责是规谏皇帝，在文人看来是很清要的一个职位，而且杜牧一直有匡补时政的抱负。但是在他开成四年入朝时，一路行来，却丝毫不见昂扬的情绪，心里充满了惆怅。"尘冠却挂知闲事，终拟蹉跎访旧游"④；"故国还归去，浮生亦可怜。高歌一曲泪，明日夕阳边"⑤；而且诗人对此次入朝为官尚感犹豫不决："我来惆怅不自决，欲去欲住终如何。"⑥

这正是因为大和九年的经历让杜牧认识到了政治的险恶与变幻莫测，他的政治热情受到了打击。会昌二年（842）他在给池州刺史李方玄的信中说：

　　仆之所禀，阔略疏易，轻微而忽小，然其天与。其心知耶柔利己，偷苟谀谄，可以进取。知之而不能行之，非不能行之，抑复见恶之，不能忍一同坐与之交语。故有知之者，有怒之者。怒不附己者，怒不恬言柔舌道其盛美者，怒守直道而违己者；知之者皆齿少气锐，读书以贤才自许，但见古人行事真当如此，未得官职，不睹形势，挈挈少辈之徒也。怒仆者足以裂仆之肠，折仆之胫；知仆者不能持一饭与仆。仆之不死已幸，况为刺史，聚骨肉妻子，衣食有余，乃大幸也，敢望其它？⑦

对直道不容的感慨，可谓当时文人共同的心态。其中提到的"气锐者"，都是"未得官职，不睹形势"的少辈，言下之意，自己已得官职，且睹形势，虽然依旧刚肠疾恶，但是已非当年的"气锐者"了。因此，入朝为左补阙对于杜牧来说便是一件极为痛苦的事情。

杜牧在大中二年（848）所作的《昔事文皇帝三十二韵》诗中，便将这次入朝为官

① 杜牧著，陈允吉校：《樊川文集》卷1《自宣州赴官入京路逢裴坦判官归宣州因题赠》，第151页。
② 杜牧著，陈允吉校：《樊川文集》卷1《大雨行》，第148页。
③ 杜牧著，陈允吉校：《樊川文集》卷1《自宣州赴官入京路逢裴坦判官归宣州因题赠》，第351页。
④ 杜牧著，陈允吉校：《樊川文集》卷3《自宣城赴官上京》，第361页。
⑤ 杜牧著，陈允吉校：《樊川文集》卷4《往年随故府吴兴公夜泊芜湖口，今赴官西去，再宿芜湖，敢旧伤怀，因成十六韵》，第467页。
⑥ 杜牧著，陈允吉校：《樊川文集》卷4《除官赴阙商山道中绝句》，第491页。
⑦ 杜牧著，陈允吉校：《樊川文集》卷13《上池州李使君书》，第875页。

的心态做了形象的描述：

> 昔事文皇帝，叨官在谏垣。奏章为得地，龃齿负明恩。金虎知难动，毛厘亦耻言。撩头虽欲吐，到口却成吞。照胆常悬镜，窥天自戴盆。周钟既窆楬，黥阵亦瘢痕。凤阙觚棱影，仙盘晓日暾。雨晴文石滑，风暖戟衣翻。每虑号无告，长忧骇不存。随行唯局踏，出语但寒暄。 [①]

自己身为谏官却不敢说话，皇帝所亲近的小人势力强大，而自己无力抗衡，为保全性命，只能忍气吞声，谨小慎微，心中的痛苦难以言说。

虽然如此，但杜牧仍一直怀有政治抱负，关心时政，希望能为朝廷出谋划策，所以他才会在会昌年间数次上书李德裕讨论朝政。这一点也正是他和同时代其他文人的不同之处。

（作者单位：西安文理学院人文学院、西北大学文学院）

[①] 　杜牧著，陈允吉校：《樊川文集》卷 2《昔事文皇帝三十二韵》，第 303 页。

吕大临《易章句》辑校补正

曹树明

《易章句》是宋儒吕大临一部"未完"[①]的著作。关于该书，少年时从学于朱熹的宋代蜀学家度正（字周卿，号性善）在为之所作的跋中说："余家旧藏吕与叔《文集》、《礼记解》、《诗传》，而未见《易章句》，豫章罗传之坚甫得之，刻之阳安之学宫。"[②]这段话至少告诉我们，《易章句》虽然没有完成，但曾在阳安学宫被刊刻流传。然而，"宋元以后，几经战乱，至清代及近代，吕大临兄弟的著作已所存无几"[③]，《易章句》也未能幸免于难。清代学者朱彝尊在其《经义考》中就已经指出该书已"佚"。[④] 鉴于此，当代学者陈俊民先生利用清纳兰成德编撰的《合订删补大易集义粹言》（以下简称《合订》）和南宋吕祖谦编撰的《晦庵先生校正周易系辞精义》，把吕大临的佚著《易章句》辑出并加以整理，收入1993年中华书局出版的陈著《蓝田吕氏遗著辑校》（以下简称《辑校》中华本。2007年北京大学出版社又将是书收入《儒藏》精华编第220册，以下简称《儒藏》本）之中。该书为学界研究吕大临乃至北宋的易学思想提供了相当重要的原始资料，也是目前为止进行相关研究唯一能够依据的本子。笔者在研究吕大临思想的过程中，受益于陈著之处甚多。然而，随着新资料和新版本的搜集与发现，有必要对陈氏所辑《易章句》做进一步的完善，以期更好地反映吕大临在易学方面的贡献。以下，我们便从辑文补漏、异本填充、校勘增补、标点正误和文字纠错等五个方面对《易章句》进行补正。不当之处，敬请方家指正。

---

① 晁公武：《郡斋读书志》卷1上，《续古逸丛书》本。
② 度正：《跋吕与叔〈易章句〉》，见《性善堂稿》卷14，《影印文渊阁四库全书》本。
③ 陈俊民：《关于蓝田吕氏遗著的辑校及其〈易章句〉之思想》，见陈俊民辑校：《蓝田吕氏遗著辑校》，中华书局1993年版，第10页
④ 朱彝尊：《经义考》卷21，清光绪丁酉浙江书局刊本。

一、辑文补漏

陈氏《易章句》之《易经》注部分的辑佚仅取清代纳兰成德编撰的《合订》一书，而事实上，宋魏了翁的《大易集义》（中华再造善本影印宋刻本）、宋冯椅的《厚斋易学》（《永乐大典》本、《四库全书》文渊阁本）、元梁寅的《周易参义》（明抄本、《通志堂经解》本）、明蔡清的《易经蒙引》（《四库全书》文渊阁本）等书中皆有《合订》所未收的《易章句》之内容。于此可知，陈先生辑佚《易章句》时所用的基本资料是不够充分的。笔者则试图使用上述典籍对其漏辑的《易章句》内容进行补充。省文起见，补充时仅录《易章句》中吕大临的注解，对于《周易》则只标注卦名、爻名等基本信息，不录原文。

从上述典籍中，笔者共得漏辑《易章句》内容 9 条，包括《大易集义》4 条、《厚斋易学》4 条、《易经蒙引》1 条。

漏辑内容如下：

1.《讼》初六注：

六以柔弱而讼于下，其义固不可长也，永其讼则不胜而祸难及矣。凡于讼之初即戒讼，非可长之事也。柔弱居下，才不能讼。虽"不永所事"，既讼矣，必有小灾，故"小有言"也。既不永其事，又上有刚阳正应，辩之理明，故终得其吉也。不然，其能免乎？在讼之义：同位而相应，相与者也，故初于四为获其"辩明"；同位而不相得，相讼者也，故二与五为对敌也。（《大易集义》卷6）

【按】《合订》（卷10）没有"蓝田吕氏曰"字样，故《辑校》没有辑文。然据《大易集义》，《合订》所收吕解误入"伊川先生曰"条，且与《人易集义》所收内容相同，皆如上。据下文之"二与五"，"故初于四"之"于"疑为"与"字。

2.《师》六四注：

"左次"，谓退舍也，阴柔不中而居阴得正，故其象如此。全师以退，贤于六三远矣，故其占如此。行师之道，因时施宜，乃其常也，故"左次"未必为失也。如四退次，乃得其宜，是以无咎。知难而退，师之常也。（《大易集义》卷7）

【按】《合订》未收吕解，故《辑校》没有辑文，据《大易集义》卷7补。

3.《比》卦辞注：

人之不能自保其安宁，方且来求亲比；得所比，则能保其安。当其不宁之时，固宜汲汲以求比。若独立自恃，求比之志不速，而后则虽夫亦凶矣。夫犹凶，况柔弱者乎？夫，刚立之称。传曰："子南夫也"，又曰："是谓我非夫"。凡生天地之间者，未有不相亲比而能自存者也。虽刚强之至，未有能独立者也。比之道，由两志相求；两志不相求，则睽矣。君怀抚其下，下亲辅于上。亲戚、朋友、乡党，皆然。故当上下合意以相从，苟无相求之意，则离而凶矣。大抵人情相求则合，相恃则睽。相恃，相待莫先也。人之相亲故有道然，而欲比之志不可缓也。（《大易集义》卷8）

【按】《合订》未收吕解，故《辑校》没有辑文，据《大易集义》卷8补。

4.《小畜》六四注：

四既有孚，则五信任之，与之合志，所以得"惕出"而无咎也。阳出则血去，可知文丰其轻者也。五既合志，众阳皆从之矣。（《大易集义》卷9）

【按】《合订》未收吕解，故《辑校》没有辑文，据《大易集义》卷9补。

5.《否》六三注：

柔而不当其位，入于邪者也。下包二阴，群相比也。（《厚斋易学》卷10）

【按】《合订》未收吕解，故《辑校》没有辑文，《大易集义》亦未收吕解，据《厚斋易学》补。

6.《临》卦名注：

临，以上临下。观，以下观上。临，位之在上者临下，在下者为上所临者也。观，位之在下者观上，在上者为下所观者也。以刚临物，物所不与，以暗居上，下所不观，故柔上刚下为临，上阳下阴为观。（《厚斋易学》卷13）

【按】《合订》未收吕解，故《辑校》没有辑文，据《厚斋易学》卷13补。

7.《观》初六注：

以下观上，以阴观阳，近者得之，远者失之，初六、六二所以为童、为女也。（《厚斋易学》卷13）

【按】《合订》未收吕解，故《辑校》没有辑文，据《厚斋易学》卷13补。

8.《大过》九五注：

　　九二在初六之上，老于初六，故曰"女妻"，女未嫁者也。九五在上六之下，少于上六，故曰"士夫"，士未娶者也。九五已是阳过之极，而犹曰士夫者，上六居五之上，视五犹为老也。（《易经蒙引》卷4下）

【按】《合订》未收吕解，故《辑校》没有辑文，据《易经蒙引》卷4下补。

9.《习坎》六四注：

　　居重险之中，独傅阳明，如自牖内约。物虽薄而必缫，明信著交际得也。（《厚斋易学》卷17）

【按】《合订》未收吕解，故《辑校》没有辑文，据《厚斋易学》卷17补。

二、异本填充

　　之所以将不同版本的内容补充在此，是因为吕大临有反复修订自己著述的习惯，并且不同版本之间的文字差异很大。在一定程度上说，这些差异还可以反映吕大临思想发展完善的过程。而吕大临之所以最终没有写完《易章句》，或亦与他反复斟酌其中文字有一定关系。

　　本文所据以补充《易章句》内容的版本来源包括宋魏了翁《大易集义》之中华再造善本影印宋刻本，宋冯椅《厚斋易学》之《永乐大典》本、《四库全书》文渊阁本，元梁寅《周易参义》之明抄本、《通志堂经解》本，明蔡清《易经蒙引》之《四库全书》本和清乔莱《易俟》之《四库全书》文渊阁本。补充内容如下：

1.《屯》六二注：

　　女子者，常其德以待正，而不可与权者也。凡《易》之情，近而不相得则凶，或害之，悔且吝。屯者，人求其主之时。六二欲求其主，而初不相得，以为之难也。（《厚斋易学》卷6）

【按】《辑校》辑录《合订》卷7所收吕解为："《左传》有班马之声，则班，分别也；'班如'者，别而相远者也。六二近初而应五，六四应初而近五，皆与近者远别而求正应，故皆曰'乘马班如'。上六无应，虽比于五，不可得而亲，故亦曰'班如'。"（中华本68页，《儒藏》本22页）《大易集义》卷3与《合订》卷7所收相同，《厚斋易学》卷6所收吕解版本与二书不同，如上。

　　辨析：《厚斋易学》本先讲易理，后分析六二爻处于"欲求其主，而初不相得，以为之难"的情境，虽简略而意义明确。《合订》及《大易集义》本则先引典解释六二爻辞中的名词"班如"，后又用"近"、"应"和"比"等爻位关系说明为何六二、六四和上六的爻辞皆有"乘马班如"，这对理解六二爻及整个屯卦都有帮助。两种注本各有优劣，宜参看。

2.《讼》九二注：

> 义既不敌，故不能讼。归而逋窜，避去其所也。自下而讼其上，义乖势屈，祸患之至，犹拾掇而取之，言易得也。掇，自取也。（《大易集义》卷6）

【按】《辑校》辑录《合订》卷10所收吕解为："九二居二阴之间，上无正应，比初则为四所拒，比三则为上所拒；刚体不屈，自下讼上，理卒不胜，不如退就穷约，克己自新，亦庶乎无过也。知归而自反，以居中也。"（中华本73页，《儒藏》本26页）《大易集义》卷6所收吕解版本与之不同，如上。

辨析：《大易集义》本重在就文本进行义理阐释，如释爻辞中"归逋窜"为"避去其所也"，释爻辞中"自下讼上，患至掇也"为"自下而讼其上，义乖势屈，祸患之至，犹拾掇而取之，言易得也"。而《合订》本则先从爻位的角度解释九二爻，即"居二阴之间，上无正应，比初则为四所拒，比三则为上所拒"，后进一步提出自己的理解，即"退就穷约，克己自新，亦庶乎无过也"。从思想的丰富性看，《合订》本较《大易集义》本为优。

3.《履》六三注：

> 六以阴居阳，志欲刚而体本阴柔，安能坚其所履？故如盲眇之视，其见不明；跛躄之履，其行不远。才原不足而又处不得中，履非其正，以柔而务刚，其履如此，是履于危地，故曰"履虎尾"。以不善履履危地，必及祸患，故曰"咥人凶"。"武人为于大君"，如武暴之人而居人上，肆其躁暴而已，非能顺履而远到也。不中正而志刚，乃为群阳所与，是以刚躁蹈危而得凶也。阴柔之人，其才不足，视不能明，行不能远，而乃务刚，所以如此，其能兑于害乎？以柔居三，履非其正，所以致祸害被咥而凶也。以武人为喻者，以其处阳，才弱而志刚者也；志刚则妄动，所履不由其道，如武人而为大君也。（《大易集义》卷10）

【按】《辑校》辑录《合订》卷14所收吕解为："'眇'、'跛'，废者也。爻皆阳而己独阴，位且不当，则其用偏废，虽能视能履，不足任也。位既不当，而以柔履刚，必有咥人之凶也。体阴居阳，不中不正，柔邪而为暴乱者也，质虽柔而志刚也。"（中华本79页，《儒藏》本30—31页）《大易集义》卷10所收吕解版本与之不同，如上。

辨析：《大易集义》本首句"六以阴居阳"，疑"六"后脱"三"字，因此条乃吕大临对"六三"爻辞之注。该版本重文本解释，逐个阐发爻辞中的"履虎尾"、"咥人凶"、"武人为于大君"。《合订》本则先分析六三爻的属性及爻位，认为它"爻皆阳而己独阴，位且不当"，之后做出"虽能视能履，不足任也，而以柔履刚，必有咥人之凶也"的人事判断。二本宜参看。

4.《否》九四注：

上下不交，命不行矣。四切近于阴，独有下交之情，可以有命于下，下必从之。（《厚斋易学》卷 10）

【按】《辑校》辑录《合订》卷 16 所收吕解为："上下不交，命不行矣。九四以阳居阴，虽否之时，独有下交之志，可以有命于下，下必从之，志行而无咎也。畴，谁也。当否之时，上下既不交，则四与初亦不相应。四有下交之志，于下三阴无所偏系，孰为应者，必受其福，故曰'畴离祉'。"（中华本 82 页，《儒藏》本 33 页）《大易集义》卷 12 与《合订》所收吕解相同，《厚斋易学》卷 12 所收吕解版本与二书不同，如上。

辨析：《厚斋易学》本中的"四切近于阴"、"独有下交之情"在《合订》与《大易集义》本中分别为"九四以阳居阴"、"独有下交之志"，且《合订》与《大易集义》本"下必从之"后多出一段注解。显然，《合订》与《大易集义》本的注文更为细致。

5.《噬嗑》上九注：

灭耳为刵，灭趾为剕。刵，轻刑也。剕，重典也。初小惩不应重典，上大罪胡用轻刑？（《易俟》卷 7）

【按】《辑校》辑录《合订》卷 25 所收吕解为："'颐中有物'，四之谓也。三与五为四所间，皆欲噬而合之，故四爻皆言'噬'；六二噬六三,六三、六五噬九四,九四复噬六三、六五。凡噬，遇柔则易，'肤'与'干胏'是也；遇刚则难，'腊肉'，'干肉'是也。二下乘刚，噬柔过分至于'灭鼻'，然噬而求合，不失乎中，故'无咎'。六三以阴居阳，位既失当，所以'遇毒'。然物之所间，不可不噬，虽以失当，小吝不进，卒能噬之，故'无咎'。九四一卦之体，己为之间，上下二阴，噬之。虽易，理苟不直，不能无凶，故钧金束矢，必得其直，利于艰贞，然后获吉，不足光也。六五以阴处阳，以柔噬刚，虽正而厉也；居中得直，故'得黄金'；以中噬不中，虽厉而当，故'无咎'也。腊比干肉，禽兽全体有骨坚焉，其噬也难。五以上噬下，故易；三以下噬上，故难。"（中华本 98 页，《儒藏》本 44 页）《大易集义》卷 21 与《合订》所收相同，《易俟》卷 7 所收吕解版本与二书不同，如上。

辨析：《易俟》本重文本解释，易理阐述的成分不多。《合订》本则结合整个卦对上九爻辞进行解释，并做出"位既失当"、"二下乘刚"、"居中得直"、"以阴居阳"等爻位和爻之性质等分析。比较二者，《合订》本为优。

6.《复》初九注：

复者，阳反来复也。阳，君子之道，故复为反善之义。初，刚阳来复，处卦之初，复之最先者也，是不远而复也。失而后有复，不失则何复之有？唯失之不远而复，而不至于悔，大善而吉也。祗，宜音祗，抵也。《玉篇》云"适"也，义亦同。"无祗悔"，不至于悔也。次卦曰"祗既平，无咎"，谓至既平也。颜子无形显之过，夫子谓其"庶几"，乃"无祗悔"也。过既未形而改，何悔之有？既未能"不勉而中"、"所欲不踰矩"，是有过也。然其明而刚，故一有不善，未尝不知，既知，未尝不遽改，故不至于悔，乃"不远复"也。不远而复者，君子所以修其身之道也。学问之道无它也，唯其知不善则速改以从善而已。（《大易集义》卷 24）

【按】《辑校》辑录《合订》卷 28 所收吕解为："初九处复之初，而以一阳居众阴之始，自《坤》而来，阳消未远，故曰'不远复'。"（中华本 103 页，《儒藏》本 47 页）《大易集义》卷 24 所收吕解版本与之不同，如上。

辨析：《大易集义》本重文本解释，不仅说明"无祗悔"、"不远复"之义，而且注"祗"字之音。在此基础上，发挥自己思想："学问之道无它也，唯其知不善而速改以从善而已。"《合订》本注释简明，说明爻位为"处复之初"、爻之性质是"以一阳居众阴之始"，并指出《复》卦由《坤》卦变化而来。两本各有优劣，宜合参。

7.《复》上六注：

处卦之终，最远于阳，迷而不反者也。（《厚斋易学》卷 15）

【按】《辑校》辑录《合订》卷 28 所收吕解为："上六居众阴之上，处复之后，最远于阳，迷而不反者也。以治身则凶，趣时则有灾眚，若用众君国，其害滋大，其势难复，非十年之久不能为也。"（中华本 104 页，《儒藏》本 48 页）《厚斋易学》卷 15 所收吕解版本与之不同，如上。

辨析：《厚斋易学》本之意全包括在《合订》本中，似为《合订》本之摘引。若非如此，则《合订》本解释更详更精，为优。

8.《大畜》九二注：

舆说輹而不行者，盖其处得中道，动不失宜，故无过尤也。善莫善于刚中柔中者，不至于过柔耳。刚中，中而才也。初九处不得中，故戒以有危，宜已。二得中，进止自无过差，故但言"舆说辐"，谓其能不行也，不行则无尤矣。初与二，干体刚健而不足以进。四与五，阴柔而能止。时之盛衰，势之强弱，学《易》者所宜深识也。（《大易集义》卷26）

【按】《辑校》辑录《合订》卷30所收吕解为："'舆说辐'，则车败不可行也。'舆说辐'，辐，车轴缚也，则不驾而已，车体犹完。九二以刚居中，自全不进，非若《小畜》九三与四力竞，●至于败也。"（中华本107页，《儒藏》本50页）《大易集义》卷26所收吕解版本与之不同，如上。

辨析：《大易集义》本联系初九、六四、六五从卦之整体上解释九二爻，并提出"时之盛衰，势之强弱，学《易》者所宜深识"的易理。《合订》本先释"舆说辐"，后在与《小畜》九三爻的比较中表明《大畜》九二爻所含"以刚居中，自全不进"之意。从思想的深刻性来看，《大易集义》本为优。

9.《大过》九二注：

杨，近水之木，感阴气之多而易生者也。九二虽老夫，然得女妻则犹能生育，而无不利，亦犹枯杨近水而复生根稊也。《巽》下，长女也，而乃以初为女妻；《兑》上，少女也，而乃以上为老妇。此何也？盖九二在初六之上，老于初六，故二为老夫而初为女妻；九五在上六之下，少于上六，故上为老妇而五为士夫。此但以爻之上下为老少，非取于《兑》、《巽》之象也。（《周易参义》卷1）

【按】《辑校》辑录《合订》卷32所收吕解为："初六以柔在下，大过乎慎者也。茅，柔物；籍，在下也。大过之世，老少不得当其耦，阳过于阴，则老阳与少阴耦；阴过于阳，则老阴与少阳耦。初六少阴，女也；上六老阴，老妇也。九二在初六之上，老于初六，故曰'老夫'；九五在上六之下，少于上六，故曰'士夫'，士未娶、女未嫁者也。大过，刚过也，柔过则不济矣。九二比于初六，刚过乎柔；上六比于九五，柔过乎刚。过则为老，故枯杨为老夫老妇。稊，柔物也，'枯杨生稊'，再秀也；华，阳物也，'枯杨生华'，再荣也。九二刚过，故得柔之助，杨之再秀，尚可久也；'老夫女妻'，未失宜也。上六柔过，九五以少阳配之，刚不足以助之，虽荣易落也；老妇士夫，虽配非耦也。"（中华木110页，《儒藏》本52页）《大易集义》卷28、《厚斋易学》卷16所收吕解与《合订》同，《周易参义》卷1所收吕解版本与之不同，如上。《周易参义》所引吕解文末有"斯得之蓝田吕氏云"八字，笔者将之删除。

辨析：《合订》本初六、九二二爻合释，有利于整体把握该卦。《周易参义》本提出"但以爻之上下为老少，非取于《兑》、《巽》之象"，对解《易》体例有明确的方法意识，比《合订》单纯使用此种解《易》体例更进一步。需要说明的是，吕大临直接以阴阳爻象喻指男女老少之别，扩大了传统易学论象的范围，使卦爻辞与卦爻象更加贴近。

10.《家人》上九注：

上九以刚居终，有始有卒，道可继也，人乎？圣人以治家之道莫尚于威严，虑后世不知所谓威严者，正其身也。或不正而尚威怒，则父子相夷，愈不服矣，安得吉？故于上九发之。《孟子》曰："身不行道，不行于妻子"。石庆家人有过辄不食，家人谢过而后复，是亦反身也，《易传》曰："慈也。""身不行道，不行于妻子"，反身不严，人将安信？故"有孚，威如"，终乃吉也。（《大易集义》卷37）

【按】《辑校》辑录《合订》卷41所收吕解为："上九以刚居终，有始有卒，道可继也。'身不行道，不行于妻子'，反身不严，人将安信？故'有孚威如'，终乃吉也。"（中华本126页，《儒藏》本64页）《大易集义》卷37所收吕解版本与之不同，如上。

辨析：《合订》本的文字全部包含于《大易集义》本中，且《大易集义》本多出文字不属多余。盖《大易集义》本为《合订》本之充实完善，而不是《合订》本为《大易集义》本之精炼。

11.《涣》六四注：

自《坤》六二上居于四，离阴之群，上比于阳，"出幽谷而迁乔木"者，故"元吉"。五处乎高，九五也。冯当可曰四，以初、三两爻为群，同类故也。然五方得位正中，最近于己，二又不应之，是贤明之君，未有其物以成济，涣之功。四则涣其群以傅之，故"元吉"。五在四上，高丘之象。（《厚斋易学》卷30）

【按】《辑校》辑录《合订》卷63所收吕解为："六四自《否》六二，上居于四，离阴之群，上比于阳，'出幽谷而迁乔木'者也。知反其本，故'元吉'。丘处乎高，谓九五也。散而升高，虽进于光大，然自下而上，疑非所安，心不得平，故'匪夷所思'。"（中华本166—167页，《儒藏》92页）《大易集义》卷59与《合订》所收相同。《厚斋易学》卷30所收吕解版本与二书不同，如上。

辨析：《厚斋易学》本侧重从各爻之间的联系来解释六四爻辞，《合订》本虽亦有爻位的分析，但侧重文本解释。二本各有优劣，可参看。

三、校勘增补

校勘之法有对校、本校、他校、理校四种。对校法"即以同书之祖本或别本对读，遇不同之处，则注于其旁"，本校法乃"以本书前后互证，而抉摘其异同，则知其中之缪误"，"他校法者，以他书校本书"①，理校法则是据理定文字之是非。笔者主要使用对校法和他校法对诸本进行互勘。

陈俊民先生辑校《易章句》所用《合订》的底本是《通志堂经解》原刊本，校本是《四库全书》文渊阁本，皆为清代的版本。而我们用于校勘的主要是宋代魏了翁的《大易集义》之宋刻本，该书距离原著时间不长，按照一般规律应该更为接近原本。需要说明的是，《大易集义》虽然与《合订》并非一书，但由于其所录《易章句》内容大多与《合订》相同，所以二书互校在一定程度上说仍属对校而非他校，用《厚斋易学》、《周易玩辞困学记》等所做的校勘则属于他校。

增补校勘的内容如下：

1.《乾》九三注：

"人不堪其忧，而不改其乐"，"知终终之"也，于分有当安之义也。（《辑校》中华本 63 页，《儒藏》本 19 页）

【按】"当"《大易集义》（卷 1）作"自"，亦可通。

2.《谦》彖辞注：

谦道虽至于自下，然不可以不执中。（《辑校》中华本 87 页，《儒藏》本 36 页）

【按】"至"《辑校》校记为"'至'《四库全书》重刊本作'主'"。查《大易集义》（卷 15），"至"亦作"主"。从上下文义看，"主"字为优。

3.《豫》六三注：

以斯求豫，宜有悔也。（《辑校》中华本 89 页，《儒藏》本 38 页）

【按】"求"《大易集义》（卷 16）作"来"。

---

① 陈垣：《校勘学释例》，中华书局 1959 年版，第 144、145、146 页。

4. 《随》象辞注：

君子不过时而已矣。以道徇身，随时也；以身徇道，亦随时也。（《辑校》中华本 90 页，《儒藏》本 38 页）

【按】"不过时"《大易集义》（卷 17）作"不固时"。从上下文义看，"固"字为优。

5. 《习坎》象辞注：

惟险非吉德，君子所不取，故于坎也，独以习坎为名，更试重险，乃君子所有事也。（《辑校》中华本 111 页，《儒藏》本 53 页）

【按】"所有事"《四库全书》文渊阁本《厚斋易学》（卷 17）作"有所事"。

6. 《恒》象传注：

恒，居常而可久也。通于众，处于无过，守正而不变其道，乃可久也。非常之道，可暂而不久者也。（《辑校》中华本 116 页，《儒藏》本 57 页）

【按】"可暂而不久者也"《大易集义》（卷 32）作"可暂而不可久者也"，语句更为通顺。

7. 《遯》六二注：

"执"言持，"革"言坚固也。（《辑校》中华本 118 页，《儒藏》本 58 页）

【按】"持"《大易集义》（卷 33）作"待"。

8. 《明夷》六四注：

在上者既暗，不能察而拒之。（《辑校》中华本 124 页，《儒藏》本 62 页）

【按】《大易集义》（卷 36）"不能"前有"又"字，于义更通。

9. 《益》象传注：

风雷振动，万物变而新之，有迁善改过之义。（《辑校》中华本 134 页，《儒藏》本 69 页）

【按】《四库全书》文渊阁本《厚斋易学》（卷 40）"有迁善改过之义"前有"在人"二字，意思更加明了。

10. 《益》六四注：

六四"利用为依迁国"，靖难求安而已，非过益也。（《辑校》中华本 134 页，《儒藏》本 70 页）

【按】"靖"《大易集义》（卷42）作"情"。《益》卦六四爻喻指周公善意哄瞒商遗族迁往洛邑一事，"靖难"或更合适。

11.《萃》初六注：

四既不信，初既志乱，或信或否，或聚或散，则或悲或惧，故"若号，一握为笑"。号，号哭也；"一握为笑"，握手相欢笑也。（《辑校》中华本140页，《儒藏》本74页）

【按】"惧"《大易集义》（卷45）作"欢"。从上下文看，"信"与"否"、"聚"与"散"皆为反义，而"悲"与"惧"非反义、"悲"与"欢"为反义，故"欢"为是，"惧"为非，疑形近而误，因"惧"的繁体字为"懼"。下文之"'一握为笑'，握手相欢笑也"亦可为证。

12.《旅》六五注：

然不安于尊，上承上九，终得上之誉命，雉有所亡而不恤也。（《辑校》中华本162页，《儒藏》本89页）

【按】"雉"《大易集义》（卷56）作"虽"，于义更通，疑形近而误。

13.《中孚》象传注：

泽中气散而为风，"泽上有风"，泽气达其外者也。（《辑校》中华本169页，《儒藏》本94页）

【按】"泽中气"《大易集义》（卷61）作"泽中之气"，更优。如此，此句可点校为"泽中之气，散而为风，'泽上有风'，泽气达其外者也"。

14.《系辞上》注：

寂然之中，天机常动。应感之际，本原常静。（《辑校》中华本180页，《儒藏》本103页）

【按】"本原"《四库全书》文渊阁本《周易玩辞困学记》（卷13）作"本休"。

15.《系辞上》注：

气辟则温燠发生，阖则收敛肃杀佢。一体二用，不可以二物分之。（《辑校》中华本182页，《儒藏》本104页）

【按】"佢"乃从《古逸丛书》本《周易系辞精义》。关于该字，陈俊民先生在《辑校》中华本、《儒藏》本中注曰："'佢'字，于义难通，属上属下亦难决，或有讹误，无从确考。"而"佀"在复性书院重刊本《周易系辞精义》中作"但"。如此，此句就应为"气辟则温煦发生，阖则收敛肃杀。但一体二用，不可以二物分之"。

四、标点正误

《辑校》中华本点校有误而《儒藏》本已更正者，不列于下。

1. 《大有》九三注：

居群臣之上而上迫于君，如伊尹、周公之心。（《辑校》中华本 86 页，《儒藏》本 35 页）

【按】"伊尹"、"周公"为人名，应加专名线，故原书（笔者注：竖排）应于二人名左侧加竖线。

2. 《蛊》九二注：

九二以刚居中，子干母事者也。执不知变，贼恩之大委而不干，不孝也；干而贼恩，亦不孝也。有中道存焉，惟君子能之。（《辑校》中华本 92 页，《儒藏》本 40 页）

【按】"执不知变，贼恩之大"为一句。"委而不干，不孝也"与"干而贼恩，亦不孝也"两句为并列关系。故此段应标点如下：

九二以刚居中，子干母事者也。执不知变，贼恩之大。委而不干，不孝也；干而贼恩，亦不孝也。有中道存焉，惟君子能之。

3. 《震》六二注：

六二当震之时，以柔乘刚，震来必危而无应，必大丧其所资亿数之多，多故大也。应在六五，所居高险，故曰"跻于九陵"。（《辑校》151 页，《儒藏》本 81 页）

【按】此段当标点如下：

六二当震之时，以柔乘刚，震来必危而无应，必大丧其所资。亿，数之多，多故大也。应在六五，所居高险，故曰"跻于九陵"。

4. 《节》初九注：

九以刚居节之初，宜立法以制节。人之有欲，为上之所制，节其始，多不说。（《辑校》中华本 168 页，《儒藏》本 93 页）

【按】"制节"是古人常用的词汇，意为"节俭克制"，如《孝经·诸侯》曰："制节谨度，满而不溢。"唐玄宗注："费用约俭，谓之制节。"《汉书·哀帝纪》亦云："制节谨度以防奢淫，为政所先，百王不易之道也。"故此段当标点为：

九以刚居节之初，宜立法以制节。人之有欲，为上之所制节，其始多不说。

5.《说卦》注：

奇为阳，耦为阴，初见何义？《爻》必以三见何？体盖奇见，所合耦见，所分三者之中，必有物焉。此《爻》所以三也，三才之道于是乎生。（《辑校》中华本 185 页，《儒藏》本 107 页）

【按】"爻"不是专名，不必用书名号。"奇见所合"与"耦见所分"二句为对称关系。故此段应标点为：

奇为阳，耦为阴，初见何义？爻必以三见，何体？盖奇见所合，耦见所分，三者之中必有物焉，此爻所以三也，三才之道于是乎生。

6.《说卦》注：

逆数者原其始，顺数者要其终；要其终者本于数，往安已过之，逆知其终也。盛衰生息，皆有常数而已；原始者，可以知来、知未来之事，其始也，皆出于造化生生之所以然而已。（《辑校》中华本 185 页，《儒藏》本 107 页）

【按】此条为"数往者顺，知来者逆，是故《易》也，逆数也"之释文，故释文中"数往"、"知来"二词皆为对原文之引用。标点应如下：

逆数者原其始，顺数者要其终。要其终者，本于"数往"，安已过之逆，知其终也，盛衰生息皆有常数而已。原始者，可以"知来"，知未来之事，其始也皆出于造化生生之所以然而已。

五、文字纠错

1.《乾》九二注：

上遇则亢，大成若缺则不至于亢，以有悔也。（《辑校》中华本 63 页，《儒藏》本 18 页）

【按】（1）"遇"《大易集义》及《合订》之《通志堂经解》本、《四库全书》文渊阁本皆作"过"，《辑校》误作"遇"，疑形近而误。

（2）"于"《大易集义》及《合订》诸本皆作"乎"，《辑校》误作"于"，疑义近而误。

2. 《大壮》彖辞注：

天地之体大矣，势胜矣，情正矣！（《辑校》中华本 119 页，《儒藏》本 59 页）

【按】"势胜"之"胜"，《大易集义》及《合订》之《通志堂经解》本、《四库全书》文渊阁本皆作"盛"，《辑校》误作"胜"，疑音近而误。

3. 《大壮》象传注：

体所以正心修身，"非礼弗履"，则威严行而天下服。（《辑校》中华本 119 页，《儒藏》本 59 页）

【按】"体"《大易集义》及《合订》之《通志堂经解》本、《四库全书》文渊阁本皆作"礼"。从上下文义看，应为"礼"。《辑校》误作"体"，疑形近而误。

4. 《震》六五注：

居尊履中，虽以柔居，亦可以有事于天下；有事于天下，则大无所丧矣！（《辑校》中华本 151 页，《儒藏》本 82 页）

【按】第二个"有事于天下"前《大易集义》及《合订》之《通志堂经解》本、《四库全书》文渊阁本皆有一"苟"字。疑《辑校》脱。

5. 《归妹》九二注：

不可与有明，则不可与有焉，静而守中，不变其常，所以"利幽人之贞"。（《辑校》中华本 157 页，《儒藏》本 86 页）

【按】"不可与有焉"之"焉"字《大易集义》及《合订》之《通志堂经解》本、《四库全书》文渊阁本皆作"为"，《辑校》误作"焉"，疑形近而误。

6. 《未济》九二注：

濡尾曳轮，在《既济》则为始济之象，在《未济》则为涉难已深之象，故其义不同。（《辑校》中华本 175 页，《儒藏》本 99 页）

【按】"在《未济》"之"在"《大易集义》及《合订》之《通志堂经解》本、《四库全书》文渊阁本皆作"于"，《辑校》误作"在"。

7. 《未济》六五注：

六五离明之体，居中履中，光之盛者。（《辑校》中华本 176 页，《儒藏》本

99 页）

【按】"居中"之"中"《大易集义》及《合订》之《通志堂经解》本、《四库全书》文渊阁本皆作"尊"，五爻是尊位，亦可说"居尊"，而《辑校》误作"中"。

8.《说卦》注：

　　　指所以妙万物者，故谓之"神"。（《辑校》中华本 185 页，《儒藏》本 107 页）

【按】"故"《古逸丛书》本和复性书院重刊本《周易系辞精义》皆作"姑"，《辑校》误作"故"，疑音近兼形近而误。

（作者单位：陕西师范大学政治经济学院）

《河汾教》及其作者考述

马君毅

　　明文翔凤所撰《河汾教》现藏于北京大学图书馆和美国国会图书馆，为天启元年刻本。北京大学图书馆所藏为残本，仅存卷 1、卷 5 至卷 16，而美国国会图书馆所藏为足本。

　　该书是文翔凤于天启元年（1621）在山西典学政时所撰，书前有其《自序》，但序文残缺不全、文字漫漶不清，仅能通过只言片语对其撰写此书的目的及其旨归管窥蠡测。在《自序》中，文翔凤写道：

　　　　今之书称河汾，且文中子之乡矣。予既以元中祠祀文中，并其门人之受经者，则兹之代昔人而教之，亦大有缘□。夫备闻王氏六经之义者，后□□尚欲跻之洙泗之侪矣。晋□□三万人从予游，奚不欲其□闻孔氏六经之义，而进一头于举子艺之外乎，肆予不得不饶舌于士，士尚起而应予，毋以师不必贤弟子，遂忽其言而枝之，予之教十三万余言，概未有诡六经者也。 [①]

　　这段话中所提及的文中子是隋朝著名的思想家、教育家王通，他在辞官回乡后"退而求诸野"，将兴王道之志付诸于续述《六经》和聚徒讲学的事业上，以著述和讲学来弘扬儒学。王通历经九年撰写完成了《续六经》，此后名声大噪，求学者由远而至，盛况空前，遂有"河汾门下"之称，后世更有"河汾道统"之誉。文翔凤认为自己在王通的家乡山西典学政，又"以元中祠祀文中"，且身为孔门儒学之士"代昔人而教之"，与王通颇有缘分，在心中更将王通作为一个榜样。文翔凤意欲仿效王通聚徒讲学和著述《续六经》以传道，于是将自己与县学诸生的教言汇编起来，撰写成了

---

①　文翔凤：《河汾教》卷 1，明天启元年刻本。

"十三万余言"的《河汾教》。该书的内容以记录文翔凤对山西县学诸生讲述六经为主，而《自序》中"概未有诡六经者也"一言亦表明了此书的撰写主旨。

《孟子·万章下》提出了对中国古代诗学影响深远的"知人论世"说："颂其诗，读其书，不知其人，可乎？是以论其世也。"[①] 这里，孟子强调的是在阅读接受一个作品之前要对其创作主体进行一定的了解、认识，这样才能更为深入和透彻地接受作品。这个诗学理论至今仍有其巨大的指导意义。我们在阅读接受一部作品之前，应当对该作品的创作主体进行尽可能详尽的考察和认识。对于古代典籍来说更是如此，因为古籍的创作主体生活的年代与今天有着较大的时间间隔，且生活的社会环境及文化背景也与今天大相径庭，做到"知人论世"对于解读、研究一部古籍来说，可谓尤为重要的。正因如此，对《河汾教》一书作者的了解与认识便显得十分必要了。

一

文翔凤，《明史》无传，《四库全书总目》及朱彝尊《静志居诗话》对文翔凤记载颇为简略，对其生平描述最为详尽的当为钱谦益《列朝诗集小传》。

> 翔凤，字天瑞，三水人。万历庚戌进士，除莱阳知县，调伊县，迁南京吏部主事，以副使提学山西，入为光禄少卿，不赴，卒于家。天瑞父在兹，举万历甲戌进士，以程文奇异，为礼官所纠，遂不复仕，作梅花诗至万五千言，讲德摘词，以奥古为宗。天瑞缵承家学，弥益演迤。……其论学以事天为极，力排西来之教，著《太微》以翼易，谓太玄潜虚，未窥其藩。……以辞赋为专门绝学，覃思腐毫，必欲追配古人。尝称曰："屈、宋、枚、马，生知之圣也，神至于不可知。扬，学知之圣也，大而化矣。班、张、左，大贤也，充实有光辉，而未果化。潘、陆以后，充实而美矣，光辉乎何居？余欲建子云以为师，友太冲与之为朋，而未之逮也。"……其为诗离奇瑰兀，不经绳削，驰骋其才力，可与唐之刘叉、马异角奇斗险。……其为人忠孝诚敬，开明岂弟，迥然非世之君子也。……然而如天瑞之文赋，牢笼负涵，波谲云诡，其学问渊博千古，真如贯珠。其笔力雄健，一言可以扛鼎。世之人或惊怖如河汉，或引绳为批格，要不能不谓之异人，不能不谓之才子也。文中子曰："扬子云古之振奇人也。"余于天瑞亦云。[②]

① 朱熹：《四书章句集注》，中华书局 2011 年版，第 302 页。
② 钱谦益：《列朝诗集小传》，上海古籍出版社 1959 年版，第 652 页。

　　钱谦益的记载提供了大量研究文翔凤的重要信息。首先，钱谦益明确提出了文翔凤深受其父影响并"缵承家学，弥益演迤"；其次，述及了他为学的基本观点与治学理念，即"其论学以事天为极，力排西来之教"；再次，对其诗歌进行了评价，认为他的诗"离奇夐兀，不经绳削，驰骋其才力"，还赞赏其诗"可与唐之刘叉、马异角奇斗险"，同时也对其人品德行做出了"忠孝诚敬，开明岂弟"的高度赞誉；最后，充分肯定了他在文学上的卓著才华与突出成就，赞叹他不但"学问渊博千古，真如贯珠"，而且"笔力雄健，一言可以扛鼎"，因此"不能不谓之异人，不能不谓之才子"。钱谦益《列朝诗集小传》中关于文翔凤的记载可谓是了解文翔凤其人的一把金钥匙，为我们提供了如此之多的关于文氏的信息，一定程度上弥补了他在《明史》中无传的缺憾。

　　此外，明清两朝士人的奏疏札记以及地方志中提及文翔凤的只言片语也成为我们了解他的宝贵资料。明末黄宗昌在《举所知以储顾问疏》中有这样的记述："谨就臣之知者为皇上陈之，于词林中得三人焉，曰：李腾芳、文震孟、陈仁锡。于部寺中得二人焉，曰：王象春、文翔凤。此五人者才行具优，一时良粹，皆以忤奸被黜。"① 由此可见，在与文翔凤同时代的士人眼中，他是一个"才行具优"的英杰良才，但最终却因悖忤奸佞而被罢黜。而据茅元仪《暇老斋杂记》卷5的叙述，文翔凤的才力学识之高令人激赏。

　　　　近日主上自政事之外所问文学事实，阁臣以下俱莫能对，御史黄宗昌请选文学之士前南京光禄少卿文翔凤、前南京考功郎中王象春等以备顾问。阁臣竟已之，盖恐侵机务也。②

　　内阁诸人对于政事之外的文学颇不精通，黄宗昌推荐文翔凤等人以备顾问，但最终因阁臣惧怕这些文学顾问会"侵机务"而未能付诸实现。这一记载一方面反映了明末内阁专权，另一方面则充分反映了文翔凤的卓著才华。兵科给事中陈献策《击奸当伸大法，用人务核真品，恳祈圣断，立赐彰瘅，以快舆情疏》中更是盛赞文翔凤为"朗识弘才"。③ 此外清人魏方泰在《行年录》中的记载也充分表明了文翔凤的文学才识，书中记载道："明文翔凤，字太青，弱冠时已破万卷。闱中雷何思得其论策，诧曰：'此必三水文翔凤也。'搜其经义，亟目为文章司命主。"④ 魏方泰实际上是借雷何

---

① 黄宗昌：《疏草》卷上，清康熙刻本。
② 茅元仪：《暇老斋杂记》卷5，清光绪李文田家抄本。
③ 金日升：《颂天胪笔》卷15下"启事"，明崇祯二年刻本。
④ 魏方泰：《行年录》，清乾隆十七年家刻本。

思之口对文翔凤的才华学识进行了称赞，并将其视为"文章司命主"。

上文所引明清士人的奏疏中所反映的都是对文翔凤卓著才华与学识的赞赏，而关于文翔凤的"忠孝诚敬，开明岂弟"的品行，吴甡在《柴庵疏集》卷7中的记载为我们提供了一个很好的佐证："翔凤素抱忠义，前秦兵入援时，首倡勤王之义，捐百金佐饷，而监司守令以下因之感动，各输助有差。今宁无闻翔凤之风而兴起者乎？一在富民之劝输也。"① 在国家面临危难之时，他主动捐百金以佐军饷，为国家社稷奉献自己力所能及之力，感动得众人纷纷解下私囊，"各输助有差"。而文翔凤也成为了一个先锋模范式的人物，被吴甡用来在奏疏中作为"劝输"的例子。

查阅地方志文献，也有不少提及文翔凤的记录，这些记载为我们梳理文翔凤仕宦经历提供了更为立体生动而且详细的资料。

文翔凤登万历三十八年庚戌韩敬榜进士，据梁秉锟（民国）《莱阳县志·人事志》所记载的"三十九年任"②，可知他于进士的第二年即万历三十九年担任山东莱阳知县，又据张道超（道光）《伊阳县志》记载"文翔凤万历四十一年任"③，可知他在担任两年山东莱阳知县后便调任河南伊阳知县，查阅清王士俊（雍正）《河南通志》卷34，可知文翔凤于万历乙卯年即万历四十三年又调任河南洛阳知县④。此后，文翔凤调入南京吏部，任南京吏部稽勋清吏司郎中。明人孙承宗在文翔凤任职于南京吏部期间，为皇帝起草了下达给文翔凤的制诏，题中称文翔凤为"南京吏部稽勋清吏司郎中文翔凤"⑤，便是明证。后文翔凤于天启年间提学山西，清人丁宝铨《傅青主先生年谱》中称文翔凤"天启间以副使提学山西，力振晋人萎靡之习"⑥。由明入清的著名诗人钱谦益曾起草过《山西布政使司提学右参议兼按察司金事文翔凤授朝议大夫制》，曰："文翔凤风操端严，学问渊博，登高能赋，有大夫之才，发愤遗经，有圣贤之志，三为县令，两留曹，皆有贤声，溢于官次，乃命尔往督晋学。"⑦ 在此诏书中，钱谦益对文翔凤的欣赏与赞叹溢于言表，如果说"风操端严，学问渊博"是对他德行才学的肯定，那么"三为县令，两留曹，皆有贤声，溢于官次"便是对他政治才能的激赏。崇祯初年，文翔凤"以太仆少卿家居武恭"⑧，虽然后来还被授予南京光禄少卿的官职，但他未曾赴任，最后官至太仆少卿。以上便是文翔凤仕宦经历的梗概。

---

① 吴甡：《柴庵疏集》卷7，清初刻本。

② 梁秉锟：（民国）《莱阳县志》"人事志"，民国二十四年铅印本。

③ 张道超：（道光）《伊阳县志》卷3，道光十八年刊本。

④ 王士俊：（雍正）《河南通志》卷34，《影印文渊阁四库全书》本。

⑤ 孙承宗：《高阳集》卷16 "制词"，清初刻嘉庆补修本。

⑥ 丁宝铨：《傅青主先生年谱》，清宣统三年丁氏刻霜红龛集本。

⑦ 钱谦益：《牧斋初学集》卷98 "外制" 8，《四部丛刊》影明崇祯本。

⑧ 计六奇：《明季北略》卷10，清活字印本。

二

文翔凤天启年间提学山西，《河汾教》便撰写于此时期，而今所存世的《河汾教》是天启元年刻本，由此可知，文翔凤在提学山西的第一年便非常迅速地写就了此书，并付梓刊刻。以如此迅捷的速度编就一部"十三万余言"的著作可谓是才思敏捷，同时也暗示着《河汾教》一书曾作为文翔凤提学山西时县学诸生所使用的教学用书的可能性。为了说明这种可能性，便要从《河汾教》以及文翔凤其他著作在明清两代目录书中的著录情况出发进行探讨。

文翔凤一生著述颇丰，但翻检明清两朝较为知名的目录学著作，却几乎无一本著录《河汾教》，我们仅能在地方志中找到有关此书的蛛丝马迹。清人李培谦在（道光）《阳曲县志》中著录了此书："《河汾教》，明学道文翔凤著。"① 这是在翻检了大量明清两代目录学著作后，发现的提及《河汾教》的为数不多的书籍。至此，我们心中不由充满了疑问，为何同样都是明朝知名文人文翔凤的著作，却在目录书的著录情况中出现了如此巨大的差异，如《太微经》常常被著录于各种目录书，但如《河汾教》几乎不见于目录书，可谓是"名不见经传"。这种情况之所以出现，原因可能在于，编写《河汾教》的真实目的是为了给晋诸县学生作为授课教材，由于思想内容及学术水平十分有限，而且此书仅在一个地域内传播、使用，影响力十分有限，因此仅在地方志中著录，而未见于明清两朝的知名目录书。

如前所述，文翔凤于天启元年提学山西，而"十三万余言"的《河汾教》正好刊刻于天启元年，在短短一年时间内写就一部"十三万余言"的书并付梓刊刻，由此不难推知《河汾教》一书的编写时间或许不超过半年。为何要以如此快的速度写就《河汾教》并立即付梓刊刻？其实，《河汾教》成书时间之短恰好从一个侧面说明了它成为山西地区县学授课教材的可能性。

在《河汾教》的《自序》中有一段关于撰写此书缘由的叙述："晋□□三万人从予游，奚不欲其□闻孔氏六经之义，而进一头于举子艺之外乎，肆予不得不饶舌于士，士尚起而应予，毋以师不必贤弟子，遂忽其言而枝之。"可见，《河汾教》颇类似于文翔凤讲学时的授课内容及与诸生就某一论点进行答辩的记录。但倘若仅仅是这些内容，似乎不需要在如此短的时间内以如此惊人的速度编就并刊刻成书。对此问题的解释似乎陷入了僵局，但我们换个角度便有了新的思路。前面曾说过文翔凤"才学俱优"，是个"朗识弘才"、"学问渊博"的大儒，而这样才名颇著的人往往自信满满，甚至是自

---

① 李培谦：（道光）《阳曲县志》卷 8 "礼书"第 3，清道光二十三年修，民国二十一年重印本。

视甚高，文翔凤也不例外。文翔凤尝曰："余欲建子云以为师，友太冲与之为朋，而未之逮也。"迥异于同一时期的文学之士将那些中国文学发展历程中里程碑式的文坛巨星塑造为崇拜偶像，在他心目中自己与扬雄、左思为同俦，是一种师友关系，这不但反映了他对自己才学的肯定，认为自己的文学才华可与扬雄、左思相比肩，更反映了他有点过于自信，甚至是自负。文翔凤高度的自信使得他有着比常人更为远大的理想与追求，而作为深受儒家思想熏陶的鸿儒，又无时无刻不想着如何在有生之年完成"太上立德，其次立功，其次立言"这"三不朽"的宏伟目标。再加上作为从游者三千众的山西提学副使，他看到了达成这一目标的可能性：他可以通过职务之便，将《河汾教》大量刊印并作为山西诸县县学所使用的授课教材之一，从而使自己的学术思想及观点得以广泛传播，乃至传之后世，影响后学，如此一来自己"立言"以不朽的宏伟目标与人生理想也就可以实现了，因此他急急忙忙地编就了《河汾教》并付梓刊刻。

　　现实与理想总是有一道难以逾越的鸿沟，事与愿违的悲剧在人世间不断地发生着。《河汾教》一书并没有能如文翔凤自己所期望的那样成为影响千古的煌煌巨著，在中国历史上熠熠生辉，相反，却名不见经传，诸多目录书对其几乎是视而不见，没有对它进行过太多的关注。《河汾教》一书存世版本甚少，唯一的足本今存于美国国会图书馆，几乎可以孤本视之。因此，作为中国古代典籍的一部分，对其进行点校整理工作是十分必要的。此外，《河汾教》真实地反映了明季具有文学才士兼孔门大儒这一双重身份的文翔凤的经学思想，从这个角度来说，整理并研究《河汾教》具有一定的学术价值。

三

　　一方面，文翔凤作为一个"登高能赋"的文学之士，撰有许多的诗集、文集，诸如《四库全书总目》著录于存目中的《东极篇》和《文太青文集》，以及未著录于《四库总目》的《皇极篇》、《南都新赋》等。另一方面，他还是一个学问渊博的儒者，他撰有体现其易学思想的《太微经》和《邵窝易诂》，而"概未有诡六经"的《河汾教》则体现了他对于儒家六经的见解与认识。

　　探究《河汾教》的经学思想，若从宋代邵雍出发，或许会是一条捷径。因为此书大量地引用了邵子的论断及观点，而且每次引用后文翔凤对其做出的评价几乎都是正面肯定的。这样的例子不胜枚举，如第 4 卷《广阴阳十一教榆次县等六学诸生》中引用了邵雍的言语进行论述，并对这段言语进行了评价：

邵子曰："君行君事，臣行臣事，父行父事，子行子事，夫行夫事，妻行妻事，君子行君子事，小人行小人事，中国行中国事，夷狄行夷狄事，谓之正道。反是者谓之邪道。"至哉，邵子之说乎！①

文翔凤还在书中以饱满的热情对邵雍进行了高度的赞誉，流露出一种对偶像的膜拜。如在第9卷的《广成人教芮城县学诸生》中文翔凤将邵雍定义为"亚圣之成"，他说："邵子者，亚圣之成也。"②在第16卷的《广第一流人教太原府等两学诸生》中称："然则邵子者，又颜孟之合而为一人者也，才力似孟子，而气象似颜子。"③在文翔凤看来，邵雍比亚圣孟子和孔子的得意门生颜回更接近于圣贤，因为他认为邵雍是孟子与颜回优长之处的结合，他既有孟子的才力，又有颜回的气象。文翔凤对邵雍如此之高的评价不无过誉之嫌，但真实地反映出了他对邵雍以及其学说推崇备至的真情实感。

实际上，王通、邵雍及文翔凤三人，在思想上有着一定的源流嬗递关系。如果将王通、邵雍、文翔凤三人视为三颗珠子，那么将三人贯穿起来的那条线便是新儒学，即宋明理学。

王通以"道"的主宰取代了"天"的主宰，奏响理学的先声，成为了"前理学时期"的主要代表人物。在宇宙观上，他对以董仲舒为代表的"天人感应"学说及流行于两汉时期的谶纬神学进行了猛烈抨击，一定程度上使汉代以来日益神学化的儒学向理学转变。而邵雍是宋代一位对新儒学具有很大影响的哲学家、诗人，尤其是他创"先天学"，认为万物皆由"太极"演化而成，并重新对《周易》的六十四卦进行排列，对易学术数做出了突出的贡献。邵雍与新儒学的一些著名代表人物张载、程颐、程颢有过交游，并且保持着颇为亲密的关系。在《宋史·邵雍传》里有这样的记载："雍疾病，司马光、张载、程颢、程颐晨夕候之，将终，共议丧葬事外庭。"由此不难看出张载、二程与邵雍关系之亲密，以至于邵雍病逝之前在邵雍居所外庭中共议丧葬事。虽然邵雍不是新儒学发展历程中如同二程、朱熹这样丰碑式的代表人物，但可以肯定的是，他在一定程度上影响了新儒学的思想及其发展的进程。文翔凤热衷于易学象数的研究，紧紧追随邵雍的脚步，竭力宣扬天象象数相融合的儒道思想，或许正是这个原因，使他对此领域的先辈邵雍格外敬重，并对其带有一种偶像崇拜式的推崇。由此可知，文翔凤在思想上必然受到邵雍的影响，甚至对邵雍的思想有一种自觉意识的继承，《河汾教》的思想内容便体现出他对邵雍及宋明理学的自觉继承与肯定。

① 文翔凤：《河汾教》卷4。
② 文翔凤：《河汾教》卷9。
③ 文翔凤：《河汾教》卷16。

钱谦益在《列朝诗集小传》中对文翔凤的学术思想做出了"论学以事天为极，力排西来之教"的评价。宋明理学的核心观点便是"存天理，灭人欲"。文翔凤学术思想体现出"论学以事天为极"的特点，正是对宋明理学"存天理"的自觉继承。外来的思想文化总会在传播与接受的过程中与土生土长的思想文化发生碰撞，有时甚至会颠覆本土思想文化的主导地位。出于对本土思想及价值系统的维护，文翔凤"力排西来之教"，希望通过对外来佛教与基督教的排斥，从而达成维护儒学独尊的美好愿景。

首先，"论学以事天为极"是指他的最高宗旨是极力保持儒学所构建的伦理道德准则，积极维护儒家思想中的尊天与尊孔的思想。他认为"世诚有学圣人而得其门者与之谒帝而礼圣人，然后知孔氏之为天上、天下独尊也"。在《广放勋劳来教太谷县学诸生》中，他还将契与孔子做了比较，并认为"契之为玄王，而孔氏安得不为素王"：

> 契何幸而得为尧所使，而天之报契者为特厚不止，付之以六百年之商。而孔子寔殷人也，契后也，以一人览万世之权衡，而六经之教似有祖脉者，玄鸟氏之支畅远一至此，孔氏中庸之权衡，所以命令万世斥百氏者，正以人伦之五教为尊，则契之为玄王而孔氏安得不为素王也。①

契为商之始祖，而孔子"寔殷人"，乃契之后。契靠政治手腕揽有商一代之权衡，而孔子则以"六经之教"正人伦，垂范后世，遂推孔子为素王。文翔凤甚至将孔子称为上帝代身，请看：

> 孔子之谓天行，其行也，以天行乎，所不得不行时，行则行，身代天事者也，天运于上而为四时之行，然有孔子代之，而人始知至圣之为上帝代身矣。孔子者，人之四时也，……四时行则百物自生矣，天下后世之一切智、愚、贤、不肖，孔子所生之百物。②

在这段论述中，孔子俨然是被神化了一般，孔子似乎与整个天的运行都息息相关，所以"人始知至圣之为上帝代身矣"，紧接着又将孔子比作"人之四时"，由此得出"天下后世之一切智、愚、不肖"都是孔子所生之物，将孔子推崇到了一个极致。可见，文翔凤尊孔到了一个非常极端的地步。

其次，《河汾教》也鲜明地体现出文翔凤"力排西来之教"的观点，尤其对佛教颇

---

① 文翔凤：《河汾教》卷 2。
② 同上。

多微词。如他认为"佛氏之弃礼而不知返者，逆天道之自然矣"①，由于佛教将儒学建立的伦理道德价值置之不顾，因此他以卫道士的口吻直接指斥佛教"弃礼而不知返"。又如他在《广行远登高教五台县学诸生》对于佛教对儒家伦理道德体系的冲击有这样的论述：

> 佛氏之徒先逃夫妇，继逃父子、兄弟、君臣，而卒不能逃朋友之伦。为祖父之子孙，而不肯为子孙之祖父，止欲其平等而为朋友，不欲其等次而为君臣。天地之道以生生为大，夫妇者，生生之道也，人类之所出，仁之至也。而欲举人类而空之，亦惑矣。②

在《广造端夫妇教闻喜县学诸生》也有相似的论调：

> 佛氏先逃夫妇，逃夫妇以绝父子，逃父子以鲜兄弟，逃兄弟以叛君臣，而卒不能逃于朋友一伦之外。能自绝其夫妇、父子、兄弟而不能使天下之皆绝其夫妇以绝父子、兄弟也。使人皆绝夫妇以绝父子、兄弟，则无人而亦无有朋友之可偕矣，况其逃之也。而以师弟为父子，以长幼为兄弟，是终不能逃而去之也。而徒亲其疏，疏其亲，逆天理之自然，然寔欲灭人生之类以尽归之于寂灭，而人生之类终不可灭也。③

他认为佛教将夫妇、父子、兄弟、君臣的伦常关系击碎，"去夫妇以绝父子，远父母兄弟，而逃租税以绝君臣，独托身于朋友之一伦不得已"，因此在他看来，佛教教义简直就是悖逆天道自然的错误，遂对佛教贬低排斥甚至口诛笔伐。

对于从西洋传入中国的基督教，文翔凤也是加以排斥，甚至认为基督教与佛教相袭，是继佛教传入中国后冲击中国儒学思想价值的第二大祸害，如在《广君子如此教泽州学诸生》中，他有这样的论述："西洋之说袭佛氏而又盗儒氏者也，曰：'我即天。'……是故背六经，判孔子，蔑三王，非前圣，侮天地，坏人伦，则佛氏为□之魁，而西洋氏又其助之者耳。"④尊孔的文翔凤实际上是将外来的佛教与基督教视为异端，认为它们的思想"背六经，判孔子，蔑三王，非前圣，侮天地，坏人伦"，前有罪魁祸首佛氏，后又有西洋基督推波助澜，对儒家建立的伦理道德体系造成了一定的冲击与

---

① 文翔凤：《河汾教》卷7。
② 文翔凤：《河汾教》卷5。
③ 文翔凤：《河汾教》卷9。
④ 文翔凤：《河汾教》卷14。

破坏，所以为了坚决维护儒家思想及伦理道德体系，尊奉"圣人之教"，便要"力排西来之教"。

《河汾教》一书虽然名不见经传，影响力较为有限，但对《河汾教》的整理与研究工作却具有重大意义。此书是明季大儒文翔凤就儒家六经而进行的论说与教学，它较为完整地体现了他的经学思想，在很大程度上反映出在心学盛行的明朝中后期宋明理学依然在社会思想中有着微弱的声音，并没有随着心学的出现而在历史的进程中销声匿迹。

（作者单位：陕西师范大学文学院）

从《陕西省珍贵古籍名录》到
《国家珍贵古籍名录》的思考

姜 妮

2007 年初，国家"十一五"期间重点开展的古籍保护项目——"中华古籍保护计划"正式启动。其中，珍贵古籍名录的申报、评审工作是这项宏伟工程的重要组成部分。自 2007 年 9 月至 2011 年 7 月，国家文化部先后组织开展了四批《国家珍贵古籍名录》（以下简称为《国家名录》）申报工作，第一、二、三、四批《国家名录》共收录古籍 2392 部、4478 部、2989 部、1516 部，总计 11375 部。在国家开展此项工作后，各省市陆续开展了本省的珍贵古籍名录申报工作，如山西、山东、河南、河北、浙江、江苏、上海、湖北、广东、辽宁、吉林、甘肃、江西、四川、重庆等，其中江苏、甘肃已开展过两批申报，山西、山东已开展过三批申报，上海已开展过四批申报。

此项工作，引起了公众及各级媒体的广泛关注，一些古籍收藏单位（也包括个人收藏者），古籍研究者、整理者，也都非常关注此项工作的评审细则及最终结果。虽然国家及各省市已相继开展了多次名录评审工作，但关于评审工作有哪些关键环节，这些关键环节又是如何具体操作的、评审中应该注意的事项、此项工作还存在的问题、经验交流、总结介绍等都很少被提及。国家古籍保护中心梁爱民研究员在第三批《国家名录》公布后写有一篇文章——《国家珍贵古籍名录评审述略》[①]，她主要从评审程序简介、古籍申报要点、不应盲从《中国古籍善本书目》这三方面做了介绍，这是唯一的一篇从专业技术角度出发所撰写的关于《国家名录》评审的文章，从中我们可以大体了解到评审工作的流程，非常可贵。但因为毕竟是一家之言，不可能面面俱到，而且之后确实有些业内人士对此工作提出了一些看法和质疑，有的是因为不清楚申报流程而导致的误会，有的则确实是很客观地指出了问题所在。其中，中山大学骆伟教

---

① 梁爱民：《国家珍贵古籍名录评审述略》，《图书馆工作与研究》2011 年第 12 期。

授和曾任职于哈佛燕京图书馆的沈津先生均从微观着眼纠错，最后再上升到宏观角度审视名录评审中的问题，他们的意见和建议都是非常中肯的。[①] 笔者也曾经参与《国家名录》申报及《陕西省珍贵古籍名录》的申报评审工作，在这其中也遇到了很多问题，而且省级名录的评审同国家名录又存在很多不同之处，比如省级名录普遍放宽了标准，收录范围也因此扩大，进而在古籍质量及数据著录质量上也明显下降，等等。省级名录也不可能像国家名录那样分别组成经、史、子、集、少数民族语文文献、简帛古籍、金石碑拓、敦煌暨佛教文献、舆图等评审小组。总之，在《国家名录》及省级名录的评审工作中，笔者有很多问题希望能同业内人士交流、探讨，以期能更好地促进工作，为"中华古籍保护计划"尽一份绵薄之力。

一、第一批《陕西省珍贵古籍名录》申报及评审工作

1. 申报及评审工作介绍

（1）申报情况及评选标准。

2011 年 10 月 19 日，陕西省文化厅下发了《关于申报〈陕西省珍贵古籍名录〉（以下简称为〈陕西省名录〉）的通知》（陕文社［2011］45 号），正式启动申报工作。据中心调查统计，我省有千册以上的古籍收藏单位共计 70 家，总藏量约为 156.17 万册。截止 2011 年 12 月 31 日，我省共有 29 家古籍存藏单位 1092 部古籍参与申报。虽然仅有不到一半的单位参与了此项工作，但这 29 家已基本将我省古籍藏量较多的单位囊括在内。在此之前，省中心就拟定了《陕西省名录》申报评审办法，并提交省古籍保护工作联席会议及省古籍保护工作专家委员会批准通过。《陕西省名录》的评选标准，原则上与文化部颁布的《古籍定级标准》（WH/T20—2006）所规定的一、二、三级古籍的评定标准相同，即陕西省珍贵古籍原则上从一、二、三级古籍内选定。有名人批校题跋、名家抄稿本的入选，下限可延伸到 1912 年。凡陕西入选《国家名录》的古籍，自然入选《陕西省名录》。此项办法，各省、市基本上以《国家名录》的申报评审办法为蓝本修订而成，只是将入选古籍级别放宽到三级，同时对地方文献亦采取适当放宽原则。

（2）评审细节。

按照评审办法，我们首先对提交的数据进行了整理及初步审核。初审主要做了以

①　骆伟：《关于当前古籍普查与申报国家珍贵古籍名录的思考》，《山东图书馆学刊》2010 年第 4 期；沈津：《一封被"解密"的信——关于〈国家珍贵古籍名录〉》，http://blog.sina.com.cn/s/blog_4e4a788a0100khm7.html，2010-08-16。

下几项工作：

第一，从所提供书影信息入手（书影信息不明确则联系馆藏单位反复核对信息），借助相关馆藏书目信息、文字记载等，逐条核对申报数据的准确性。

第二，以《中国古籍善本书目》（以下简称《善本书目》）为重要参考资料，如入选《善本书目》，则仔细比对，在确定无误后列出该书在《善本书目》中的号码，以备之后专家二审参考；同时，将收藏单位的数量也一并标出，以凸显其稀见程度。

第三，依据古籍定级标准，对每一部古籍进行定级，为是否入选提供重要参考信息。

第四，依据《中华古籍总目》提供之分类法，对每一部古籍进行分类，至二级类目即可，为名录在先按时间、再按分类编排这一体例提供基础信息。

初审完成后，共有 25 家单位的 763 部古籍入选，其中 148 部已入国家珍贵古籍名录，自然入选，其他 615 部需进行复审。

为了保证入选《陕西省名录》的古籍符合标准、真实准确，省中心邀请了业内六位专家组成复审专家组，对一审后的 615 条数据进行全面复审。为了给各位专家留出充分的审阅时间，同时也为了让专家能在方便查考资料的基础上审核数据，中心在组织召开的陕西省珍贵古籍名录初审工作汇报暨复审研讨会上，同与会专家商定，将复审数据平分三份，每两位专家审核相同的一份。会后，我们将初审数据、申报书和配套书影分送各位专家逐条审核。在各专家复审完成后，我们将各专家提交的审核意见予以汇总整理，之后组织召开了"陕西省珍贵古籍名录复审工作总结会"，经过会上讨论与会下沟通，六位专家基本达成了一致意见，同时提出还有个别数据需查对原书以进一步核实。之后，省中心工作人员陪同贾二强、赵望秦、吴敏霞三位专家亲赴几家单位核对原书，就个别遗留问题达成了一致意见。经过复审专家组的审定，中心工作人员将最终的 615 条数据及相关资料提前通过电子邮箱发给了省古籍保护专家委员会全体专家，以便为大家留出充足的审阅时间，而一些专家也很快反馈了信息并提出了宝贵的意见。中心工作人员根据专家意见，对这 615 条数据又进行了个别修改，删掉了 15 条不够级别的数据，这其中有几部伪作，也有几部尚待细考。

2013 年 1 月 29 日上午，陕西省珍贵古籍名录审定工作会议在陕西省图书馆召开，省古籍保护工作委员会 13 位专家参加了此次会议。我们将前一阶段确定的 600 条数据按照古籍级别由高至低排列，其中一级 4 条、二级 137 条、三级 459 条，同时建议先将二级以内共 141 部古籍及另外 120 部比较特殊的三级古籍（特殊在这 120 部古籍其他省已入选至国家珍贵古籍名录中，或《善本书目》仅收有 3 家以内者），加上之前已入选前三批《国家名录》的 148 部古籍（按：陕西省共 149 部古籍入选前三批《国家名录》，其中第 06145 号陕西省图书馆藏《温与亨先生诗草不分卷》已入选第二批《国家名录》，但经笔者仔细比对查阅，疑其非"李因笃批校并跋"，故是书未入选第一批《陕西省名录》），总计 409 部，作为第一批《陕西省名录》，其余 339 部三级古籍可作为第二批公布。会上，全体专家一致认可并通过了第一批《陕西省名录》的 409 条数据，同时也赞同将剩余的 339 部三级古籍留待二批公布。

（3）《陕西省名录》同其他省市名录比较。

目前，第一批《陕西省名录》已经在陕西省政府网站、陕西省文化厅门户网站——陕西文化信息网、陕西省图书馆网站——陕西省古籍保护中心网页上进行了公示，公示期为 2013 年 3 月 6 日至 25 日，公示期结束后，中心仅对第 0021 号《南史》的存卷信息进行了补充，其他数据均保持不变。

同其他已开展此项工作的省市相比，第一批《陕西省名录》的入选数量居于中间位置，在河北、浙江、湖北、江西、吉林、四川之上，江苏、山东、辽宁、广东、上海、重庆、甘肃、河南之下，其中除甘肃、河南两省略比陕西多出一点外，其他六省市名录都在千部以上，有的甚至达六千余部之多。但整体来说，《陕西省名录》的评审标准还是比较严格的。虽然各省名录原则上都从三级以上古籍评选而出，但我们在实际评审中并不是将所有三级古籍都纳入最终结果，而是做出了明确的规定：入选的三级古籍必须是《善本书目》收藏在 3 家以内者，或是该书他省已经入选《国家名录》。

反观有的省份，笔者发现有大量并不稀见的清刻本都被纳入了省名录。例如，山东省的一、二、三批省名录分别收有古籍 3810 部、2393 部、1411 部，数量非常多，遥居全国各省之冠。但仔细翻检，发现其中很多古籍难符珍贵之名。其中第一批名录第 3650 至 3655 均为"明诗别裁集十二卷（清）沈德潜、周准辑清乾隆四年刻本"，是书《善本书目》集 18816 收录，共 37 家单位收藏；第 3624 至 3635 均为"御选唐诗三十二卷目录三卷（清）圣祖玄烨辑（清）陈廷敬等注清康熙五十二年内府刻朱墨套印本"，是书《善本书目》集 18232 收录，共 53 家单位收藏。再如，河北省的第一批名录共收有古籍 159 部，数量倒不算太多，但也未必就是少而精的珍品。其第 0122 为"王文恪公集三十六卷（明）王鏊撰（明）朱国祯订白社诗草鹃音一卷（明）王禹声撰明万历王氏三槐堂刻本"，是书《善本书目》集 7256 收录，共 44 家单位收藏。收藏单位如此之多，缘何还能入选珍贵名录行列呢？

虽然说省级名录无论从质量或数量上都无法和《国家名录》相提并论，但如此宽松的标准无疑会让省级名录的珍贵程度大打折扣。名录的价值和意义不是简单用数量来衡量的，它一旦向社会公布后，将会作为一份书目资料和文献档案流传下去，作为名录的组织者和评审者，应当尽最大程度地将本地区真正符合条件的珍贵古籍评选出来，为受众提供准确、客观的信息，至于不够格的古籍，可以留待以后或者换一种方式再来公布。

《陕西省名录》各单位入选情况统计表

序号	单位名称	入选《国家名录》（部）	入选《陕西省名录》（部）	总入选（部）
1	陕西省图书馆	44	114	158
2	西安博物院	37	26	63
3	西北大学图书馆	21	36	57
4	陕西师范大学图书馆	15	27	42
5	西安碑林博物馆	11	5	16
6	陕西省文史研究馆	5	10	15
7	陕西省考古研究院	5	6	11
8	陕西理工学院图书馆	1	8	9
9	陕西省社会科学院信息中心	4	2	6
10	三原县图书馆	2	4	6
11	安康市汉滨区少年儿童图书馆	1	4	5
12	陕西中医学院图书馆	1	3	4
13	陕西省中医药研究院	——	3	3
14	西北政法大学图书馆	——	3	3
15	岐山县图书馆	——	2	2
16	延安大学图书馆	——	2	2
17	渭南职业技术学院图书馆	——	2	2
18	宝鸡市图书馆	1	——	1
19	临潼区图书馆	——	1	1
20	咸阳图书馆	——	1	1
21	尧山中学图书馆	——	1	1
22	周至县图书馆	——	1	1
合计		148	261	409

二、《国家名录》中存在的若干不足

　　《陕西省名录》在申报及最后编辑各环节，都基本上仿照《国家名录》的形式，因为要拿《国家名录》做榜样，对其就阅读得比较仔细，因此也发现了存在的若干不足，其中标准过宽、审核不严，是比较集中的问题，这些在骆伟教授和沈津先生的文章里都有详细的举例说明，兹不复赘。在此，笔者仅就自己的一些看法做一些阐述补充，希望能得到有关部门及专家的认可。

1. 著录格式及校勘不严、信息不明确

（1）对于"[ ]"的意义没有明确解释。

第一批至第四批中，有一些书名是用"[ ]"括起来的，如《国家名录》第一批《国家名录》00150 [大般涅盘经疏]，00159 [佛门问答十二论]，00172 [老子道德经五千文义疏]，00175 [摩尼教经典]，00181 [唐景云二年张君义勋告]，00182 地志唐写本卷背 [紫微宫星图]、[占云气书] 等多处于书名加"[ ]"，此外，亦于地方志书名前时间部分加"[ ]"，如一批《国家名录》00560 [至正] 金陵新志十五卷，后者很明确属于地方志，而前者缘何要加"[ ]"，恐怕一般读者就不是很清楚了，这种情况，似应在凡例中交代清楚。

（2）一部书收藏单位却系两家。

第一批《国家名录》00982 为"诸佛菩萨金刚等启请一卷大理国保天八年（1136）写本云南省博物馆、云南省图书馆"，第一次看到这条数据时，笔者误以为是校勘不严所致的错误，一部书怎么会同时在两家收藏呢。后来咨询了云南省图书馆的有关老师，才知道当时最早发现这部经的时候，省里让博物馆、图书馆、社科院分别去拿，当时也没有进行认真的分类，大概适合哪个单位就让哪个单位拿了，之后若干年过去了，在普查的过程中才发现有一个东西在两个单位的情况，而这部经只是这种情况中的一例而已。《国家名录》的公布，可以让许多残本配成全本，这是好事。但一部书署两个单位名称这种著录方式，确实很少见，这种情况，也有必要在凡例中交代清楚。具体到此部经，实际上系云南省图书馆一家申报，云南省博物馆的收藏情况则不甚明了。

（3）存卷数著录格式不一致。

第一批《国家名录》00130"维摩诘所说经卷上"，00131"维摩诘所说经卷下"，而00208"东谷郑先生易翼传二卷"则于数据最后注"存一卷（下）"，诸如此类情况，可以统一于题名后注明存卷上或卷下，而不必先写明总卷数，再于末尾注明存卷数。

（4）刻书机构名称不统一。

第一批《国家名录》00192 版本项著录为"元相台岳氏荆溪家塾刻本"，而00286、00318、00326，第二批《国家名录》02614 都为"元岳氏荆溪家塾刻本"，此处关于刻书机构的名称应统一。

（5）单位名称不统一。

关于几个藏书单位，一批《国家名录》为"安徽阜阳市博物馆"，二批名录为"阜阳市博物馆"；一批名录为"蓬莱市文化局慕湘藏书馆"、"曲阜市文物管理委员会"，二批名录于前均冠有"山东省"。就是说，在同样批次的《国家名录》中，有的在单位前面冠省名，有的则不冠省名，而且完全和前面的称谓不一致。此处，单位名称应统一。

以上所列著录格式及校勘不严的问题，在后来与《国家名录》配套的图录照旧因袭。

2. 著录错误

如果说以上所列只是格式或校勘方面的问题，还不算太严重，但下面关于著录方面的错误可就是比较严重的问题了。烟台图书馆刘树伟曾针对第一批《国家名录》著录方面的错误撰有专文，文中指出了《天盖楼四书语录》并非天盖楼刻本，殿本《西清古鉴》应为刻本而非铜版本等问题。[①]

这里，笔者以第二批《国家名录》第 04819 号"穆天子传六卷（晋）郭璞注明万历程荣刻汉魏丛书本黄丕烈校并跋天津图书馆"为例做以补充。关于是书，国内曾出现多种"相同"的版本，西北大学图书馆就藏有一部自称为黄丕烈校并跋的《穆天子传》，且参与了此次《陕西省名录》申报，笔者将西北大学藏本与天津图书馆藏本进行比较，发现了很多不同，不仅黄氏校跋不同，连其所用底本也不同，西北大学图书馆藏本明显比较拙劣，不仅笔迹不好，连朱批的颜色亦不是很正。当然，对比结果的不同，是必然的结果。从《士礼居藏书题跋记·正续集》记载来看，黄氏对《穆天子传》只校跋了一次，真本只可能有一部。那么，天津图书馆所藏就是真本了么？恐怕还有待商榷。关于是书，骆伟教授有专文考证[②]，他在 20 世纪 80 年代曾参与《善本书目》（子部）的编辑工作，对是书曾进行过详细的调查研考。依骆伟教授的看法，此书真本应系原山东省立图书馆馆长王献堂先生收藏，为山东杨氏海源阁旧藏。当时适逢晋军进驻济南，政局动荡，王氏当时已交卸馆长职务，准备回归故里，又适值书商"敬古斋主人"向其推荐是书及顾千里校《说文系传》两种珍本，王老恐书流域外，遂倾囊购买下来。此书在归王献堂先生私箧后曾于民国二十三年（1934）影印发行，印数不多。当年编纂《善本书目》时，众人所见为影印本，而原书因系个人收藏，故未入选《善本书目》。骆伟教授曾有幸目睹这三个藏本，并进行过仔细的比对、考证，他的意

① 刘树伟：《试论〈国家珍贵古籍名录〉中的几处缺憾》，《图书情报工作》2009 年第 19 期。
② 骆伟：《清代黄丕烈校跋〈穆天子传〉考评》，《图书馆学刊》2002 年第 3 期。

见应当是值得肯定的。也就是说，第二批《国家名录》04819《穆天子传》6卷中的黄丕烈校跋，应系作伪。

（1）建议使用繁体字著录。

用繁体字著录，是古籍著录最基本的规则，这样，才能客观反映原书信息。全国古籍普查平台、《全国古籍普查登记目录》、《中华古籍总目》都要求用繁体字著录，而且与《国家名录》配套的图录也都用繁体字著录，但《国家名录》却特立独行，四批都坚持用简化字著录，意义何在呢？难道是因为要面向社会公布，出于遵守国家语言文字工作委员会的有关规定才这样做吗？但是，前面几项工作却很明白地规定是要用繁体字进行著录的。关于此点，山东省和江西省的名录便做出了突破，它们没有遵循《国家名录》的旧例，《山东省珍贵古籍名录》全部使用繁体字著录，《江西省珍贵古籍名录》则采取了题名卷数、著者、版本项用繁体字，册数、单位项用简化字著录的方式，这些都能客观地反映原书信息，是比较科学的做法。除了这两个省外，其他16个省市（包括陕西）都没有突破《国家名录》的体例，仍用简化字著录，尽管我们在后来已发现因此而引起的很多棘手的问题，但是木已成舟，为时已晚。

（2）申报工作奖励额度过低，没有调动更多单位的主动性、积极性。

沈津先生在关于名录的文章中曾提到《国家名录》中不该收的收了，该收的却未收。关于这个问题的原因，应该分情况进行说明。不该收的收了，那多半是标准过宽、审核不严造成的结果；而该收的却未收，很大程度上是收藏单位根本没有参与申报。为什么没有参与申报工作呢？因为还没有引起足够的重视。《国家名录》的申报工作比较特殊，一是涉及的收藏单位庞杂，各系统都有，公共图书馆、大中专院校图书馆、科研单位、文博单位、医疗单位、宗教单位、党政机关，甚至还有私人藏书；二是申报者须对馆藏有非常熟悉的了解，才能从中披沙拣金，挑选出珍贵的有可能入选的古籍。如何将涉及的各个单位组织起来，积极、主动地参与这个工作，单单依靠联席会议，行政手段还是远远不够的。如果能采取一定的激励措施，这样就会更广泛地调动各单位的积极性，而不是在参与了一次后就再无兴趣，或者并没有认真再筛选馆藏，只是重复申报以前的旧资料，像热剩饭一样，或者压根就没有兴趣参与此项工作。现在看来，这种情况并不少见，陕西省内就有好几家这样的单位，藏量也多，藏品质量也高，但之后每次都是重复申报或者拒不参与，即使这样，国家古籍保护中心和省中心也无法强制要求其参与。国家古籍保护中心对每部入选名录的古籍会补贴200元，按照国家中心的说法，这200元不是保护费，而只是书影使用费。对于这笔补贴，说实话，真的不算太多。有的单位只入选了一部，要领这笔补贴必须要开发票，中间要经过几道手续，很麻烦，这些单位往往因此便放弃了这笔补贴。笔者建议，国家古籍保护中心应对入选《国家名录》的古籍给予一定程度的补贴，重赏之下一定还会有更多单位认真筛选馆藏，积极、主动参与《国家名录》申报工作。当然，采取激励措施也只是一种推动、促进工作的方法而已，实际上，这项工作是和馆藏数量、质量，领导及工作人员的认识水平、专业素质、工作态度等密切相关的。但是，国家如果能将补贴标准适当予以提高，无疑会在一定程度上提高参与者的主动性和积极性。

（3）建议简化申报书。

国家古籍保护中心制作有专门的《国家名录》申报书，各省名录申报书也都是仿照《国家名录》来制作的。以陕西省为例，笔者发现，除高校系统等少数古籍整理研究能力较强的单位外，大多数单位的申报书填写得并不完整，漏填了很多项目，比如已采取的保护措施、需要加强的措施、保护计划、保护所需经费、经费预算及依据说明、图版、备注等，即使偶有填写的，也并不规范、科学。而且申报书有一个封面，填写内容为：书名卷数、著者、版本、册件、单位，之后还有一个基本信息，里面仍然有书名项要填写，而这些信息在申报书正文中都是有体现的，属于重复信息。实际上，在进行申报整理时，我们重点提取的是书名卷数、著者、版本这三项内容，这是要反映在名录中的关键信息。另外，分类、版式行款、板框开本大小、批校题跋、钤印的信息也有参考价值，而且要在之后的图录中反映，因此这些信息也是必不可少的。除此之外，如上面提到的那些经常漏填的项目，从已采取的保护措施直到申报书结束，大多数单位缺填，少数单位如省图书馆及几个高校图书馆花费了很多时间填这些项目，但在后面的申报整理工作中，这些信息参考和利用的价值都不是很大。毋庸置疑，国家中心制作的这个申报书很细致，但在真正开展工作时，笔者发现它却并不科学。实际上，国家古籍保护中心在第三批《国家名录》申报时已做出了调整，那就是将名录的汇总工作交由各省中心来完成。而汇总的要项包括：编号、书名、著者、版本（带补配）、批跋、分类、善本总目号、单位、存卷、备注、申报说明、版式、板框、开本、简编类目、自定等级、地区。也就是说，所有申报古籍的信息，全都集中反映在这样一个 EXCEL 中，一目了然。在开展整理工作时，工作人员也不用挨个去看申报书的内容了，因为申报书中可供参考的信息在这个总表中都有记录，这就简化了一道工作程序，是非常科学、高效的做法。但国家中心并未让这个总表取代申报书，也就是说各单位还是要填写申报书，然后再交由省中心进行汇总。为什么不考虑让申报单位直接填写这个汇总表呢？这样可以减少很多不必要的重复劳动，达到事半功倍的效果。另外，申报单位的信息及封面的加盖公章大可一次集中反映，而不必在每部申报书中体现。这样的重复劳动，在申报数量少的单位还表现的不是很突出，但若是申报的数量多了，其弊端则显而易见。

（4）建议将落选古籍的原因反馈给原申报单位。

能入选《国家名录》，每个收藏单位的领导及工作人员都会感到喜悦和荣幸。反之，则多少会有些失落。我们在开展此项工作时发现，第一次参加申报工作时，各单位的热情和积极性都比较高，待结果公布后，很多未入选的单位都表示国家中心应该给他们一个说法，否则，不明不白地就被刷下来，他们不但很难释怀，还会对这个工作产生虎头蛇尾的感觉。对于此种问询，省中心都会给予解释澄清：因为全国的申报单位和数据都非常多，国家中心无法将每家单位每部书的落选原因一一说明。但实际上，从后来国家中心反馈的信息及梁爱民研究员的论述来看，为便于复查及答复问询，国家中心对每部书的落选原因是有备注的。既然如此，建议国家中心最好能将这一信息通过省中心反馈给有关单位。一方面，这体现的是一种有始有终、细致入微的工作作风，进而可以让各参与单位真切地感受到国家对此项工作的审慎和重视；另一方面，也可以让各单位对自己的藏品有更准确、客观的认识和定位。当然，有时收藏单位未必能完全认同国家中心给出的解释。我省陕南曾有一家古籍收藏单位，对此项工作的参与热情很高，在第三批《国家名录》申报时，精挑细选、满怀信心地报了 16 部古籍，但最终只有一部入选。该单位负责领导几次与省中心联系，表示希望能了解落选原因，甚至提出，如果有需要，他们会亲自把书带到北京去让专家过目。经省中心联系，国家中心反馈回了信息，但在该单位看来，有个别古籍的落选缘由并不能令他们信服。比如明凌澄初刻套印本《晏子春秋》六卷，是书在第一批、第二批《国家名录》中共有 5 家单位入选，而他们的却没有入选，国家中心给出的原因为"存世多"，这样的解释，显然是不太妥当的。既然是因为存世多，那一开始就应当一视同仁地对待，而不能因为该单位是晚两步申报就拒之门外。说到底，还是对标准前后把握不一所致，这又引发了另一个层面的问题。但反馈了落选原因而不被认同总比什么都没有反馈要好，而且反馈确实是有必要的。

以上是本人参与此项工作的一些切身体会，有的想法和建议还很不成熟，这里不揣浅陋，撰文如上，一来诚心求教于各方家，二来意借此抛砖引玉，希望能引起更多同仁对《国家名录》及各省名录申报评审工作的积极思考、探讨和交流。

（作者单位：陕西省图书馆）

王庭谏万历十五年、十六年行实与诗文考

高　璐

　　王庭谏（1554—1591），字敬卿，号莲塘，陕西华州（今陕西省华县）人。其先祖原籍昌平，曾任河南按察司副使，因迁于陕西华州税课局，故后人安家于此。万历八年（1580）王庭谏以一甲第三人登进士第，即"探花"。[①] 其后授翰林院编修，升修撰，曾参与编纂《大明会典》、《六曹章奏》等庙堂文献。万历十九年（1591）二月二十六日，病卒于京师官邸。王庭谏本人既是"江陵柄政"、"争国本"等明代重要历史事件的亲历者，又是晚明诗坛上一位富有特色的诗人。在文学创作上，他追随明代"前七子"的复古理论，诗法杜甫，文法司马迁，主张质朴纯粹的风格，作品富有"沉鸷迈往之气"[②]，在明代陕西文学家中具有独特地位。他的作品主要收录在其遗集《松门稿》8 卷当中，偶有一二遗珠散见于陈田《明诗纪事》、张维新《华岳全集》等文献资料中。[③] 今即以《松门稿》当中的作品为中心，结合相关文献史料，来考察王庭谏在万历十五年、十六年的行实与诗文创作情况。

　　之所以选择这一时期作为考察中心，一方面是因为，这一时期是万历朝政局的一个较为关键的转折期。彼时朝中对已故的原首辅张居正的清算刚刚结束不久，而国本之争又启衅端，阁部、科道官员之间的矛盾日益凸显，此后逐渐形成了万历朝后期浙、齐、楚三党与东林党之间的结党攻讦局面，为明朝的覆亡埋下了伏笔。而王庭谏作为这一时期众多历史事件的亲历者，他的行实可以作为一个较为典型的切入点，用来观察这一时期中央文官文人的精神动态与思想倾向。而另一方面，万历十五、十六年同时也是王庭谏本人创作的高峰时期。在这一时期中，他的活动范围不仅囿于朝堂，而且扩大到了京师与陕西华州老家乃至西安府之间。较为丰富的生活内容极大地开阔了

---

① 朱保炯，谢沛霖：《明清进士题名碑录索引》，上海古籍出版社 1980 年版，第 2562 页。
② 冯琦：《附刻〈三太史诗序〉》，见《四库全书存目丛书》集部第 167 册，齐鲁书社 1996 年版，第 398 页。
③ 参见拙文《〈松门稿〉集外诗文钩沉》，《东亚汉学研究》2013 年 3 月。

他的创作视野，使得这一时期成为了他诗文作品的高产期。以下即是他这一时期的经历与诗文作品。

万历十五年（1587）丁亥，三十四岁。

正月初一日，作《丁亥元日》诗。

正月十五日，抱病在身，作《元夕病中》诗。

按：旧称农历正月十五日为上元节，是夜称元夕。据诗题知，其时王庭谟已抱病在身。王庭谟之病起于万历十四年（1586）二月，其告病归在万历十五年（1587）三月前后。① 此后，尽管万历十九年（1591）元夕王庭谟亦在京师，然已病笃至弥留之际，恐难赋诗。故此诗当系于万历十五年正月十五日。

二月八日，《大明会典》成。晋修撰，赐金币，以病不能廷谢，预备请告归里。

按：《明神宗实录》卷183"万历十五年二月丁卯"条载："《大明会典》成，宴总裁纂修官于礼部。命定国公徐文璧等侍之。"② 又，萧良有《明故承务郎翰林院修撰莲塘王公墓志铭》载："是年主上方急《大明会典》，敬卿（王庭谟）预修，不敢辄言去。丁亥春，书成晋修撰，赐金币。而敬卿病益甚，至不能廷谢，疏请归。"③ 可知王庭谟彼时病甚，其后即以病告归。

离京前，作《春日病中书怀呈冯琢吾太史》诗。

按：此诗中言及自己抱病在京，思乡情切，预备还家之事，当写于万历十五年春，《大明会典》成后，王庭谟请告归里之前。④

离京前，作《赠黄君吁之海盐令序》。

按：黄之俊，字君吁。万历十五年，任海盐县知县。⑤ 王庭谟于此年二月前

① 萧良有：《明故承务郎翰林院修撰莲塘王公墓志铭》，见《四库全书存目丛书》集部第167册，第485页。

② 《明神宗实录》卷183"万历十五年二月丁卯"条，台湾"中央研究院"历史语言研究所影印本1962年版，第3573页。

③ 萧良有：《明故承务郎翰林院修撰莲塘王公墓志铭》，见《四库全书存目丛书》集部第167册，第485页。

④ 同上。

⑤ （光绪）《江西通志》卷144《列传·临江府》，清光绪七年刻本；（光绪）《嘉兴府志》卷43《名宦二》，清光绪五年刊本。

后离京，则此赠序当不迟于其离京前。

三月前后，离京返乡，冯琦为其送行至京师春明门外。

　　按：萧良有《明故承务郎翰林院修撰莲塘王公墓志铭》载："丁亥春，书成晋修撰，赐金币。而敬卿病益甚，至不能廷谢，疏请归。"[1] 则王庭谟告归启程当在其后不久，暂系于此年三月，待详考。又，王庭谟病归家后，曾写《与冯琢吾殿讲》信曰："春明门外记得明公谓我，言犹在耳，岂敢忘心？"[2] 可见冯琦对其嘱咐备至，二人关系较为亲密。

启程不久，抵良乡。萧良有门下送行之仆役还京，写《与萧汉冲同季》（高馆张灯）一信，使送良有，并邀良有他日来华州一聚。

　　按：萧良有，字以占，号汉冲，与王庭谟同年登第。[3] 此信曰："倘其邀福于太华山灵，得枉使星一幸秦封乎？愿与丈为山中十日之饮。道中狂风竟日，薄暮抵良乡，益重离愁万倍矣。今晨力疾将往涿鹿。送役旋，匆匆。"疑为王庭谟此次离京不久所作。良乡在北京西南，再西南，即为涿郡，为王庭谟由京师返华州必经之路。

行至真定县，与门生真定县令陈所问相聚。作《过真定示陈令芸窗》诗以赠之。

　　按：陈所问，字尔虚，号芸窗。万历十四年进士，选授真定县令。[4] 是年王庭谟分校礼闱，陈所问或为其所举进士。王庭谟此诗曰："终南堪隐约，冀北好飞腾。吾道凭君在，归与可自矜。"言及自己告归之情，当作于万历十五年春末，告归途经真定县之时。

次年春末，王庭谟告病归里，途经真定，作此诗以赠。
行至安阳县，与其门生安阳县令刘道亨相聚。作《过安阳示仰岗刘令》诗以赠之。

①　萧良有：《明故承务郎翰林院修撰莲塘王公墓志铭》，见《四库全书存目丛书》集部第 167 册，第 485 页。
②　王庭谟：《松门稿》卷 5《与冯琢吾殿讲》，见《四库全书存目丛书》集部第 167 册，第 448 页。
③　叶向高：《苍霞余草》卷 11《明国子监祭酒赠礼部侍郎汉冲萧公墓志铭》，明万历间刻本。
④　（乾隆）《潍县志》卷 5《侍御陈公传》，清乾隆二十五年刊本。

按：刘道亨，字时济，号仰冈。万历十四年登进士第，授安阳令。①是年，王庭谏分校礼闱，刘道亨或为其所举进士。此诗曰"铜章初绾绶"，可知刘道亨任此职不久。当为万历十五年春末，王庭谏告病归，途经安阳时所作。

行至修武县，作《修武道中忧旱》诗。

按：王庭谏登第后自京城归里仅两次，其一为万历十年（1582）十月，其二为此年三四月间。此诗曰"草木炉锤里，乾坤鼎沸中"，知其时天气炎热，时当在春夏之交，而非秋冬之景，故系于此年四月。

行至河内县，与安阳县令黄中色相聚，作《过河内赠黄明府》诗以赠之。

按：此诗有"麦秀明花县，溪流胜锦江"句，则知其时为麦苗生长季节，当在春末。又，万历十四年，黄中色任河南怀庆府河内县知县。②次年春末，王庭谏告病归，途经河内县，与其相聚，此诗疑作于其时，待详考。

行至灵宝县，与许任相聚。作《再过灵宝呈许后谷》赠之。

按：诗中曰："瓮头春酒谁同醉？箧里新诗应更多。稍待秋风吾病减，还来策塞问烟萝。"知其时为春日，王庭谏抱病在身。王庭谏之病起于万历十四年二月，其告病离京在万历十五年三月前后。③则此诗或作于万历十五年四月前后，王庭谏告病返乡途中路过灵宝之时，待详考。

四月底，抵陕西华州老家。

按：王庭谏《祭亡弟大祥文》载："万历十有五季，岁次丁亥，五月初九日丁酉，仲子谏以请告归里十日余矣。"④则其抵华州老家时当在此年四月底。

---

① 《新城县志》卷9，民国二十四年铅印本。
② （道光）《河内县志》卷6，清道光五年刊本。
③ 萧良有：《明故承务郎翰林院修撰莲塘王公墓志铭》，见《四库全书存目丛书》集部第167册，第485页。
④ 王庭谏：《松门稿》卷2《祭亡弟大祥文》，见《四库全书存目丛书》集部第167册，第428页。

此月，得南企仲信，写《答南弦圃同年》信答之。

　　按：南弦圃，即南企仲。① 此信曰："顷入里门，从亲故首讯茂陵消息，始知有德宫之戚。"知其时南企仲妻王氏已卒。又据王庭谟《兵部职方主事南君配王氏墓志铭》载，南企仲妻王氏"……卒于万历十四季八月十一日"②，王庭谟告病归抵华州在万历十五年四月底，故系于此。

五月九日，三弟王庭谕去世两周年祭日，作《祭亡弟大祥文》。

　　按：此文开篇即曰："万历十有五季，岁次丁亥，五月初九日丁酉，仲子谟以请告归里十日余矣，适逢亡弟命卿大祥之期，乃为文以哭之。"已自明其时。

六月前后，作《寿少司马傅川曹公七十序》。

　　按：此文称："今季丁亥之六月二十四日，公寿七十。公三子谋寿公，乃走使千里至华下，索余颂章。"则此序当作于万历十五年五六月间，暂系于此，待详考。

此年夏，萧良有册秦藩，应前约过华州。王庭谟作《邀汉冲季丈过东园次韵》诗。

　　按：万历十五年春二月，《大明会典》成，王庭谟以病告归，邀萧良有日后于华州一聚。③ 后数月，萧良有册秦藩，便道归省，即过华州赴约。据萧良有《明故承务郎翰林院修撰莲塘王公墓志铭》载："当敬卿在告，不佞册封秦藩，道华下握手剧谈，携尊眺远，相与谂曰：'兹孰与范张鸡黍？乐哉！'各成诗几数十百首乃别。"④ 则此诗或作于其时，暂系于万历十五年夏，待详考。

此年夏，其门人秦邻晋曾过华州，与其相聚。

　　按：王庭谟《与秦道吾进士》一信载："溽暑中移玉过我，向迓德宇，风疾如

① 查继佐：《罪惟录·列传》卷 12，见《四部丛刊》三编影手稿本。
② 王庭谟：《松门稿》卷 4《兵部职方主事南君配王氏墓志铭》，见《四库全书存目丛书》集部第 167 册，第 441 页。
③ 王庭谟：《松门稿》卷 6《与萧汉冲同季》载："倘其邀福于太华山灵，得枉使星一幸秦封乎？愿与丈为山中十日之饮。道中狂风竟日，薄暮抵良乡，益重离愁万倍矣。今晨力疾将往涿鹿。送役旋，匆匆。"第 459 页。
④ 萧良有：《明故承务郎翰林院修撰莲塘王公墓志铭》，见《四库全书存目丛书》集部第 167 册，第 486 页。

却。顾足下执丧唯谨，不欲夺纯孝以所弗甘。"①言及二人曾于夏日在王庭谋处相聚，且彼时秦道吾尚在服丧。又信中称："别来眠食如常，唯是栖息无所。勉营小筑，以博一枝之安。约椽未固，风雨飘摇。"②言及二人分别后不久，王庭谋移居小筑一事，而王庭谋移居小筑事在其告归华州之后，万历十五年重阳节③，则他和秦道吾进士相聚之时应当在移居前不久。又信中叮嘱对方曰："岁序如流，奄焉告祥。读礼多暇，道德润身。经纶需用，具在今兹矣。虽寡昧亡助，窃愿与足下共图之。"④则对方应为王庭谋的晚辈后学，疑为秦邻晋。秦邻晋，陕西渭南人。万历十四年登进士第。是年王庭谋分校礼闱，秦邻晋受其推选，曾自称王庭谋之门人。⑤据此信内容来看，秦邻晋登第之后，未及授官即以丁忧归里，因此王庭谋在信中仍称其为"进士"。则其拜访王庭谋之时，应当在万历十五年夏，王庭谋告病归里之后，彼时秦邻晋仍在服丧，均与此信中所载信息一致。

八月初九日，三弟王庭谕禫除，作《祭亡弟禫除文》。

按：古时为死者禫服满，举行祭礼除丧服，称"禫除"。《仪礼·士虞礼》："中月而禫。"郑玄注："中，犹间也；禫，祭名也，与大祥间一月。自丧至此，凡二十七月。"王庭谕卒于万历十三年（1585）五月九日⑥，当在万历十五年八月九日举行禫除仪式，此文即作于其时。

九月初九日，移居小筑，与四弟王庭谏小酌，作《九日新移书斋与季弟小酌》诗。

按：此诗曰："卑栖成小筑，佳节会移居。"与王庭谋《祭亡弟禫除文》中所言"自余请告归来，栖身无所。勉营小筑，以避风雨"的信息相合⑦，当作于同一年。则此诗当作于万历十五年重阳节，王庭谋移居新成小筑之时。

---

① 王庭谋：《松门稿》卷5《与秦道吾进士》，见《四库全书存目丛书》集部第167册，第447页。
② 同上。
③ 王庭谋：《九日新移书斋与季弟小酌》曰："卑栖成小筑，佳节会移居"，与其《祭亡弟禫除文》中所载"自余请告归来，栖身无所。勉营小筑，以避风雨"的信息相合，而其三弟王庭谕卒于万历十三年（1585）五月九日，禫除当在万历十五年八月九日，可见王庭谋移居小筑时在万历十五年九月九日。
④ 王庭谋：《松门稿》卷5《与秦道吾进士》，见《四库全书存目丛书》集部第167册，第447页。
⑤ 秦邻晋：《松门稿后叙》载："余与先生南门相望，巨细无不毕知。逮丙戌，邀一日之知于先生，方终事先生，以自型范。"见《四库全书存目丛书》集部第167册，第490页。
⑥ 王庭谋：《松门稿》卷3《亡弟命卿行状》载："万历乙酉五月初九日，吾弟命卿既卒。"见《四库全书存目丛书》集部第167册，第432页。
⑦ 王庭谋：《松门稿》卷4《祭亡弟禫除文》，见《四库全书存目丛书》集部第167册，第441页。

此年秋，移居小筑之后某日，写《与秦道吾进士》信。

按：据此信中"别来眠食如常，唯是栖息无所。勉营小筑，以博一枝之安。约椽未固，风雨飘摇。容膝未就，宇宙为隘。益信居室之难也"，知其时王庭谟移居小筑不久，则此信当写于万历十五年重阳节之后某日。暂系于此年秋，待详考。

此年秋，作《秋日得汉冲丈书问诗以报之》诗。

按：王庭谟《与萧汉冲同季》载："去秋丈在仙里，曾寓书斗城信使以及弟。"①疑其中所言之信，即为此诗之写作缘起，则此诗的写作日期应早于《与萧汉冲同季》信一年。王庭谟《与萧汉冲同季》信中又称："两浙文薮，丈以宗匠临莅之，其得人之盛，不问可知。"②知其时在萧良有典试浙江之后。据谈迁《国榷》卷74"戊子万历十六年八月"条载："是月各京省考官：……浙江，翰林修撰萧良有、兵科给事中胡汝亨。"③则此信写于万历十六年（1588）八月典试之后。又此信中提及"长豚次豚，粗知句读，三豚能觅梨栗"，知其时庭谟之少子尚未夭亡。庭谟少子之夭亡事在万历十七年三月中旬④，则此信写于万历十六年八月之后，万历十七年三月之前。又信中提及"今夏在长安"云云，可知其时尚未出万历十六年。故而《秋日得汉冲丈书问诗以报之》诗当写于此信前一年，即万历十五年秋。

冬至，作《至日有怀冯琢吾太史》诗。

按：万历十四年王庭谟尚在京城，次年三月前后，告病归。⑤据诗中："去岁长安逢此日，今季此日忆长安。"知此诗作于次年，即万历十五年，王庭谟告病归里之后。又据诗中："祇因多病违仙侣，独闭柴门雪正寒"，知其时为冬至。

---

① 王庭谟：《松门稿》卷5《与萧汉冲同季》，见《四库全书存目丛书》集部第167册，第448页。
② 同上书，第449页。
③ 谈迁：《国榷》卷74"戊子万历十六年八月"条，中华书局1958年版，第4586页。
④ 王庭谟：《松门稿》卷6《与赵少栢进士》载："吾丈高第且半载所矣，而不上一行书于左右，匪敢自外也。三月初，得泥金信。三月中，罹少子之殇。"见《四库全书存目丛书》集部第167册，第461页。按，赵少栢，即赵国俊，陕西蒲城人，万历十七年登进士第。则王庭谟少子夭亡事在万历十七年三月中旬。
⑤ 萧良有：《明故承务郎翰林院修撰莲塘王公墓志铭》，见《四库全书存目丛书》集部第167册，第485页。

此年得石元麟信，作《得石肖东书有感》诗，并写《与石肖东旧郡守》信答之。

  按：石元麟，号肖东。云南永昌府人。万历二年（1574）甲戌成进士，授华州知州。万历七年（1579）冬，王庭谋与三弟王庭谕北上京师，与之作别。万历八年（1580），王开接任华州知州，石元麟谪贵州都司经历。① 万历十五年春，王庭谋告病归乡，四月底抵华州。其时距万历七年冬与石元麟别，恰满八年，与信首"不见明公，于今八季。中间消息，两地茫然"相吻合。则此信与诗当系于万历十五年，约写于是年四月底至年终之间。

此年华州知州张居敬任满，迁巩昌府同知。写《送郡侯可斋张公迁贰巩昌序》（尝闻之杨子曰）、《送郡侯可斋张公迁贰巩昌序》（郡侯张公守吾郡三季）两篇赠序。

  按，万历十五年，华州知州张居敬三年任满，迁巩昌府同知。② 此二送序当写于此年。

此年及次年，华州均遭大旱。年荒岁恶，死骸枕籍，瘟疫大作。王庭谋散家中积谷五百余石，以活灾民，又捐绳席掩埋死殍。

  按：（康熙）《续华州志》卷3《人物列传》"明翰林经筵讲官王公"条载："公讳庭谋，字敬卿，号莲塘。……会丁亥戊子岁荐饥，死骸枕籍，公施绳席瘗之。又捐谷五百余硕以赈饿者，全活甚众。"③

万历十六年戊子，三十五岁。

此年在华州养病。

正月初十日，立春。作《戊子立春怀冯琢吾太史》诗。

---

① （隆庆）《华州志》卷5《官师志》，清光绪八年合刻华州本；（万历）《贵州通志》卷3《迁谪》，书目文献出版社1991年版。

② （康熙）《续华州志》卷3《官师列传·明华州知州张公居敬》载："公（按，张居敬）北直赵阳人也，号可斋，……居官务大体，正直端方。即观其诚石亭，备述其有。曰：'臣敬，以万历十二年六月初三日奉命来守兹土。……臣敬滋惧已，尚其重念之哉。'即此可想公之慎官箴、端治体也。治行卓然，芳声凤著，秩晋巩昌明府。"清光绪八年合刻华州本。

③ （康熙）《续华州志》卷3《人物列传》。

二月二十日，长兄王庭诗升河南按察使。

按：王庭诗为王庭谟长兄[1]，又据《明神宗实录》卷195"万历十六年二月癸酉"条载："……升山东参政王庭诗河南按察使。"[2]

三月，作《贺大中丞鹤洲梅公生子序》。

按：此序曰："万历戊子春二月，大中丞梅公以三季绩奏。……未几，辕门之上忽报悬弧举。……遂走使千里以其事语王生征言为贺。"可知此序作于此年三月左右。

此年春某月初一日，曾与孙玮相聚，旋又别过。

按：王庭谟《答孙兰石给谏》信称："春初一奉颜色匆匆告别，别来又复半载余矣。……亡弟无禄蚤世，而其寡妻忍痛三年，甫终丧而竟以死殉。……丈也笃延陵之高义，特枉束帛以光被亡者。"[3] 又，王庭谟弟媳亡于万历十六年六月六日[4]，则此信当写于焦氏死后不久。由此可知，万历十六年春某月初一日，王庭谟与孙玮曾相聚一处。

五月九日，三弟王庭谕亡殁三周年祭日。

按：王庭谕卒于万历十三年五月九日[5]，至万历十六年五月九日，丧满三年。

此年夏，曾由华州西行至长安（今陕西省西安市辖区）。

按：王庭谟《与萧汉冲同季》载："去秋丈在仙里，曾寓书斗城信使以及弟。

① 萧良有：《明故承务郎翰林院修撰莲塘王公墓志铭》，见《四库全书存目丛书》集部第167册，第484页。
② 《明神宗实录》卷195"万历十六年二月癸酉"条，第3835页。
③ 王庭谟：《松门稿》卷5《答孙兰石给谏》，见《四库全书存目丛书》集部第167册，第450页。
④ 王庭谟：《松门稿》卷2《亡弟室人焦氏圹志》载："（焦氏）越数日而卒，是为万历戊子六月之六日也。"第430页。
⑤ 王庭谟：《松门稿》卷3《亡弟命卿行状》载："万历乙酉五月初九日，吾弟命卿既卒"，见《四库全书存目丛书》集部第167册，第432页。

今夏在长安，又从刘高陵所得拜问遗之辱。"①可知王庭谀在写此信之年的夏季曾赴长安，且落笔时夏季已过。又，此信中言及万历十六年八月萧良有典试浙江之事，且称"长豚、次豚粗知句读，三豚能觅梨栗"②，可知其时王庭谀第三子尚在，而王庭谀第三子夭折事在万历十七年三月中旬③，则此信当写于万历十六年年秋冬，则信中"今夏在长安"当谓万历十六年年夏。

六月六日，弟媳焦氏病卒，卒之前恳请王庭谀将第三子过继给亡夫王庭谕，王庭谀许之。焦氏病卒，庭谀为之作《亡弟室人焦氏圹志》。其后不久，又作《迁主告亡弟文》《告先考文》，叙述过继一事以告慰亡灵。

　　按：据此圹志载："焦曰：'吾兄有三男，敢请其最少者以后吾夫，吾将持是以报之地下。'……余应之曰：'诺。'……（焦氏）越数日而卒，是为万历戊子六月之六日也。"④可知焦氏卒于万历十六年六月六日。过继第三子给亡弟王庭谕承祧后，王庭谀写《迁主告亡弟文》《告先考文》叙述此事，以告慰亡父与亡弟。

此后不久，孙玮得知王庭谀弟媳亡殁，遣使携礼物及书信慰问，王庭谀写《答孙兰石给谏》一信答之。

　　按：此信中称："亡弟无禄蚤世，而其寡妻忍痛三年，甫终丧而竟以死殉。……丈也笃延陵之高义，特枉束帛以光被亡者。"⑤王庭谀弟媳亡于万历十六年六月六日⑥，此信当写于其后不久。

八月初二日，因次日需启亡弟王庭谕墓穴，将亡弟媳焦氏与之合葬，作《告亡弟文》《祭亡弟妻焦氏文》。次日，葬弟媳焦氏。

　　按：王庭谀《亡弟室人焦氏圹志》载："亡弟葬于万历乙酉七月二十八日，今

①　王庭谀：《松门稿》卷5《与萧汉冲同季》，见《四库全书存目丛书》集部第167册，第448页。
②　同上书，449页。
③　王庭谀：《松门稿》卷6《与赵少栢进士》载："吾丈高第且半载所矣，而不上一行书于左右，匪敢自外也。三月初，得泥金信。三月中，罹少子之殇。"见《四库全书存目丛书》集部第167册，第461页。按，赵少栢，即赵国俊，陕西蒲城人，万历十七年登进士第。则王庭谀少子夭亡事在万历十七年三月中旬。
④　王庭谀：《松门稿》卷2《亡弟室人焦氏圹志》，见《四库全书存目丛书》集部第167册，第430页。
⑤　王庭谀：《松门稿》卷5《答孙兰石给谏》，见《四库全书存目丛书》集部第167册，第450页。
⑥　王庭谀：《松门稿》卷2《亡弟室人焦氏圹志》载："……（焦氏）越数日而卒，是为万历戊子六月之六日也。"见《四库全书存目丛书》集部第167册，第430页。

以是季之八月初三日启其窆而以焦合焉，礼也。"① 又《告亡弟文》称："厥明将启汝穸而合葬焉"，《祭亡弟妻焦氏文》称："厥明将举汝之柩，启汝夫之窆而合葬焉"，知二文均作于万历十六年八月初二夜。

此月，冯琦典试湖广、萧良有典试浙江。此后不久，王庭谔写《与冯琢吾殿讲》信、《与萧汉冲同季》（莲华峰下一别美人）信寄二人，提及二人典试之事。

　　按：信中分别提及冯琦典试湖广、萧良有典试浙江事，当写于其后不久。据谈迁《国榷》卷74"戊子万历十六年八月"条载："是月各京省考官：…… 浙江，翰林修撰萧良有、兵科左给事中胡汝亨。…… 湖广，翰林侍读冯琦、礼科右给事中白希绣。"②

九月九日，重阳节。至蒲城，送别赵国俊，作《九日雨中别蒲城赵少栢，诸友席上共伤亡弟，感而赋此》诗。

　　按：万历十七年赵国俊登进士第③，此诗疑作于前一年送别赵国俊进京赴试之筵席中，暂系于万历十六年重阳节，待详考。

此年写《柬陈五岳方伯游华岳》诗、《柬陈五岳代家兄作》诗。

　　按：据（雍正）《蓝田县志》卷3中存陈文烛《游辋川记》载："余登华山，华州王莲洲宪长与其弟太史谓余曰：'兹行无意摩诘哉？'"文中"华州王莲洲"即王庭谔长兄王庭诗，号莲洲，据（康熙）《续华州志》卷3"明湖广左方伯王公"条载："公讳庭诗，字言卿，号莲洲"④，"其弟太史"即王庭谔，以王庭谔曾供职翰林院史馆，故称"太史"。则其时王氏兄弟均在华州。按，万历十六年二月，王庭诗升河南按察使⑤。未几，或曾便道归省，以祭奠亡弟庭谕之丧满三周年。又，是年十一月，陈文烛由陕西右参议改山东左参议，管理漕运⑥。则此诗当作于万历十六年二月至十一月间，待详考。

---

①　王庭谔：《松门稿》卷2《亡弟室人焦氏圹志》，见《四库全书存目丛书》集部第167册，第430页。
②　谈迁：《国榷》卷74"戊子万历十六年八月"条，第4586页。
③　朱保炯、谢沛霖：《明清进士题名碑录索引》，上海古籍出版社1980年版，第2572页。
④　（康熙）《续华州志》卷3《人物列传》，清光绪八年合刻华州本。
⑤　《明神宗实录》卷195"万历十六年二月癸酉"条，第3835页。
⑥　《明神宗实录》卷205"万历十六年十一月甲寅"条载："改陕西右参议陈文烛山东左参议管理漕运"，第3983页。

　　此年同年陈效过华州，拜访庭谡。不久，门生周著由吴兴司理任上遣使送来书信及礼物，王庭谡写《答周右华司理》回复。

　　　　按：周著，号右华。万历十四年弱冠成进士。授吴兴司理，历浙江金华府知府。[①] 此信曰："江南地远，司理官贫，何至重损常禄而贻之不佞乎？过矣过矣。唯是三季隔绝，忽拜瑶函，则深用为慰耳。日者敝同季陈岷麓过山家，谓向在德清，与公朝夕甚久。极口湖州之政，当为吴中称最。"则此信写于周著登第赴任三年之后，又因古人言及历时，往往将当年也算在内，故而言曰三季，实为两年，当系于万历十六年。信中所言陈岷麓即陈效，万历八年与王庭谡同登进士第，授德清令。[②]

　　此年写《与朱任斋同季》信。

　　　　按：此信称："弟抱疴三季，山中习静。"王庭谡病起于万历十四年二月[③]。又古人言及历时，往往将当年也算在内，言曰三季，实为两年，故暂系于万历十六年，待详考。

　　此年写《王母郭孺人墓志铭》。

　　　　按：此墓志铭中称墓主卒于万历十六年五月二十五日，葬于是年十二月十二日，则墓志铭当作于其间。

　　此年写《户部郎中敬庵陈公墓志铭》。

　　　　按：此墓志铭中称墓主陈谏于万历十六年六月初三日病殁于米脂道中，则此墓志铭当作于其后不久，暂系于此年，待详考。

　　　　　　　　　　　　　　　　　　　　　　（作者单位：兰州大学文学院）

---

① 许弘纲：《群玉山房文集》卷3《郡大夫右华周公生祠记》，清康熙百城楼刻本；（光绪）《江西通志》卷138，清光绪七年刻本。
② 王铎：《拟山园选集》卷46《岷麓陈公传》，清顺治十年王镛王鑨刻本。
③ 萧良有：《明故承务郎翰林院修撰莲塘王公墓志铭》，见《四库全书存目丛书》集部第167册，第485页。

采得百花成蜜后，为谁辛苦为谁甜 [①]
——贾三强教授《清·雍正〈陕西通志·经籍志〉著录文集研究》评介

胡世强

一

　　时至今日，改革开放三十余年，物质文明和精神文明并举，经济与文化建设同步，文化繁荣、文学发展为应有之义。文学发展中创作和研究两途交织，在世作家生命不止创作不息，难有定论，已逝作家驾鹤仙游，又何曾有盖棺之时？中华自有文字以来，文学家群星璀璨不计其数，名篇佳作浩如烟海。文学之水如长江大河绵延万里，古人文学创作实践、理论探讨与传播接受，积累了无尽财富。学者各有所长各取所需，术业有专攻，研究文学批评和文献发掘整理并行不悖。就文献整理而言，孔子编订六经虽不足信，刘向、刘歆父子天禄、石渠校书确有滥觞之功，集目录、版本、校勘、辑佚、辨伪等内容的文献学为之发轫。《七略》之中《诗赋略》位居其一，中国古典文献学正式确立，此举可补文章燔灭、书缺简脱之遗憾，可起辨章学术考镜源流之线索，更开盛世修典之先河。汉有《汉书·艺文志》，唐有开元《群书四录》，宋有《崇文书目》，明有《永乐大典》，清有《四库全书》、《全唐文》、《全唐诗》。即使国力衰弱、天祚不永之朝，文艺屡有修撰。当今，古典文献整理出现前所未有之盛况，全国与地方、集体与个人共同协力，诸如《四库全书》、《续修四库全书》、《四库存目丛书》得以影印，《全宋词》、《全宋诗》、《全宋文》、《全元诗》、《全元文》、《全元散曲》、《全明散曲》、《全明词》、《全明诗》、《全明文》、《全清词》、《全清文》、《全清诗》等陆续编撰刊行。诸多地方，如山东之《山东文献集成》、湖南之《湖湘文库》、江苏之《江苏·艺文志》、山西之《三晋文库》、广西之《全粤诗》地方文献整理规模宏大。而其他各地如浙江、江西、辽宁等地区文献集成项目多已展开、遍地开花。作为中华文明发祥地之一的陕西是十三朝故都所在，汉唐盛世政治、经济、文化中心，遗产丰富，

──────────
① 本文系陕西学前师范学院博士研究生科研专项（2014DS003）阶段性成果。

多有学者致力于"长安学"的建设，陕西古代文献整理也日趋迫切。西北大学文学院博士生导师贾三强教授以一人之力，积七年之功，依据清代刘于义监修、沈青崖编纂之《陕西通志·经籍志》中记载文集，写成《清·雍正〈陕西通志·经籍志〉著录文集研究》(三秦出版社 2011 年版。以下简称《陕西通志文集研究》)，可谓正逢其时。该书分西汉、东汉、魏晋南北朝、隋、唐五代、宋、金、元、明、清十部分，据书名立目 391 条，著录陕西先贤约三百余人，近四十万字，上自西汉下讫清雍正，近两千年间陕西文脉大略可观。

二

《陕西通志文集研究》多有可圈可点之处。

西汉至元部分，兼采众家之长又独抒己见。这一部分，涉及前代史书和《册府元龟》、《文苑英华》、《汉魏六朝名家集》、《全上古三代秦汉三国六朝文》、《先秦汉魏南北朝诗》、《全唐诗》、《全唐文》、《全宋诗》、《全宋文》、《全元文》、《玉函山房辑佚书》等以及近年学者拾遗补阙、点校成书者多种。集成之中，又多有匡正。如第 43 条东汉赵壹撰《赵壹集》，指出赵壹为汉阳西县人，在今甘肃天水，清代已经不属于陕西，此条不应阑入。如第 62 条隋代京兆韦鼎撰《韦鼎诗》，指出《韦鼎诗》著者实为五代湖南人韦鼎，并非隋代京兆韦鼎。如第 77 条唐代令狐德棻撰《令狐德棻集》，指出《全唐文再补》卷 1 辑录其文一篇，与《全唐文补遗》第 2 辑录之文相同。如第 133 条唐代武功苏鹗撰《行义集》，辨析此则有两误：一此书为子部书，非诗文集不当阑入；二苏氏并无《行义集》见诸史乘，故当为《苏鹗演义》之讹，《陕西通志》盖沿明代康海所撰《武功县志》之误。

明清部分尤见功力。目前明清文献整理相对于其他朝代较薄弱，被视为"畏途"。究其原因，其一，别集卷帙浩繁、版本众多、藏于各处，举一而漏万；其二，目前文献整理大宗《全明诗》、《全明文》、《全清诗》、《全清词》尚未出齐，《全清文》尚未启动，而《全明词》、《全明散曲》尚在续补之中，没有整体借鉴之处。此种情形下，单个作家和地域的研究既尤为迫切和重要，又增加了难度。首先，作者迎难而上，开启陕西地域文献整理先河。全书近五分之三的篇幅用于明清两朝文集，著录 212 条，其中文集存世 64 家（包括前人编总集中所含别集），在陕西地方志中辑佚 70 余家之诗文数百篇，此部分首推详于陕西地方志。《陕西通志》为一省通志，除名宦闻人之外，还有许多乡绅贤达，资料稀缺，这是特点也是难点。《陕西通志文集研究》涉及陕西省志、府志、县志数十种，文献梳理查找线索、辩证史料、订补纠谬，使得撰著者及其文集有迹可循，翔实可信。其次查遗补缺，在地方志中发现陕西文人大量遗诗佚文、片羽吉光重现学界，不愧离娄之明。再次考证严谨，结论公允。如第 282 条明代知横州事刘子诚撰《杖履》三篇，考订刘子诚与其兄刘子诚事迹。兄刘子诚，虽中举但未出仕；弟刘子诚，曾任河间盐山令、知广西衡州，著《杖履》三篇、《尚书遗旨》二卷；文献记载中因"诚"、"诚"形近而多处混淆的情况，有了可信之论。如第 185 条明代翰林院编修程济撰《从亡随笔》，应从《四库全书总目》置之史部。第 255 条明代渭南南逢吉撰《姜泉集》十四卷、《订正会稽三赋》三卷，《姜泉集》当佚；据《善本书室藏书志》、《天一阁书目》、《铁琴铜剑楼藏书目录》、《八千卷楼书目》诸书皆列《会稽三赋》于史部地理类中，且南氏为原赋作注，故不当阑入文集类。经史子集四部分类各有法度，不失规矩。诸多文集，查询书目无果，下笔"当佚"。虽云佚则佚矣，存则在矣。然则先秦、两汉、隋、唐五代、宋、金、元之文献，片纸弥珍，遗失者多，存世稀少，苟能存世多已发现；而明清文献时代较近流布中外，名馆有藏多只著录善本，其余叠床架屋不见著录者亦多；况有地方馆藏乡野遗珠，私家名士敝帚自珍者亦众。明清文集所谓存者多见于书目著录；所谓佚者虽不见著录未必尽失，随着全国古籍整理之进程，孤本秘籍或将重现。

三

文献整理费时费力，出成果难。并且受各种各样的主客观条件限制，做得不好，当然为人诟病；即使做得好，也有求全责备之虞，受人责难。文献整理如同烫手的山芋、火中取栗，有幸修成正果，多为"他人做嫁衣"。所以作为研究基础的文献整理，总是滞后于如火如荼的义理探讨，千呼万唤始出来。个人从事大型文献整理，多青灯黄卷皓首穷经，往往岁月飞逝，迁延日久。加之，现行科研急功近利的评价体系束缚和古籍整理不算学问的看法影响，从事古籍整理的学者事倍而功半，付出多于所得。通常大型文献多由国家集体协调多名专家和众多机构共同完成，盛世修典虽为美谈，但因为困难重重而不可多见。然而文献整理一旦荒废，却是后悔莫及。刘氏父子《七略》之后，班固因之修成《汉书·艺文志》："大凡书，六略三十八种，五百九十六家，万三千二百六十九卷。"先秦西汉之书虽有迹可循。然近人顾实《汉书艺文志讲疏》标注"存"、"残"者七十二家，上古之文章仅存十之一二。永乐年间修《永乐大典》凡两万两千八百七十七卷共一万零九十五册，集文献大成，然正本不可见，副本仅存畸零残卷八百零八卷。乾隆年间修《四库全书》著录三千四百六十一种（文渊阁本）、存目六千七百九十三种，功过是非不断。然三百年后的 20 世纪 90 年代，今人修《四库存目丛书》，剔除重复者，著录四千五百零八种，其中遗失甚多。仅就此书中第 222 条明山东巡抚管楫撰《平田集》2 卷、第 342 条明翰林院检讨白乃贞撰《憗斋存稿》四卷、第三五四条清刘尔惮撰《雪石堂诗》四卷这三部文集而言，都见于《四库全书总目·集部·别集》存目部分。然而影印《四库存目丛书》不可复寻，这三部文集并非与著录部分重复者，应是已散逸不传于世。《陕西通志文集研究》辑佚三人诗文仅得文、赋各一篇，诗十首。书目犹在，全书不可复见，文章不可再寻，令人扼腕。典籍除自然淘汰之外，更多是天灾人祸的厄运，存世者历经沧桑微乎其微。上而推之，从夏商周、汉唐、明清至今，有多少文人骚客，化为灰土，死后书毁名灭。此类事例众多，仅举数例便可知文献整理虽耗费无数人力、物力、财力，但最大之功在于保存和传承，为后世造福。无用之用，实为大用。没有无用之材料，只有未尽其用之时；物尽其用，自待其时。就此书而言，可用之处甚多。《陕西通志文集研究》编写源于研究生教学选题之用。随着古代文学研究时间延续、课题研究深入、研究队伍壮大，选题之难日益突出，老师和学生都苦恼不已。此书尚在编写之时，就有不少学生从中得知线索按图索骥，纷纷选择陕西古代文人文集作为研究对象，正所谓"梦里寻他千百度，蓦然回首，那人却在灯火阑珊处"。汉代之冯衍，宋代之李复、李廌、吕大防、寇准，明代之康海、温纯、杨爵、张原、许宗鲁、孙枝蔚、胡侍、王九思、韩邦奇、韩邦靖、韩邦靖妻屈淑、王维桢，清代之康乃心、王庭谟、王又旦等陕西籍文人、文集的研究论文陆续出炉，不少文集点校成熟在案，陕西古代文学研究渐成系列。此书已经出版发行，"抛砖引玉"之后，相信考证订补，续作当纷纷而出。就在此书出版之时，在陕西省委、省政府关怀下，"陕西古代文献集成"业已立项。千金之裘非一狐之腋，众人拾柴火焰高。随着项目展开，汇集众多学者的大型文化工程不日将面世，为古代文献研究、陕西古代文学、长安学以及民族文化整理发掘贡献力量。

　　罗隐诗云："采得百花成蜜后，为谁辛苦为谁甜。"学术乃天下之公器，学者之功不仅及自身，而且嘉惠士林，此书之谓也。

（作者单位：陕西学前师范学院中文系）

马鲁创作考论

蔡 丹

《南苑一知》为清代陕西大荔县人马鲁所撰,其命名取义见本集卷首《自序》:

> 余家于冯翊沙苑之北,有斋曰"山对",在沙苑中,故号南苑。……批阅虽多,推测实深,谓之一知。……夫余之遍览群书也,论列千家而烦言,必为之尽玄审详一义也,思经华转而真谛。唯求其可安,以多为知,不若其以少为知也,以少为知,又不若其多取,而约于甚少之为知也,而况乎本无所为知也,而可强以为知乎。自信者一知必人,果许其一知也,则可。

其中,"南苑"是为其号,然"一知"则颇具意义和内涵,既可看到马鲁的文学主张,又道出了其人生哲学。

有关于马鲁的生平资料不多,《清史》等正史均无传,但地方志等材料上对其有所记载,加之作品集中留存了不少材料、线索,将内证与外证结合起来进行考察、探究,亦可大体勾勒出马鲁一生的主要经历。

清道光三十(1850)年熊兆麟纂修刻本《大荔县志·耆旧传上》有马鲁小传,大体记录了他的生平:"马鲁,字希曾,别号南苑,明代赠光禄大夫宫保大学士自勉之七世孙也,五世祖云南按察司副使朴,高祖济南府通判嗣煜,殉崇祯十五年之难,赠少卿,曾祖秫土入祀乡贤,祖镕、父公休皆以鲁官赠文林郎、安远县知县。西河文学自副使朴后鲜有以著述成大家者,至鲁而家学乃中兴也。鲁生员岐嶷,读书一过不忘,八岁属文,惊其长老。性至孝,侍王父疾,有小曾子之称。补博士弟子后,以复古学为己任。督学使者奇其才,予廪饩中式。乾隆二十五年,乡试举人,从游门下者如云,不数年,皆成就可观。大挑二等,选淳化教谕,丁本生父忧,服阙。补静宁州学正,俸满保举升知县,选江西安远县,分校乾隆四十五年江西乡试同考官。安远俗悍,往往斗殴，殴至死人，而别买凶手，谓之顶凶。鲁莅任后，有温国光、温士林一案；又有刘老七、老四殴死钟海清复勒毙刘文明图抵一案。鲁研审得实，各办如法，民间始知畏惧。旋以阳达古之案为委员，拖延一载，而大府转坐鲁以不实，遂告归。盖负性质直，见嫉同僚，致有蜚语闻诸大府者，鲁固不自以为悔也。家居课孙及门弟子讲学，戚族有争者，为排解之。时时出资赈贫乏，暇则著书自娱。……寿八十九岁卒。"小传较为清晰地交代了马鲁的家世背景、人生轨迹以及仕宦经历。马鲁后辈马先登同治年间刊刻的敦伦堂本《关西马氏丛刊·关西马氏世行又续录之余一卷》有关于马鲁的小传，内容与《大荔县志》基本一致，文字较之简略。另依《自序》所言，马鲁除号南苑外，还于罢官归家后，自号洛苑渔樵客。卷 2《静宁上任祭祖文》有"庚辰科幸邀一第"句，即马鲁为乾隆二十五年庚辰科，即 1760 年乡试举人，先后担任陕西淳化教谕、甘肃平凉府静宁州学正、江西安远县知县，后罢官返乡，闲云野鹤。生卒年不详，89 岁卒。《淳化县志》、《静宁州志》等材料均无马鲁任职的相关记载。

马鲁所检存历年文章收录于卷 1，共 26 篇，数量虽不多，而文体颇丰，有记、序、赋、跋、赞、铭、札、哀辞、祭文，等等。其中《樊婿哀辞》是马鲁为其早逝的女婿所作哀辞，在基本格式和骈四骊六的句式等方面，遵祭文传统，通篇既有骈体文字之美，又文风质朴，词采平实，可谓长歌当哭，情真意切，长辈对晚辈的疼爱与痛惜之感跃然纸上。诚如屈东侯所言："涕泪俱下，读之何能终篇。"卷尾附收数篇效仿《坚瓠集》、《群芳谱》游戏文所作之文，记述其对古往今来奇闻异事的看法、评价，颇多闲趣。

《南苑一知》所存马鲁诗歌收录于卷 2，共 127 题 206 首，虽数量不多，只占历年旧稿的十之二，然内容颇丰，题材广泛，多咏物、赏景、记游、抒怀咏史之作，文笔精练，生动自然，能从中窥见马鲁诗歌创作风格和主张。其诗歌创作形式有古诗、律诗、绝句、排律等，可谓众体兼备，又以五、七言诗为主，且尤喜七律，在全部的 206 首诗中，七律一体为 50 题 104 首，占半数之多，其中亦不乏别出心裁之佳作。如《鸿门坂怀古》道出马鲁对历史人物项羽的看法和见解："好会群瞻盖世雄，缘何背约据关中。当年空说将军勇，此日还称壮士功。间道风尘埋两岸，洪门烟雨锁新丰。夕阳楼外朝云合，欲化龙泉翼沛公。"此诗构思较为新颖，"缘何"、"空说"等词明确诗人立场，虽有对项羽当称勇猛英雄的认可，然就其背约据关中等持批判态度，从而肯定了刘邦的历史功绩，思想深沉，历史感浓重。另有《岳忠武王祠》表达出对奸佞背主之徒的憎恶和对英雄岳飞的扼腕叹息。除此之外，马鲁七律中为数不多的题画诗也值得一观，如《画牡丹》："墨光深染晓来霞，争羡移根富贵家。浓淡应分金掌露，丰姿许压广陵花。疑无指印沾红锦，宛有天香绕碧纱。写出玉堂风景好，春风微动一枝斜。"于对比、烘托之余，将牡丹的丰姿尽展，状摹画中牡丹的美丽，并借以传达诗人心中的思想情感，深得题画诗精髓。马鲁创作诗歌也颇喜组诗，为17组94首，几占半数，多为写景状物之作，虽无创新，但亦有清新自然之佳作。

马鲁极爱花，在其笔下，以花为题之诗也颇多佳作，其中以咏菊花之作为上，如《看菊》："闲对秋英伫立时，容颜照我似相知。无钱空负黄金价，有笔聊题百战诗。皓月肯临情未淡，俗夫贪醉赏仍痴。东篱好守凌霜节，那见百花浪笑迟。"七言八句，菊花的高洁不俗跃然纸上，传递出诗人对菊的偏爱和欣赏。另一组诗《半亩园菊花十咏》更是精心描摹菊园中品种各异的菊花，七言四句，短小精悍，尺幅千里，堪称上品。《白莲》四首从不同侧面将莲花芙蓉出水之姿一一再现。

细观马鲁之诗，可知所存诗歌多为其晚年作品，自安远县知县任罢官归家后，马鲁摒弃官场，闲居数十年，于家乡讲学著书，此时诗歌多表现其时的闲适温馨，如《归鸭》："归鸭天卢近，蔬园一带笆。飞迟香作稻，睡起绮成霞。到岸慵辞水，分群各认家。老妪呼且引，树里噪栖鸦。"田园生活一派和谐，亦映出诗人闲适之态。另，《赋得老妻画纸为棋局》、《赋得稚子敲针作钓钩》二诗也是极具生活气息的作品，可从中窥知马鲁晚年安详之心境。

《南苑一知》集中诗歌大都有当世名家或友人评语，虽为寥寥数言，却往往一语中的，评论可谓精彩，或道出其诗歌风格，或言及诗歌语言、内容等方面特色，亦或点出诗人当下心境，堪称此书一大特色，对研究马鲁诗歌创作有极重要的史料价值。

《南苑一知》卷3分别是《金刚般若波罗蜜经注》、《般若波罗蜜多心经注》、《南华沥摘萃》是为《金刚经》、《心经》、《南华经》三部经典经书做评注，其中因《南华经》篇幅过长，摘其精萃、醒目者为之评注，主要是对经书具体内容做评价，是为评。其余两部则为全文注，主要侧重于具体字词等注释，是为注，为后人展现了马鲁对佛、道两教经典的认识与理解。《金刚般若波罗蜜经注》缺"无为福胜第十一"，似为遗漏。

《南苑一知》卷4、5收录了马鲁昔年教书时的著作，即有关诗学、韵学、修辞学等方面成果，细览之，皆系经验之谈，颇有价值。诗学类有诗式、诗体、杂体、诗韵、诗联、诗忌、诗论等七则，堪为诗法入门者必读。马鲁此卷论诗之法，几可当此集十卷之最上者，显示出马鲁诗法方面的独特见解，为后来许多文人学者所激赏。另，马鲁诗歌创作亦遵其诗法，如《冬雨》其二，为全仄诗。不但全诗28字全是仄声字，而且四句皆押仄声韵："十月已尽复此雨，几日不断湿作苦。草草尚尔遍地绿，木叶半落却再吐。"而《冬雨》其一，平声配合得好，弥补了平仄不协调的不足，使之不受平仄束缚，独出心裁。同时，韵学卷亦显示其非凡的音韵学和文字学功底，其中纠古人字误的条目，极有代表性。

马鲁知识渊博，所涉门类众多，天文、地理、星命、壬遁、勾股之术均有涉猎。《南苑一知》卷6为卦象篇，卷7为奇门遁甲篇，有论卦象、爻辞的条目，有论节气与卦爻之间关系的条目，还有论时辰、星宿、属相、六亲、运数等条目，足见马鲁对中国传统文化之易学有着浓厚的兴趣和深入的了解。

据凡例所言，《南苑一知》卷8、卷9、卷10是为马鲁随笔杂谈，并以写作之先后为序排列。《理学名言》是他理学思想的集中折射，《白楼诗社》写出了他的诗学主张，如此种种，既可知马鲁读书所涉门类极多，又将马鲁思想的众多方面一一展现。

此集为十册，一册一卷，卷首为《自序》，以手稿上版，落款题名下方有二枚方形印章，一为阳文，印文为篆书"马鲁"二字，一为阴文，印文为篆书"希曾"二字。随后是凡例，再是总目《南苑一知目》。卷一首行上端顶格题"南苑一知卷一"，以下各卷均同此式，仅变更各卷序的数。次行下方从右向左依次题为"大荔马鲁希曾甫著"，"朝邑受业张廷璘参考"，"朝邑门壻张廷鉴校字"，以下各卷均同此式，无变化。卷尾于末行上端顶格题"南苑一知卷一终"，以下各卷均同此式，仅变更各卷序的数。自《南苑一知目》之后，每半叶9行，满行20字，无栏线。版心有"山对斋"三字，是为山对斋刻本，以示区别于他本。细读《自序》可知此集当刻于马鲁晚年，亦当为初印本，但因此集并未提及刊刻年代，故尚不能推定其刊刻的确切时间。

据《大荔县志·耆旧传上》的马鲁小传所载，马鲁有《南苑一知》10卷，《读易尘谈》4卷，《禅院纳凉志》2卷，《疏棂漫语》1卷，《书题蠡测》2卷，《冷典精汇》2卷，《左传偶评》4卷，《山对斋文集》1卷，《诗集》4卷。又据《大荔县志·艺文志》可知，《南苑一知》10卷、《左传偶评》4卷存，《读易尘谈》4卷、《疏棂漫语》1卷皆系未存刻，其余著作未提及。而此后蒋湘南于咸丰二年编刻的《同州府志·经籍志》载："《读易尘谈》4卷，《南苑一知》10卷，《疏棂漫语》1卷，《左传偶评》4卷，国朝马鲁撰存。"按，咸丰二年即1852年。然自此之后，《左传偶评》并未再次出现在古今人编辑的书目著录中，仅存《南苑一知》及其他零散卷集。此与山对斋刻本《南苑一知》凡例所云"余尚有卦象、左斑书题、蠡测、喻言、集锦、集唐、韵语、曲楑、诗话、传奇、新调等书以镂板之艰不获，举以问世，亦造物使之藏拙耳"相印证。后马鲁后辈马先登汇其先代遗集，同治年间刊刻于大荔马氏敦伦堂，为《关西马氏丛书》。丛书收录马鲁著作5卷，分别为同治九年刊《南华经摘萃》1卷、同治十二年刊《南苑一知集丛谈》2卷以及同年刊《山对斋文诗存稿》2卷。按，同治九年、十二年分别为1870年、1873年。又按，因此本刊刻于马氏敦伦堂，以下简称敦伦堂本。其中《南华经摘萃》和《山对斋文诗存稿》与山对斋刻本卷1、卷2、卷3相关内容大致相同，文字、顺序等略有出入。山对斋本《南华经摘萃》之"摘萃"二字为小字，与金刚经注、心经注并收于卷3，而敦伦堂本则单独成卷，正文前有马先登作《南华经摘萃重刻序》，首行上端顶格题"南华经摘萃"，次行下方题为"大荔马鲁希曾甫著"，正文每半叶10行，满行23字，有栏线。内容几同，文字个别有出入。山对斋本卷1为文，卷2为诗、词、曲、对联合集，敦伦堂本《山对斋文诗存稿》卷 1 为文，卷 2 为诗，正文前有目录，首行上端顶格题"山对斋文诗存稿卷一"，卷 2 同此式，仅变更卷序。次行下方题为"大荔马鲁希曾甫著"，卷 2 同此式，无变化。正文每半叶 10 行，满行 23 字，有栏线。卷一篇目数量、题名以及顺序均与山对斋本略有不同，具体文字也稍有出入，且此本没有山对斋本中的双行小字自注和文后他注评语，可视为两版本之最大区别。卷 2 目录即按体式分类，题名、顺序等与山对斋本略有出入，亦无诗后简评，文字几无不同，而且此本只收录马鲁诗、词、曲，未收录对联。然《南苑一知集丛谈》则为《南苑一知》之外文字，本着只校不补的原则，暂不作补遗。

　　山对斋本《南苑一知》不仅在古人编辑的《大荔县志·艺文志》、《同州府志·经籍志》等书目有著录，而且在今人编辑的《中国丛书综录》等书目亦有著录，可知，今存此本，仅见藏于陕西省图书馆。另《贩书偶记》、《中国古籍总目》、《中国丛书综录》、《国立清华大学图书馆丛书子目书名索引》、《清代诗话知见录》、《清诗话考》等书目相关著录条目收录均为敦伦堂刊刻。我们这次点校《南苑一知》，是以山对斋本《南苑一知》10 册为底本，以敦伦堂本《南华经摘萃》1 卷和《山对斋文诗存稿》2 卷为对校本进行工作的。为保持底本原貌，这次整理时，两个版本不同文字，均于校记中指出，且不重新编次，凡遇异体字即改为通行规范字，俗体、简体字则不改动，缺字即以方框（□）代替，不敢妄作臆补。唯原本的总目不便查阅正文，我们以此次经过校勘的文本为准，重新编辑总目，冠于卷首，以方便读者检索正文，但原有总目仍予保留，这也是为了保持底本原貌。还需指出一点，底本诗题后的自注是施加标点的，但原文不用双行小字的惯例，而是与题目的字号大小一样，仅隔一格以示区别。而按照《陕西古代文献集成》的体例，题目也是要加上标点的，这样就使得二者容易混淆，故在这次的整理点校本采取通行法，即改自注为小字，仍随诗题之后。

（作者单位：西藏民族学院文学院）

陕南宋代墓志及其特征^①

党　斌

　　陕西简称为"秦"，概因关中之地在春秋战国时期即属大秦，而兼并山东六国一统天下的秦王嬴政又以关中咸阳为国都，所谓秦岭、秦川，亦因此得名。后人以"三秦"称陕，源于秦亡之后，楚霸王项羽为了牵制刘邦，三分关中、陕北秦国故地，封雍王章邯、翟王董翳、塞王司马欣。之后，刘邦称帝，以长安为都城，将关中分为京兆、左冯翊、右扶风三郡。因此，最初的三秦仅指陕北和关中地区。今人仍以"三秦"称陕，而"三"的地域含义与前代已经发生了很大的变化，包括陕北、关中、陕南三个行政区划。其中，陕南是较为特殊的一个区域。

　　在地域上，陕南泛指秦岭、巴山之间广阔的汉江流域地区，北通关中，南接荆楚，东临中原，西近甘陇。在行政区划上，则包括今天的汉中、安康、商洛三个地市。历史上，陕南三地的归属变化十分复杂。先秦时期是秦、楚争夺最为激烈的区域。秦汉之后的千余年中，历代统治者根据不同的需要，对陕南各地的归属进行了不同的设置和调整，汉中、安康、商洛三地基本上都属不同的高层政区所辖。元代统一中国后，在全国范围内推行行省制度，这是中国古代地方行政区划的重大变革，陕南自此开始归于陕西行政区划之中，并沿用至今。由于因秦岭阻隔，无论是自然地理环境、人文风俗习惯，还是文明历史渊源，陕南与关中和陕北两地都存在着巨大的差异。因此，陕南虽属陕西辖区，但是具有相对的独立性。

　　近年来，伴随着考古事业的发展，陕西境内的历代墓葬考古发掘取得了一定的成绩，出土了相当数量的墓志，为相关研究提供了十分珍贵的石刻文献资料。墓志的前身是墓瓦或墓砖，始于秦汉时期，数量较少。三国时期，因曹操提倡节俭、严令禁碑，立于墓前表达亲人哀思的墓碑逐渐演变为埋于地下的形制较小的墓志，并

---

①　本文系陕西省社会科学院 2014 年青年课题（14QN11）研究成果。

日渐成为一种风俗。墓志刻好之后即随墓主下葬，避免了风雨侵蚀和人为破坏，得到了较好的保护，其中的文字记载多有补正传世典籍记载的重要史料价值。经历南北朝时期的发展，墓志的形制和志文的撰写已日趋规范，隋唐两代则是墓志发展高峰时期。因此，关于隋唐时期墓志的研究和资料十分丰富，如欧阳修《集古录》、欧阳棐《集古录目》、赵明诚《金石录》、洪适《隶释·隶续》等金石文献著录了大量的隋唐墓志，近年来整理出版的《唐代墓志汇编》、《唐代墓志汇编续集》、《隋唐五代墓志汇编》、《隋唐五代墓志续编》等收录大量 20 世纪以来新出土的墓志资料。陕西作为隋唐时期帝都所在，该时期的出土墓志数量极大，《新中国出土墓志》、《长安新出墓志》、《西安碑林博物馆新藏墓志汇编》、《大唐西市博物馆藏墓志》等书所收以及相关专案研究亦以隋唐墓志居多。传统观点认为，宋代开始，墓志价值每况愈下，相关的研究也表现出日渐衰落的趋势。这一点在陕西，特别是陕南地区表现得尤为明显。随着国都东迁，政治、经济、文化的中心亦随之转移。唐宋两代，陕西的地位和影响不可同日而语。因此，陕西出土隋唐墓志的墓主大多身份显赫，而宋代则少有等级较高的墓志出现。而唐宋时期，陕南尚未归入陕西辖区，更因秦岭阻隔，其与关中的联系远不如与巴蜀那么密切，因此受到关中文化的影响相对较小。陕南出土的唐代墓志数量本就不多，志主身份和官爵普遍低于同时期的关中、陕北地区，至宋代数量更少，志主亦级别较低，较少有学者关注。事实上，陕南宋代墓志数量虽然不及隋唐，内容与重大历史事件关联较少，但其详细记载志主及其家族人员的日常生活、婚丧嫁娶、宗教信仰等内容，全面反映当时的社会生活状况，在社会史和地方史研究方面具有十分重要的价值。

目前，各类资料中散见的陕南地区宋代墓志有近 20 方，结合地域和时代等相关因素，表现出以下几方面特征。

第一，陕南宋代墓志与同时期墓葬数量不成正比，总量较少。根据已经公布的考古研究简报和其他相关资料刊载，陕南地区宋代墓葬总数约有 80 余处，其中汉中 31 处，安康 47 处，商洛仅有 2 处。部分墓葬还同时发现多座墓室，如汉中市铺镇乡郑家坎村、南郑县新集镇马家沟村、勉县官沟乡中田坝村、安康市将军乡阴坡堖村、旬阳县构元乡磨沟口村仓房沟、白河县大双乡杨家院村、平利良西乡梁家坝村、紫阳县双安乡北寨村、汉阴县堰坪乡花屋村、石泉县长安坝七里沟村等地都有宋代墓葬群发现。据此粗略统计，陕南宋代墓葬总数约有百余座，而有墓志出土的墓葬却仅占五分之一左右。这种现象的出现主要有两方面原因：其一，按照中国自然地理的划分，陕南位于秦岭—淮河一线以南，属典型的南方自然气候，雨量丰富。又因其倚靠秦岭南坡，多数地区属于山地缓坡地形，每逢雨季到来，山体滑坡、泥石流多发。历年来因这一现象而暴露墓葬数量很多，其中仅宋代墓葬就有 46 处。由于客观条件的限制和管理方面的疏忽等多重因素制约，暴露的墓葬无法得到及时的发掘和保护，导致部分随葬品流失。虽然尚无准确的数据统计，但应当有一定数量的墓志在此过程中不知去向。其二，陕南宋代墓志数量较少还与两宋时期丧葬习俗的简化有很大的关系。与汉唐时期的丧葬习俗相比，两宋时期的入葬方式、随葬品类型、数量等都有较大的差别。火葬在宋代的盛行已经是一个公认的事实。前代学者已提出宋代盛行火葬源于佛教盛行的观点，也有人认为宋人选择火葬多是贫困无奈之举。事实上，更深层次的原因是由于人口的快速增长，土地私有化程度的加深，购买墓地的成本无形中增长。与之相适应，前代"厚葬"之礼日渐衰退，更为节省成本的丧葬习俗日渐深入人心，并在社会范围内广泛流传。从陕南宋代墓葬的整体状况来看，墓室普遍规模较小，结构简单，有相当数量的墓葬采用素面墓砖；墓葬内仅有少量壁画，随葬品以陶罐、陶俑、瓷瓶、瓷碗等日常用品为主，且数量较少，部分墓葬有少量的钱币随葬。由此可知，节葬的观念和风俗在宋代陕南地区较为流行。在此种观念影响之下，很多墓葬很可能并未刊刻墓志。

第二，陕南宋代墓志虽然规格较低，但形式多样。从出土墓志来看，级别最高的有 3 方，皆题"安康郡开国侯"。《杨从仪墓志》[1]题"宋故和州防御史提举台州崇道观安康郡开国侯食邑一千七百户食实封一百户杨公墓志铭"，《关中金石记》《金石萃编》等书均有著录。依宋代爵制，共分王、嗣王、郡王、国公、郡公、开国公、开国郡公、开国县公、开国侯、开国伯、开国子、开国男等十二个等级。杨从仪出身于凤翔平民家庭，成年后入伍，随抗金将领吴玠征战，屡立战功，历任校尉、秉义郎、副将、正将、凤翔路兵马都监、和州防御史等职，并获封安康郡开国侯。《杨大勋墓志》[2]题"宋安康郡侯杨公志铭"，志石泐蚀严重，据残存志文可知志主杨大勋为杨从仪长子，袭封安康郡侯。《任天锡墓碑》[3]额书"有宋复武功大夫果州团练使安康郡侯任公之墓"。尽管安康郡开国侯属宋代第九等爵位，级别相对较低，但已经是目前陕南地区出土宋代级别最高的墓志。相较而言，杨从仪以军功获封，杨大勋子袭父爵，前者志文篇幅较长，内容丰富；后者则较为简短。除以上两方墓志外，其余墓志志主多为地方官员或普通百姓，级别更低。如：《张祖德墓志》[4]志主官至奉议郎、武兴通守；《吴忠嗣墓志》[5]志主历任儒林郎、洋州观察推官；《陈氏墓志》[6]志主丈夫王仁杰为承信郎，属

---

① 明隆庆年间出土，移竖于杨从仪墓前。1972 年在墓侧修建小学教室时受损，断为 5 截。1973 年运至城固县文化馆黏接复原，后移存五门堰文管所。

② 1973 年出土于杨从仪墓旁，1974 年移存城固县文化馆。

③ 南宋淳熙五年（1178）刊刻，现藏安康博物馆。

④ 南宋庆元二年（1196）刊刻，1954 年出土于洋县纸坊乡石山底村，现藏洋县博物馆。

⑤ 南宋嘉定十一年（1218）刊刻，1973 年出土于南郑县新集村，现藏南郑县圣水寺文管所。

⑥ 南宋宝庆二年（1226）刊刻，1958 年出土于洋县八龙乡太师村，现藏洋县博物馆。

官之末流。在常规墓志之外，陕南地区还有少量形式特殊的墓志出土，如南宋绍兴二十七年（1157）刊刻的《罗再昌地券》，边长 0.27 米，铭文楷书 9 行，行 10—13 字不等，1974 年出土于略阳县徐家坪镇罗氏祖茔，现嵌于灵岩寺前洞右侧岩石壁上。此石虽为墓砖，形制较小，但其铭文记载购买土地的四至、交易时间、钱款数额、保人姓名等内容。同时，铭文的刊刻正、倒相间，较为少见，可能与当地少数民族习惯有关。南宋淳熙元年（1174）刊刻的《滑璋地券》，边长 0.34 米，铭文楷书 19 行，满行 19 字，现存安康市博物馆。铭文涉及墓地买卖的时间、交易双方、土地四至、钱款数额等信息，形制虽小，内容却十分丰富。上述两个地券虽然为墓砖形式，但其刊载内容与墓志类似，可归入墓志之列，它们的出现丰富了陕南宋代墓志的形式。

　　第三，相较而言，南宋墓志数量明显多于北宋，汉中、安康两地墓志多于商洛。这与宋代陕南地区的经济发展状况和政治、经济、军事地位有着直接的关系。北宋建立后，国都动迁至汴京，统治者为了"惩创五季，而矫唐末之失策"[①]，推行高度的中央集权政策，地方权力大大削弱。南宋时又以临安为都城，国家的经济、政治中心全面南移。在此过程中，陕南地区与中央政府的联系日渐减少。两宋时期，地方一级的行政区划称"路"，各路直辖于中央，最初对府、州、军、监具有监察的职权，之后演变为实际的地方区划。北宋至道三年（997），将全国州郡划分为 15 路，包括京东、京西、河北、河东、陕西、淮南、江南、荆湖南、荆湖北、两浙、福建、西川、峡西、广南东、广南西路，之后路的数目有所增加，最多时有 23 个。南宋与金南北对峙，东以淮河中流、西以大散关为界，疆域虽小于北宋，仍然划分为 17 路，包括两浙东、两浙西、江南东、江南西、淮南东、淮南西、荆湖南、荆湖北、京西南、成都府、潼川府、夔州、利州东、利州西、福建、广南东、广南西等路。汉中、安康、商洛在两宋时期分属不同路统辖。汉中在北宋先后属峡西路、利州路，包括兴元府、洋州、兴州，南宋时期利州路分为东、西两路，东路治兴元（今汉中），西路治兴州（今略阳）；安康于北宋为京西南路最西侧的金州辖地，南宋时归入利州路；商洛在两宋时则先后属陕西路、永兴军路、京兆府路、河南路等，变化最为复杂。北宋时期，陕南地区与中央的联系主要有两条通道，一是由汉中、安康沿汉江而下，经丹凤入河南；一是由南而北翻越秦岭，经关中潼关进入河南。由于两条道路通行都不够便利，陕南在汉唐时期的政治、经济、军事作用日渐明显削弱，政治的疏远、经济的迟滞、军事的忽视使陕南在北宋逐步沦为无人问津的偏远地区。南宋王朝偏安江南，与金朝的疆界虽然基本稳定在绍兴和议的大散关一线，但在实际争夺的过程中则屡有变化，南宋曾夺回商、秦等州，金朝亦曾攻占兴元、金州等地。

---

① 　叶适：《水心先生别集》卷 12《法度总论》。

这一时期，陕南虽然地处西北、远离国都，却成为国家政治、军事争夺最激烈的区域。陕南南宋墓志多于北宋恰恰反映了该地区在两宋国家中地位的变化，与此同时，商洛地区宋代墓志数量较少，亦与其行政辖属的稳定性较差相关，反映了该地区的政治、经济的边缘化特征。

（作者单位：陕西省社会科学院）

论严如熤治理陕南成就及价值

丁俊丽 崔科飞

明清是秦巴山地开发的重要时期，清代名臣严如熤（1759—1826）对清中期陕南经济文化的发展功不可没。严如熤，字炳文，号乐园，湖南溆浦人，文韬武略，淹通博贯。陶澍赞曰："驰骋古今理乱，贯穿天文、河渠、兵法、星卜，以逮舆地险要、形格势禁，若聚米画沙，烛照而龟灼。"[①] 严如熤一生留心经世之学，自述"顾自束发授书，耻为无用之学"。张姚成评其为"经世才，足当大任"。严如熤倡导治学服务于国计民生，关注社会现实问题。严氏于陕南为官二十余年，平定白莲教起义，稳定社会，发展农副业，振兴文教，致富百姓，加速了清中期陕南僻远之地与中心地区经济接轨的步伐；严如熤治理陕南社会诸种策略皆以田野调查为基础，借鉴历史，成效显著，对当今秦巴山地的开发与建设具有重要的现实意义。

一、严如熤治理陕南成就

嘉庆初，川、陕、鄂三省边区白莲教起义勃兴。嘉庆四年（1799），清廷下诏各省举孝廉方正之士，以"平定川、楚、陕三省方略策"为廷试题目。严如熤廷试对策近万言，备受肯定。嘉庆六年，严如熤任陕西洵阳县知县，自此开始了为官陕南的生涯。嘉庆八年，严如熤被任命为定远厅同知；嘉庆十三年，严如熤出任汉中知府；道光元年（1821），被擢升为陕甘兵备道；道光六年，调充陕西按察使，无几日即卒。在陕南为官其间，严如熤以民为本，遍历南山，勘察走访，制定政策，取得了一生中最为辉煌的政绩。陶澍评曰："特旨授汉中府知府，公以兵燹后民困兵骄，散勇逸匪群不逞

---

① 严如熤撰：《严如熤集》，岳麓书社 2013 年版，第 8 页。

之徒，心面未革，教养之法宜先。于是举工赈，修渠堰，完仓廪，以足民食；联营伍，治堡寨，团保甲，以固民卫；慎讼狱，培学校，禁邪说，以正民俗。疏节阔目，与民休息，南山遂大安。"①

（一）平定动乱，稳定社会

从平定动乱到之后防范事宜，严如熤都依据现实精心策划。对待白莲教，严如熤提倡用坚壁清野、分地以守、合势以剿、设间谍以离腹心等计策，"查陕省南山一带，修筑堡寨，坚壁清野，实为平贼胜算"。《示修寨堡诸生》曰："熤陈坚壁清野议，二月抵洵，四月成寨堡五百余座，经参兵至累擒巨魁。"② 三省边区，人杂地险，"患在戡乱之兵无可增，而从乱之众有不能不加之势"，维护社会稳定固然首当其冲。严如熤分析乱之根源："至乱民之日增，一在于投城之贼无地安插，而已降复乱；一在难民之避乱者流离日久，生活无资，不能归业而良，亦从乱；一在乡勇营夫皆犷悍无赖之人，事棘时索重值充当，及兵撤饷停，依然游手，反多幸祸之心。"③ 而生活困顿之流民占了人口的大部分，严如熤曰："川陕边徼土著之民，十无一二；……五分杂处，无族姓之联缀，无礼教之防维。呼朋找类，动称盟兄，姻娅之外，别有干亲。往来往宿，内外无分，奸拐之事，无日不有，人理既灭，事变所以频仍也。"④ 流民是社会不稳定的重要因素。针对边区复杂情况，严氏制定一系列具体应对方案，即平定贼匪的同时，加强百姓自身防维能力，采取联保甲以团壮丁、编营伍以安乡勇、多筑土堡以安民业等措施，使户尽劲旅，寓兵于民，永保无虞。

对要隘之地，严如熤重点防维。定远地处僻远，属陕西门户之地。嘉庆八年（1803），严如熤上任后，勘察地理情况，了解民风，进行重点防维。《定远事宜第一禀》曰："初十日由西乡前进，十二日抵定远治所。沿途观看情形，咨访舆论，查定所辖共分西乡二十五地方。……地险民顽，向以距县远，稽防莫及，藏垢纳污。……此地位川陕第一要隘，非如留坝、孝义在腹地可比。定远固则全陕可安，且既设厅治，则有仓库、监禁之重。"⑤ 严如熤调查实际情况，提出治理方案：加固城垣，当地土质疏松，需修石城；储备兵粮，需贮米三四千石；增添壮丁，宜添设壮丁240名。定远地势险要，贼匪易逃，在《定远事宜第二禀》中又提出"必得驻搜之师，易客为主，申团练之法，用逸待劳"，并制定了各处守备人数及方法的具体方案。在严氏周密策略

---

① 严如熤撰：《严如熤集》，第6页。
② 同上书，第235页。
③ 同上书，第152页。
④ 同上书，第1091页。
⑤ 同上书，第171页。

之下，南山动乱卒平，社会终得稳定。宋联奎评："先生宦辙所至如洵阳、定远，皆在万山中，毗连川楚，犬牙相错，又值用兵盗贼出没，防不胜防。先生相地要隘，筑堡练团，令民且耕且守且战，并用坚壁清野之法，成效昭然，卒平巨乱。"①

为了加强边区安定，严如熤精心规划基层机构建设。道光元年（1821），严如熤任陕甘兵备道，适逢朝廷诏议川、陕、鄂三省边防建设事宜，被委任勘察三省边区。经过走访考察，严如熤提出"析官移治，增营改汛"方案，建议增设城口、白河、砖坪、太平、佛坪五厅，获准。陶澍曰："大学士蒋公攸铦屡道陕安境，极称公之治，遂奏委公总勘。公自川入楚反陕数千里，相度形胜，析官移治，增营改汛，条例井井。奏入，报可。边防遂密然。"陕西巡抚卢坤也曾采用严如熤增厅治提议，陶澍曰："壬午巡抚卢公坤至，特重公。随拜加衔之命，仍留陕安道任。公愈感激思效。卢公采其议，奏增厅治于鳌屋、洋县界，增营兵于商州及略阳。"②

（二）发展农副、手工业，振兴经济

明清时期大量流民远从楚、黔、蜀涌入陕南，给封闭的山区带来了极大压力。严如熤《棚民叹》曰："况复近岁来，低山尽村庄。沟岔无余土，但剩老青冈。"遇旱涝之灾，流民生活更是苦不堪言。人民生活没有保障，是社会动荡重要因素。作为地方官，严如熤倾其心力发展陕南农业、手工业，使百姓得以安居乐业。"驱除吾何忍，又安谋难臧。才微惭民牧，中夜起彷徨。"③严如熤充分利用山区资源，为流民创造谋生之途，杜绝无业流民变为贼匪，加入白莲教。"山内防维之策，总以安辑流民为第一要务。流民开山作厂，既各安其业，奸徒亦不能以煽惑，即偶有蠢动而各保身家。"④陕南山内资源丰富，"山内木笋、纸耳、香蕈、铁沙金各厂，皆流寓客民所借资生者"⑤。建造各种工厂，既安顿了流民，又带动经济发展。《木厂咏》："一厂群工备，大者屡千人。"⑥《铁厂咏》："一厂指屡千，人皆不耕食。"⑦《纸厂咏》："华阳大小巴，厂屋簇蜂垒。匠作食其力，一厂百手指。物华天之宝，取精不嫌侈。温饱得所资，差足安流徙。"⑧对于大力开发山区资源，严如熤又有资源用尽之忧，"地利有时尽，生计以憔悴"。严如熤治理陕南其间，其妻子鼎力相助，教农妇纺织："公配张夫人佐公治汉中，手缫车

---

① 宋联奎等：《三省山内风土杂识·跋》，见严如熤：《三省山内风土杂识》，陕西通志馆 1935 年版。
② 严如熤撰：《严如熤集》，第 7 页。
③ 同上书，第 229 页。
④ 同上书，第 1093 页。
⑤ 同上书，第 1040 页。
⑥ 同上书，第 229 页。
⑦ 同上书，第 230 页。
⑧ 同上。

教民妇纺织，棉花之利遂兴。"严如熤还代母氏作《教织歌》，谕南山妇女纺织棉花，曰："村前村后山土肥，处处好种木棉花。山棉花紧赛湖地，只要辛勤纺作纱。绕篱栽蓝草，蓝老染布好。"① 陕西地区之前主要种植麻，清中期以后开始大规模种植棉花，与严如熤这一类地方官的努力不无关系。

陕南交通受阻，但有膏沃之地，堰渠之利，可用以提高农作物产量。明代徐贞明言"水利兴而旱潦有备"，"水利兴则余粮栖亩，皆仓庾之积"。陕南堰渠因初建时缺乏科学构建理念，或规模粗就，使用几年，堰渠多已淤塞，且常发生水患灾害。道光二年，严如熤受任治理汉中堰渠。陶澍曰："复委公兴修水利。先是公在汉中因平坝田衍艰灌溉，履视山河、五门、杨镇大小百余堰，皆加疏治。"② 严如熤兴修水利，到实地反复勘察，采取措施行之有效，充分利用陕南丰富的水利资源，扩大受灌田地面积，提高了农作物产量，使封闭山区百姓能够自给自足，安定生活。如南郑班公堰，嘉庆七年班逢扬所修，灌七里坝、娘娘山以下田地。因数月竣工，规模粗就，嘉庆十三年，严如熤摄篆汉南时，堰旋淤塞，灌田面积缩小。严如熤勘察地势，治理渠身，为三坝人民制定用水规则，扩大受益之田。又如山河第二堰灌溉南郑、褒城八万余亩田地，但岁有冲塌之患。嘉庆十四年，严如熤进行整修，"自是堰堤口永无冲刷患"。杨坝堰灌溉城固、洋县二邑周围二万四千余亩地，但夏秋屡遭水患。嘉庆十五年，严如熤实地考察引起水患缘由。《修杨坝堰堰堤洞门记》曰："嘉庆十五年夏秋，河水屡涨，堰口淤百余丈。渠道当杨侯庙前冲去一百一十余丈。河流夺渠北民地，行上下决口，在河中、洪长二沟水注渠中。宝山东西沙石壅塞与渠平，秋禾无成，民嗷嗷有艰食咨。十二月二十二日，余自省垣回抵堰所，履勘上下，至再至三，相度形势，审其受害之由，在渠与河争地，而旧堤实未坚稳也。"③ 查明问题所在，严如熤便组织人力修复加固，历经两年完工，"迄用有成，俾得捍大患而兴大利"。

严如熤治理陕南水利成效卓著，提高农作物产量，受陕西巡抚卢坤重用，"至是，欲广其法于全秦。奉檄视澧、泾、灞、浐、渭、汭诸川，郑白、龙首诸废渠，疏凿蓄泄，规划具备"④。时人唐镜海撰《北五省水利书》，寄予严如熤切磋治水经验。严如熤将其治理汉中水利的成功经验予以总结，与唐镜海交流：一在择水稻田，二在择土，三在修渠身，四在分筒口，五在修龙门渠，六在作拦河，"凡此六事，皆汉中作渠溉田，行之数十年，而有利无害者。西北可以相通，仿而行之，利济无穷矣"⑤。严如熤

---

① 严如熤撰：《严如熤集》，第 247 页。
② 同上书，第 7 页。
③ 同上书，第 188—189 页。
④ 同上书，第 5 页。
⑤ 同上书，第 200—201 页。

治理水利的经验措施对当今水利建设依然有借鉴作用。

（三）正民风，兴文教

三省边区人杂地僻，教育落后，人民文化水平较低，易受诱惑，败坏民风。严如煜《察吏安民兴廉举孝》提议严禁官吏奢侈腐败之风，用保甲法使民各有执业，杜绝奸萌；特擢高风廉洁之士，以正民风；亟举乡党称孝者，以风示天下，皆知勉于孝。严如煜亲自下乡诀讼谕民，教化百姓。其《下乡决讼谕民词》曰："时下乡团练谕以四乡，每月各五日就近理词讼。"[①] 宋联奎评："先生由守令陟分巡，先后在陕南垂二十年，政教所被，感人最深。"[②] 其《禀亲赴各乡宣讲》曰："伏思邪匪兹事，上厪宵旰，九载于兹，推原其故，总缘三省边界山大林深，距州县远，各处无业流民，侨寓开垦，既无族姓之缀联，又鲜诗书之启迪，以斗狠为壮汉，以刁诈为能事，虽人性本善，而俗习所移，限于不知，浸积日久，酿生事端。"[③] 严氏亲赴各乡宣讲圣谕，广训衍说。"随于初八、九日由厅属南路小祥坝、渔度坝、盐场，传集绅耆，约定于有人烟场集之处，亲为宣讲，小民环听，颇似有所感动。"[④]

除下乡宣讲之外，严如煜还提倡在山内各州县建义馆，提高百姓文化素养，以根除祸乱之源。严氏考历史上民众受惑原因，总结正民风、杜绝百姓受邪教诱惑之计："正教之兴，则必使城镇村落之间，多读书务正之人。……山内州县，崇师重儒，广设义馆，以拘捕之费为修脯之资。而各上宪，即以童子应试之多寡，定长吏贤否，则山内读书人多，村落中有一二明理之童生，即可少数十户吃教之愚民，此拔祸本塞乱源之至计也。"[⑤] 严如煜提议被巡抚卢坤采用，并推广全秦，"而社仓、义学诸法亦以次推行焉"。

严如煜组织编写《汉中府志》，保存汉中文化；主持修复汉南书院，执教汉台书院十多年，其子也在此教书多年，培养了一批优秀人才。陶澍评曰："辟汉台，选髦俊，躬亲讲授十三年如一日，所成就士起家侍从牧令者数十人。"[⑥]《和雨峰汉台课士图》："汉台轩豁俨兰台，风气如何郁未开？地有奇情千载启，人如嘉树十年培。经明供励匡刘业，策对都成贾董材。我是父兄期子弟，此邦合与植青槐。"[⑦] 可见严如煜为汉中文教事业的发展做出了巨大的贡献。

---

① 严如煜：《严如煜集》，第 223 页。
② 宋联奎等：《三省山内风土杂识·跋》，见严如煜：《三省山内风土杂识》。
③ 严如煜撰：《严如煜集》，第 178 页。
④ 同上书，第 178 页。
⑤ 同上书，第 1107 页。
⑥ 同上书，第 4 页。
⑦ 同上书，第 243 页。

二、严如熤治陕措施之特点

严如熤在《平定教匪总论》中总结："熤闻良医之治病也，先之望闻问切，审其病源，察其病势，防其余病之传证，视洞重垣，既已锱铢不差，然后主方。或因旧法而变通之，或出己意而斟酌之。妙选地道良药，炮制务须如法，剂甫投而病势霍然矣。"[1] 严如熤在平定白莲教起义及治理措施中始终遵循这一理念，以田野调查为基础，以历史为借鉴。

（一）以田野调查为基础

严如熤在陕南其间，遍历南山，以实地调查为行事基础，与文献记载完美对接，制定措施合理有效。汤金钊评其："君在南山十有余年，亭障要隘村寨径路曲折，罔不口讲指划而心萦缭之，穷乡邃谷老兵妇孺咸识君姓氏。"[2] 正如李汉林评价严氏平定苗乱功绩："严如熤的这些善后治策与其他人提出的类似治策有一个很大的不同，时人往往以兴办'义学'、进行教化，开设'屯防'、修筑'边墙'以资防御作为处置苗民事件善后措施，但是严如熤知道应当如何将这些决策进行具体的实施，因为他了解进行'屯防'的时候哪些地方的苗民可用，哪些地方最易于开展'屯田'，而不是与其他人一样泛泛谈设'屯防'。"[3] 严氏治理陕南的每一项政策措施，不空谈理论，或完全照搬过往经验，都是经过走访考察，了解当地情况之后，因地制宜、因时制宜，制定出符合实际的行之有效的措施。三省边区无业流民居多，与苗地情况不同，平定二处动乱方针各异："教匪滋扰，与苗獠不同。苗獠部落虽多，俱有一定地方，不能远离巢穴。教匪于秦、蜀、楚、豫四省边隅深山大箐之中，潜相勾结。"[4] 对待三省边区贼匪，严如熤便实施分地以守之计，并且取得了显著效果。《稽查山内匪徒禀》曰："如熤与吴镇商量，饬防汛文武，画地分守，各专责成，与川边相连各要隘，如定远之鹿池坝、滚龙坡、秋坡梁、姚家坝。……惟是官牟各守境界，其交界处所，未免互相推诿，则声势尚未联络，匪徒仍可乘间蹿入。如熤与吴镇商量，必须派勤劳将官督率巡逻。……于冬春二季，与吴镇亲赴各边界，亲身周历，巡查既严，分防文武之责成。如熤与镇将又复梭织巡察，是以去冬以来，奸徒敛迹，此卑府文武筹办边防大概，经禀明各宪

---

[1]　严如熤撰：《严如熤集》，第 156 页。
[2]　同上书，第 8 页。
[3]　李汉林：《"田野派"学者严如熤》，《吉首大学学报》2012 年第 5 期。
[4]　严如熤撰：《严如熤集》，第 161 页。

在案。"①

　　兴修水利之时，严如熤反复进行实地考察，排查隐患，解决问题。疏治南郑班公堰，严如熤至堰勘察，载度地势。《修班公堰记》曰："下坝土营、牛营等处田四千二百余亩，往时旱地亩岁收粟豆五六斗，自改水田，载稻谷，亩收三石有余，合京斗六七石。三坝民用渐饶厚，定水约。上坝于开渠时地近，夫较众经历龙门有起闭责，而田土兼沙不耐旱，准细水长流。中下土稍厚，且梁滩、娘娘沟有山水浸注渠中，中坝轮四日夜，下坝三工轮十三日夜，周而复始。下坝用水，将中坝各洞口全行闭封。……自十三年起，岁岁增修，至十八年工始完峻，则信善成善终之难也。"②严如熤找出问题所在，加深渠身，解决淤泥充塞问题，并根据地势、土质情况，制定水约，将班堰之前农民用水"各开各渠"变为轮流开放，合理用水，扩大受益之田。山河第二堰，岁有冲塌之患。嘉庆七年，前观察虚舟朱公于顶险处倡修石堤，仿海塘做法，堤立江中，工甚巩固，但遇山洪涨发，堤隳。嘉庆十年，郡侯新安朱君又凿石重砌，嘉庆十二年秋仍隳于水，庄稼减收。嘉庆十四年，严如熤绾符此，考察地貌，查找原因。《山河二堰改修渠身堰堤记》："欲兴大利，先祛大害。往来江干，周咨博访。因思堤仿海塘，工甚善，而山水、海水不同，潮汐水势平，山水陡急，涨时推沙拥石而来，石之巨者如房、如柜、如车轮洄漩。堤根与石相砰击，外石得水助，堤石不能敌，一石碎损，水浸入堤，堤根漩空，而全堤石皆倒塌。……稽古圣人治水，掘地由地中行，不与水争地，堤筑江中，屹然当水冲争矣。"③严如熤经过数次考察，断定海塘做法正是此堰屡发水患根本原因。严如熤分析海塘做法适用于海水，不适合山水。明确了症结所在，严如熤便对症下药，制定一套可行方案，买地另开新渠，重新修治，堤附岸为固，再无冲刷之患。

（二）以史为鉴，不泥于史

　　严如熤探究古代思想学术以为今用。魏源说："故国家欲兴数百年之利弊，在综核名史实始。欲综核名实，在士大夫舍楷书帖括，而讨朝章国故始。"④严如熤重视利于经世，对当代社会政治文化建设有用的古学，反对在"务非当急，人难尽通"之考据学上下功夫。在学者埋头故纸堆的风气中，严如熤以社会需要为重心，立足现实需要以探求历史，专取与社会政治文化有关的文献作为研究对象。严如熤对历代典籍文献颇为熟悉，深谙其中利弊，并能以其"谏世故，谙形势"。在陕南二十余年行事中，严

---

① 严如熤撰：《严如熤集》，第 195 页。
② 同上书，第 182 页。
③ 同上书，第 183 页。
④ 魏源：《魏源集》，中华书局 1976 年版，第 351—352 页。

如煜以史为鉴，充分发挥了史学的经世功能。

对待边区贼匪之乱，严如煜借鉴史事，用坚壁清野、设间谍以离腹心之策。"昔岳武穆之平杨幺也，用湖贼击湖贼；李愬之擒吴元济也，以蔡将召蔡将。今诚通此意而用之，广设间谍离其腹心。或用降匪转相招诱，或驱顺贼先为攻击，令贼巢之中，先已自相鱼肉，大势既然瓦解，何难根株立尽？"[①]平定白莲教后，乡勇可能变为乱民。为避免乡勇成为贼匪，严如煜引明代郑晓治理海贼之言："倭寇多中国人，其间尽有智勇可用，每苦资身无策，遂甘心从贼，乞饬封疆大僚，于军民白衣中，每岁查举勇力智谋者数十人，借补军职，令其无事则率人捕盗，有事则领兵杀贼，此辈既免为贼用，且将有将材出乎其间。"[②]严如煜效仿郑晓之策，将乡勇编为营伍，曰："鄙意端简此策，近日正可参用。"

为了加强山区治理，严如煜提出仿古改制，"公平日言山内州县距各省会远，鞭长莫及，推诿牵制，宜仿古梁州，自为一道。及明设郧阳巡抚之例，专设大员镇抚，而割三省边郡州县以附益之。庶势专权，一百世无患"[③]。

严如煜能贯古通今，察时知变，灵活运用历史经验，学史不泥于史。情况变易，措施非一成不变。严如煜依据现实需要，对历史采取分析的态度，肯定其是，舍弃其非。《宁陕文员仍宜驻旧城论》："今昔情形不同，亦望后人因时变易，归于尽善。岂肯胶执前议，糜朝廷如许帑金，为无益国计民生之事哉！"

严如煜陕南行事中将历史文献记载与实地考察进行了完美结合，在经世致用与田野调查的研究道路上取得了卓越成就，被视为道光经世学派先驱，当之无愧。

三、严如煜治理陕南的现代意义

明清时期是秦巴山地开发的重要时期，严如煜对清中期三省边区的发展功不可没，其治理陕南经验及著述对国务院 2011 年启动的扶贫攻坚规划——秦巴山片区区域发展与扶贫攻坚规划工程有重要意义。秦巴山集中连片特殊困难地区自然资源丰富，水系发达，森林覆盖率高，矿产资源品种多样，极具开发潜力。但受大山阻碍，山内相对封闭，水利设施薄弱，农田有效灌溉面积小，教育设施落后，劳动力文化程度低，技能和经营能力不足，秦巴山区资源优势尚未转化成发展优势。加之山区地形复杂，洪涝、干旱、山体滑坡等自然灾害频发，至今存在大范围深度贫困区，故被列为为国家

---

① 　严如煜撰：《严如煜集》，第 163—164 页。
② 　同上书，第 165 页。
③ 　同上书，第 7 页。

新一轮扶贫开发攻坚战主战场之一。开发秦巴山区，使农民脱贫致富，历代治理者的成功经验不可忽视。严如熤治理三省边区，功绩卓著，且早已受到时人肯定。"今上用贤多不次，与廷臣言疆吏才，未尝不首及公。特以南山二十年镇静之功，非公莫属，故虽迁擢频仍，犹若不得已，迟留之，俾敛惠一方，比任久，地方绥辑，规画已无遗。"①"自公之来，再造鹑首，披荆刈莱，荡涤群丑，讼不再，炊亩有余粮，以拯秦人于沟于隍。"②时人对严如熤取得成就评价不可谓不高。严如熤治理南山策略依然可为今人效法，自述曰："夫今昔情形不同，则规画亦异，安必今之所云足备采择哉。然时事万变，而山川终古依然。览乎此者，当亦得乂安边疆之一助矣。"③陶澍曰："所规划常在数十百年外，遇盘根错节无不迎刃以解，其措施往往见于所著书。……后之有志经世者，必将取镜也。"④宋联奎《三省山内风土杂识·跋》曰："是书首篇即谓'乂安边之策必合三省通筹之'，实为经国大猷。邵阳魏氏默深所云割地设省亦不外此，比岁疆圉多事，兵家有言贵知彼己，循是以求进止方略，得其肯綮矣。"⑤胡思敬评其曰："后世谈兵形险要者，读其书通其意，随时变通，而善用之，一隅之法，推之以治天下不难也。"⑥严氏充分利用山内资源，引入先进技术，造福山区百姓，加快了秦巴山地偏僻地区与中心地区经济文化接轨的步伐。严如熤兴修水利，提高农作物产量；利用山区资源，建造工厂，发展副业，为无业流民创造谋生机会，稳定百姓生活，促进经济发展；引进手缫车，发展棉纺织业；办义学，整修书院，振兴文教事业，提高山区人民文化素养；察贪吏举廉洁之士，以正民风。严氏还根据山区特殊地理位置，采取增设厅治行政区规划，以稳定社会，可供陕南城镇现代体系规划及交通要道建设借鉴。正如严如熤所认为时事万变，山川终古依然，其治理陕南社会问题的成功经验仍然可供当今开发和建设秦巴山区借鉴。

严如熤既是疆臣官吏，又是田野派学者，著作所记都是实地走访考察见闻及身体力行之事，真实地反映了清中期陕南人民生活史实。《三省山内风土杂识》、《三省边防备览》、《汉中府志》以及《乐园集》中大部分作品，都是作者宦游南山，经过大量实地调查，参阅众多史籍完成的，是严氏治理陕南二十余年经验与心血的结晶。著作中对三省边区环境变迁、流民成分、人民生活习俗及农作物种植特点等，都有系统记录，对当今建设秦巴山区意义重大，也是今人研究汉中地区社会变迁以及生态灾变不可多得的珍贵资料。《三省边防备览》记载三省边区流民情况："川陕边徽土著之民，十无

① 严如熤撰：《严如熤集》，第 8 页。
② 陶澍：《陶澍集》。
③ 严如熤撰：《严如熤集》，第 837 页。
④ 同上书，第 6 页。
⑤ 宋联奎等：《三省山内风土杂识·跋》，见严如熤：《三省山内风土杂识》。
⑥ 胡思敬：《三省山内风土杂识·跋》，见严如熤：《三省山内风土杂识》。

一二；湖广客籍，约有五分；广东、安徽、江西各省，约有三四分。"[①] 这对研究清中期秦巴山区流民来源至关重要。清代南山老林因流民大量涌入而遭到大面积开垦，民众利益也因之受到巨大损失。《三省边防备览》中记录："汉中之乌龙江、滑水河各水，民循堰渠之规，田收灌溉之益，盖有利无害者。自数十年来，老林开垦，山地挖松，每当夏秋之时，山水暴涨，挟沙拥石而行，各江河身渐次填高，其沙石往往灌入渠中，非冲坏渠堤即壅塞渠口，稻田正含胎扬穗，待泽甚殷，而挖筑之工，所费不资，民颇病之。"[②] 严如熤指出只有"民循堰渠之规"，才能"田收灌溉之益"，即退耕还林，保护自然环境，这也是当今治理环境、维护生态平衡的重要话题。严如熤遍历南山，对各地土质、水质都做了详细的考察，南山脊背水土"不能有平旷之地，即就山湾水曲垒石作田，气寒水冷，其米色黑，不甚养人"。这些既可为开发秦巴山地提供资料参考，也是研究陕南土地水力资源变化的重要文献。

（作者单位：陕西理工大学历史文化与旅游学院）

---

① 　严如熤撰：《严如熤集》，第 1090—1091 页。
② 　同上书，第 1024 页。

屈复《变竹枝词》中的民俗史料

杜学林

竹枝词本是流传于古代巴蜀地区的一种民间歌曲，自唐代著名诗人刘禹锡之后，不少文人涉足这一领域，元、明之后，它逐渐演变为一种专门吟咏山水风光、描写民俗风情的特殊诗体，并且跨出巴蜀，流衍全国。明清时期，竹枝词创作极其繁荣，这些作品专门描写各地的民风民俗和社会现象，成为我们研究古代地域民俗文化的重要文献。[①] 我们在整理康乾时期著名诗人屈复的《弱水集》时，发现其诗作中有《变竹枝词》63 首[②]，不少诗作还有作者自注，这些诗主要对北京地区的民俗风情和其他各种社会现象进行描摹，展现了康乾时期帝都北京丰富多彩的民俗风情图景。我们拟采取一斑窥豹的方法，选取部分内容略做介绍，以期引起学界同仁注意，这对于我们研究北京民俗及其相关问题或不无裨益。

一、岁时民俗

中国自古岁时节令多，在人群中的影响也最大，我们通常所说的风俗，大多是指岁时节俗。[③]北京在古代长期作为北方的军事重镇，不同民族先后经营。元代之后，更是一直作为全国政治、经济、文化中心。各个民族杂居交融，不同岁时节日习俗相互影响，彼此融合，形成极为丰富的节俗事项。于敏中等编纂《钦定日下旧闻考》有

---

① 雷梦水等：《中华竹枝词》，北京古籍出版社 1997 年版，第 4—5 页。

② 屈复：《弱水集》，见《续修四库全书》第 1424 册，上海古籍出版社 2003 年版，第 44—48 页。下文所引屈复《变竹枝词》皆见此书，不再出注。

③ 陈勤建：《中国民俗学》，华东师范大学出版社 2007 年版，第 138 页。

《风俗》三卷，其中两卷皆为有关岁时节令的内容[1]，可见当地岁时民俗之富。屈复《变竹枝词》中也以岁时民俗内容为多，从元旦拜贺到除夕煴岁，每一岁时都有不少内容。

　　嚼鬼簪花胜，谁怜贺客心。虚贴三寸纸，一样跌千金。
　　出门时，投门撧于地，曰"跌千金"。元旦以小楂盛驴肉食之，曰"嚼鬼"。贵官门外，红纸书"免贺节"三字，贺者仍络绎门下。

　　这首主要描写元旦"嚼鬼"、"簪花"、"跌千金"及节日拜贺等民俗事项。"嚼鬼"、"簪花"、"跌千金"等习俗在《钦定日下旧闻考》等文献中皆有记载，可与此诗参考互证。[2]通过注释中"贵官门外，红纸书'免贺节'三字，贺者仍络绎门下"等寥寥数语，说明所谓"免贺"实质上是"难免"。有趣的是，通过几个民俗事项的组合，将道贺者心中不愿而又不得不为的心理刻画得极为传神："嚼鬼簪花胜"里的"嚼鬼"、"簪花"，恐怕已不仅仅单指原始的民俗事项，还隐含了贺客的诅咒和愤恨。"谁怜贺客心"，直接对自己拒贺不得的心情进行抒写，有谁能够理解作为贺客的为难和无奈呢？"虚贴三寸纸"，对贵官所谓"免贺节"的虚伪造作进行讽刺。"一样跌千金"，这里的"跌千金"已不是民俗事项意义上的"跌千金"，元旦拜贺贵官，大概不仅仅是礼节上的拜拜而已，千金之失可能有所夸张，但一毛不拔恐怕不行，这也正是贺客为难和无奈的原因所在。通过这首竹枝词，我们可以看出当时节俗拜贺风气的繁盛状况，也可以看出作者对这种不良风气的嘲讽和反感。

　　煴岁松柏火，践岁胡麻秸。何用屠苏酒，挂钱满六街。
　　除夕，火松柏枝曰"煴岁"，撒芝麻秸遍地，履之曰"践岁"，意即"饯岁"也。"煴"字不可解，或曰即守岁意，未知是否。
　　旗俗不饮守岁酒，剪纸为花草粘门，曰"挂钱"，债主见之则自去。

　　这首词前两句描写除夕"煴岁"、"践岁"习俗，作者在注释中对这些习俗的意义进行解释并提出"煴"字不可解，但对这一习俗是否即是守岁并不确定，为后人研究这一问题留下空间。后两句描写的是"旗俗"，亦即当时入驻北京的满族人除夕的习俗，由于"旗俗不饮守岁酒"，自然就不用屠苏酒了。对于穷人来说，年底债最让人头疼，所以就有了"挂钱"的习俗，只要将剪纸做成花草的样子贴到门上，债主见了便

① 于敏中等编：《钦定日下旧闻考》，《影印文渊阁四库全书》本，第499册，台湾商务印书馆1987年版，第264—294页。
② 同上书，第278页。

离开，的确省事省心。

二、婚姻习俗

婚姻关系着人类的繁衍和发展，自古以来便受到人们的重视，各种婚姻礼俗数不胜数。[①]随着社会的发展，这种礼俗已不仅仅是一种仪式，更多地掺杂了一些经济因素，即便花轿等一切备齐，也不是那么简简单单就可以把新娘接回家的。

> 郎来不开门，压轿不肯下。侬家自有钱，那得无钱嫁。
> 轿迎新妇，内有小儿，名曰"压轿"。新妇侯轿侧，索钱，不足则不时下。新郎亲迎，至妇门，索钱，不足，门至晚不开。

这首描写的就是迎亲时的情景，新郎亲迎到新娘门口，要钱。新娘接到新郎家门口，有小儿"压轿"，还是要钱。从注释中的"不足，门至晚不开"、"不足则不时下"可知这种礼俗绝不仅仅是一种仪式，而是实实在在地要钱。"侬家自有钱，那得无钱嫁"一句，也说明了这种礼俗的心理基础：我们自己家里有钱，怎么可以白白出嫁。由此可见，现代社会结婚时索钱等习俗可谓渊源有自，所谓移风易俗，绝非朝夕之功可以改变。[②]

尽管如此，能够花钱顺利娶到自己心仪的女子仍然值得庆幸，婚后能够幸福更是让人羡慕。事实上，并不是每一桩婚姻都能顺利缔结，有些婚后会有一些意想不到的情况发生，甚至包括阴谋和欺诈，更甚者演变为恶毒事件：

> 生儿当长班，生女嫁南蛮。送郎上山去，无限活田园。
> 妇女嫁外方人为妻妾，初以美丽出看，及娶，易丑者，名"掉包儿"。过门新宿，盗其所有而去，名"挈秧儿"。其夫或渐贫、或罢官，辄百法离异，名"烂根儿"。多病则率其姑姨姊妹，日夜更番叠媚，不月日即死，谓之"打发姊夫上山"，以官为"活田园"。

这首就写到婚姻中的几种现象，其中大家比较熟悉的是"调包儿"，《钦定日下旧

---

① 高丙中：《中国民俗学概论》，北京大学出版社 2009 年版，第 261—262 页。
② 林国严：《试论我国的婚嫁奢办习俗及其改革》，《广西师范大学学报》1992 年第 3 期。

闻考》也有记载,《红楼梦》后八十回之"掉包儿计"[①],或许就受这种民俗启发,石玉昆《三侠五义》中包拯也审理过类似的案件[②]。后面"挈秧儿"、"烂根儿"、"打发姊夫上山"等《钦定日下旧闻考》未见记载,但既各有专门名号,这种现象当较为常见,绝非偶然现象。在相关文献中,大多只关注婚礼习俗,有关婚后生活的记载并不常见,这些描写对于研究婚姻生活习俗具有一定的价值和意义。

三、民间游戏

民间游戏在人们生活系统中占有十分重要的位置,是民俗研究的一项重要内容。然而由于各种原因,关于这类民俗的系统资料并不多见,以竹枝词这种形式来描述较为繁复的游戏过程和具体玩法更是不易,往往使人难得要领。而屈复《变竹枝词》诗句与注释结合,将游戏的具体操作方法简洁而具体地描绘出来,使我们可以较为容易地理解并复原这些游戏,为我们深入研究民间游戏这种特殊的民俗形式提供了宝贵的资料。

> 随路空钟鸣,陀螺满地转。不愁雪打灯,只要天开眼。
> 刻木中空,卓地如仰钟,而柄其上之半。一绳绕其柄,一竹如尺,有孔。度其绳而抵格,空钟绳勒右却行,勒左却空钟,矗而疾转。
> 陀螺制如小空钟,中实而无柄,绳以鞭之,卓于地,急掣其鞭,一掣即转,视其缓而鞭之,则又转。久阴胡晴曰"天开眼"。

这里描绘了"空钟"和"陀螺"两种游戏。一般认为,"空钟"即为空竹,又叫扯铃。如今在我国北方地区,仍可看到不少老年人"放空竹",以此来进行锻炼。[③]今天的空钟主要是抖在空中,而这里所描写的空钟以地上旋转为主,这与明代刘侗、于奕正《帝京景物略》中的记载相似[④],可见在乾隆时代仍然是在地上旋转为主。"陀螺"则是一种较为简单的游戏,只是随着社会和科技的发展,现在的陀螺形制更为精美,并且伴随霓虹和音乐等现代元素,也有一些已经不用绳子抽打,改用其他方式控制。屈复所记的仍然是较为原始的玩法,这不仅对于研究当时民间游戏有所帮助,对于研

---

①　曹雪芹、高鹗:《红楼梦》,人民文学出版社 1974 年版,第 1257—1273 页。
②　石玉昆:《三侠五义》,上海古籍出版社 1980 年版,第 98 页。
③　王建华:《空竹文化与人文北京》,见《空竹文化与人文北京论坛会议材料》,2010 年。
④　刘侗、于奕正:《帝京景物略》,北京古籍出版社 1983 年出版,第 67 页。

究当代民俗也有一定的价值。

这些现在还有遗留甚至较为完整保存下来的游戏习俗，在我们看来仍感甚为亲切，但随着社会发展和其他原因，有些游戏已经退出了历史舞台，至少在某些地区已经再难见到，我们只能通过文献记载来了解其形制和玩法。

> 方城遍天下，何事非泥钱。可怜马上儿，命在锦鞍鞯。
> 小儿以钱夹泥，穿而干之，剔泥片如钱状。画地为方城，置一泥钱城中，曰"卯儿"，拈一钱远掷之，曰撒出城则负，中则胜，不中而犹不出，则撒者为卯。其胜负即以泥钱。小儿戏马上，险绝妙绝。

这首所描绘的游戏，现在已难看到，从注释来看，这是一种骑在马上的游戏，或许与满族或蒙古族等善于骑射的少数民族有关。从这种游戏方式需要骑马来看，绝非一般民众能够轻易承受，必须具备相当的经济实力才能进行。这种游戏的逐渐消亡，或与高额的装备水平不无关系。幸运的是，屈复对这种游戏的描述至为详尽，从准备泥钱到具体玩法以及胜负规则，都有完整的记载。借助这些描述，我们可以将这种游戏基本复原出来，感受当时的游戏场景，这就是这些文献的价值所在。

四、流行时尚

在广义民俗学中，流行时尚也是民俗学研究的对象之一。相对于其他民俗事象，流行时尚的传统意味最为淡薄，变化最为迅速，也最没道理可讲，最难以常理推测。因此，对于这种民俗现象的研究来说，当时人的记载就显得更为重要。离开当时人的记载，采用任何方式都难以可靠地了解当时的流行时尚。屈复《变竹枝词》中对于当时的流行时尚亦有记载。

> 玉壶细雕镂，雕镂重于钱。天厌相思草，新情爱鼻烟。
> 烟一名相思草。近又有鼻烟，一壶有值数十金百金者，金玉洋磁玻璃宝石，刻镂精妙。

这里描绘的是烟和鼻烟的流行情况。由于鼻烟的流行，人们对烟的兴趣暂时减弱，开始迷恋鼻烟，甚至不惜重金雕镂装饰鼻烟壶，将其做得极为精妙。

　　　　百万巧宦囊，千金新古董。不因尚鉴精，何物能消肿。

　　　　诸古物赝者名"新古董"。富贵人三五为群，把玩辨拨，自负识者，动市数千金。俗谓发财曰"肿"，失财曰"消肿"。

　　这首描绘富贵人购买假古董的风尚，这些人拿着巧宦所得的大量钱财，花费千金购买古董，自认赏鉴精绝，买到的却大都是些赝品，全是"新古董"，钱财却照花不误。这一方面说明这些自负赏鉴精绝的人对古董实是一无所知，不懂装懂，花钱受骗，咎由自取；另一方面却也说明收购赏玩古董在当时确是风尚所在，正是因为这种风尚甚为流行，这些人才会附庸风雅，盲目跟风，以致上当失财。

　　当时的人们不管是不惜数十金百金雕镂鼻烟壶，还是千金购买假古董，我们都可以通过逻辑推理和其他方式对这种现象的流行原因进行推测。但有些流行时尚实在已超出我们的逻辑推理能力，没有任何道理可言，这正是流行时尚的特色所在。

　　　　蓝衫布裹头，不打花腔鼓。不受卿卿骂，风情在何处。

　　　　江南秧歌妇皆蓝布裹头，内衣锦绣，外必罩蓝布衫。少年唤之佐酒，大贵人以得恶骂为快。

　　　　刘郎复周郎，能增文武价，昆弟皆贵人，感赐风流骂。

　　　　刘郎，富华班旦色，例监考州同知。周郎，苏州小优儿，来试武举。一时达官以受二优毒骂为荣，又与翰林结为昆弟。

　　这两首都写到当时一种甚为奇怪的风尚：小小的秧歌妇居然敢恶骂大贵人，戏班优伶居然敢毒骂达官，这本身就令人感到惊奇。更令人惊奇的是，这些挨骂的大贵人、达官居然"以得恶骂为快"，"以受二优毒骂为荣"，实在令人难以理解。这些人或许真的只是为了追求"风情"，体会"风流"，也可能还有其他原因。屈复能将这些现象如实记录下来，这本身就为我们研究这种极为反常的流行风尚提供了甚为直观的史料，这些资料在正史中绝难看到，一般文人也会认为这些内容过于无聊而不去记载。这样，这些记载就更显得弥足珍贵，对于我们研究相关问题意义重大。

五、其他习俗

　　除以上所介绍的几种民俗事象之外，屈复竹枝词中还有一些较有特色的民俗现象，这些资料在其他文献中同样不太常见，对于我们研究明清时期的北京民俗和其他相关问题具有重要价值和意义。

　　　　二月又二月，北京过一闰。淘沟复淘沟，南人舌三寸。
　　　　每岁二月，工部差郎官监理淘沟。泥渐干，为尘，实秽恶也，街市行人无不壅齿塞喉。谚云："北京过一闰，人食三升粪。"

　　这首诗写北京每年二月掏沟，泥土干后，变成尘土，给人们日常生活造成的恶劣影响。"北京过一闰，人食三升粪"的俗谚，说明这种类似市政建设的行为并没有给人们真正带来实惠，相反，它让人们感到痛苦不堪。在官方文献中只可能记载城市改造建设的巨大成就和丰功伟绩，绝对不会将这一事件的恶劣影响记录下来，这也是类记载的可贵之处。

　　　　两朝诸翰林，沙堆在署门。古来阴子春，沙堆在脚跟。
　　　　翰林署门前，有积沙如邱。或动移，则大不利。相传自明迄今，皆屡验。

　　这首诗写翰林院署门前的沙堆，沙堆早在明朝就已经存在，主要原因就在于"或动移，则大不利"，趋利避害的心理在一些民间禁忌行为中极其重要，是民俗研究的一个重要方面，从此诗来看，即使集聚全国文化精英的翰林院，也同样遵守这些民间禁忌，这从侧面反映了这些民俗禁忌的影响范围，也是民俗研究极为重要的资料。

　　　　一钱买一看，匣里侏□叟。闻昔在儿时，剪裁如杞柳。
　　　　木匣坐白发叟，头足无少异，但矮甚，云"小人国"。一钱一看，实皆恶少赚小儿断筋使然。又有无手足耳鼻等类不胜数，复剪其舌，使言语侏□不可解。其人既废，赖以求食，遂无废其事者。好生之德，深有望于当事诸公。

　　这首描写社会上一些人利用残疾人士赚取钱财的恶劣习尚。既然这种"一钱买一看"的活动可以进展下去，说明不少人抱着一种欣赏玩乐的心态参与到这种活动中来，他们对这些残疾人的艰难处境没有任何同情意识，缺乏最基本的人道关怀。更加恶劣的是，这些残疾人原本可能并非如此，或者处境不必如此凄惨，他们有的是小时候被"恶少"切断筋脉成为残疾，有的被割掉手、足、耳、鼻，还有的连舌头也被割去。"闻昔在儿时，剪裁如杞柳"，说明这些残疾人根本不被当人看待，他们像树木一样被随便修修剪剪，语言虽然简单，揭示的现象却触目惊心。这可算是我们传统习尚中最为恶劣的一个方面，即使在现代社会，仍然可以看到这种现象，而这种活动的心理基础，或许只是满足观看者的某些变态的心理平衡，这种现象应坚决禁止。屈复在注释中也发出了"好生之德，深有望于当事诸公"的祈盼。这种明显带有倾向判断的记录方式，使我们可以直观了解记录者对这种社会风尚的看法，进而探究当时人们对这种社会风尚的普遍态度。这也是民俗研究关注的重要方面，研究这一问题不能忽视屈复的这些记载。

以上，我们从岁时民俗、婚姻习俗、民间游戏、流行时尚、其他习俗五个方面对清代诗人屈复《变竹枝词》63 首中的一些民俗史料做了简单的介绍，事实上，这 63 首《变竹枝词》中的民俗资料极其丰富，涉及明清时期北京民俗的各个方面，有些资料在其他文献中也有涉及，但仍然存在详略多少的差异，可以与之参照互证，至于其他文献没有涉及的资料，其史料价值更是不言而喻。路工编选的《清代北京竹枝词》（13 种）[①]、雷梦水等编纂的《中华竹枝词》皆未收录这 63 首《变竹枝词》，直到丘良壬、潘超、孙忠铨编《中华竹枝词全编》[②]方将之入编，但仍然未见民俗学者涉猎这些文献。我们将其介绍给学界，希望相关学者可以从各个方面进行深入开掘和利用，使其在民俗研究中发挥应有的价值。

（作者单位：西北大学文学院）

---

①　路工：《清代北京竹枝词》，北京出版社 1962 年版。

②　丘良壬、潘超、孙忠铨编：《中华竹枝词全编》，北京出版社 2007 年版。

清乾隆四十四年《西安府志》修纂特色与价值

高叶青

西安历史文化悠久，自古就享有"金城千里，天府之国"的美誉。西安设府，始于明洪武二年，取"安定西北"的意思，当时下辖多个县区，相当于现今陕西省的管辖区域。自设府以来，仅纂修过一部府志，即清乾隆《西安府志》（雍正《陕西通志·经籍》著录明王绍徽《西安府志》，但未见他处著录，疑或不传）。该志80卷，首1卷，由毕沅、舒其绅、严长明等于乾隆四十一年奉旨修纂，乾隆四十四年成书，次年付梓。记事上始周秦，下迄乾隆四十三年。内容涉及古代西安的自然地理、建置沿革、名山大川、人口户籍、贡赋物产、风俗民情、胜景古迹、艺文金石、历代大事、职官、人物、选举等门类，是一部记述西安历史的"百科全书"，也是现今研究陕西和西安历史的重要资料。

一

清乾隆朝中期，修志数量较初期减少，但是总体相比质量有了很大的提高。原因有三：其一，学术氛围好。当时众多有学识的官员和学者参与了修志活动，并且把参修方志作为一生的荣耀。时人章学诚就曾说："丈夫生不为臣，亦当从名公巨卿，执笔充书记而因得论列当世，以文章见用于时，如纂修志乘，亦其中之一事也。"[①] 这一时期，崇尚实学的考据之风影响到各个学术领域，方志编纂也更加注重资料的真实性，如傅应奎称："夫志邑之作，虽属一隅，然搜讨援据，即史臣记载之义也。"[②] 其二，行

---

① 章学诚：《答甄秀才论修志第一书》，见《章氏遗书》卷15，刘承幹嘉业堂本。
② 傅应奎：乾隆四十七年《韩城县志》卷首自序。

政领导的重视。乾隆三十七年，毕沅任陕西巡抚，为加强地方上的治理，他大力倡导地方官编修方志，且亲力亲为，"州县之志皆次修与"。不仅如此，他还广纳贤才协助自己编修方志，为保存陕西地方人文和地理资料做出了不可磨灭的贡献。毕沅曾对修纂方志的必要性进行了说明："自一县官师制度，法良意美，及孝悌节烈，掇科中策之士蒸蒸焉月异而日新，不可无记载，以表当时而示来世。"①据统计，乾隆后半期将近 30 年中，陕西共成书 30 余部，其中与毕沅有关的志书就约 27 种。其三，良好的契机与必要性。四库馆开，清廷下令广征天下书籍，毕沅将亲自编订的《关中胜迹图志》进献，又于政事闲暇之时，编纂成《关中金石记》8 卷。西安地区现存早期方志，当首推北宋大史学家宋敏求所修《长安志》。宋代以后，由于政治中心移变，长期没有一部可以与《长安志》媲美的方志。南宋程大昌的《雍录》所记虽与西安相关，但系专题性考证著作，并非严格意义上的方志。除此之外，还有元人骆天骧的《类编长安志》。毕沅对此也有深刻的认识，于是萌发了编纂一部《西安府志》的想法，并得到了朝廷的批准。乾隆四十一年，毕沅请严长明入其幕府，协助自己编修，知府舒其绅也参与其中，"复为参稽案牍，斟酌民言，俾一郡之掌故眉列掌示"②。

<h1 style="text-align:center">二</h1>

与之前有关西安的志书相比，《西安府志》无论在资料搜集、增加删减上，还是在体例结构、编纂思想上都具有很显著的特色。浦霖称其"取材宏富，立意精严，方诸史传，大都取则扶风而荟萃鉴裁，与宋欧阳氏之《新唐书》相似，非近日搜刮家之能事也"③。因此，这部志书一经刊刻，就受到各方的好评。这些成就的取得，是多方因素综合作用的结果。其中编纂班底责任心强、态度谨严是首要原因。毕沅是《西安府志》编修中的关键人物，其次是知府舒其绅和学者严长明。毕沅从设想奏请到最后的删削定稿，一直参与其中。严长明当时为内阁侍读兼《大清一统志》馆纂修官，是一位以史才著称的学者，《西安府志》编修的每一个环节都由他亲自负责完成。下文即详细介绍《西安府志》的特色。

第一，取材广博，义例精要。众所周知，地方志对于一地行政变迁、建置沿革、山岳川泽、古迹名胜、自然物产、历史人物、宗教寺观、风俗民情等方面的记载详尽具体，具有其他文献无法比拟的优势。《西安府志》引用资料中，除《大清会典》、《大

---

① 葛德新、朱廷模修，孙星衍纂：《三水县志》卷首毕沅《序》，乾隆五十五年刻本。
② 尚安：《西安府志》卷首序。
③ 浦霖：《西安府志》卷首序。

清一统志》等14种御制、御定书目外，还包括经部书籍88种，正史及编年史书38种，地理类书籍153种，别史等其他史部书籍150种，子部319种，集部174种，总数近千种，经、史、子、集都有涉及（据省方志办原副主任董健桥统计）。严长明在搜集资料方面下了很大的功夫，"收荟群籍，凡与秦中文献关涉者，计得千五百种，类次区分，文成数万"①。另博考经史，旁征图籍，取材范围很广，"举凡土物民风，无不备悉"②。在搜集资料方面真正做到了凡与修志相关的典籍文献"莫敢或遗"。

由于史料采择范围广，为避免率臆无稽，让后来者难以征信，《西安府志》在卷首列出了全部的参考书目，因此能够证今宪古，条举裕如。考究异同，订正舛讹及时事之见于案牍者，均于本条附加按语，据有人统计，共有按语395条③，这些按语集中于名山大川、古迹名胜、金石等部分，考证精详，学术价值很高。卷首"略例"是研究《西安府志》纂修背景、体例与史料甄别采择及修志思想的重要资料，是难得一见的高水准"凡例"。它首先回顾了与西安有关的各个时期的志书及其他类别的资料，交代了纂修《西安府志》的必要性和目的，即"上以佐朝廷四库之储藏，下以备西安一郡之文献"。对志书的篇章安排、先后次序的理由也进行了阐释，例如"王者度地居民，必先画疆分野，地理在所先也。……有土斯有财，咸则三壤，所以成赋也，故次之以食货。……至诗所以观民风，文所以纪政事，皆致治所不废，故以艺文、金石终焉。"在每一篇章内分目安排上，也是别具匠心，原则是"义须赅简，附者取其相近，合者取其相因"。例如"兵所以御城池，马所以利乘传，故统载于建置"，以达到使"观者耳目不致混淆"的目的。

第二，史料采择，务求精当。该志征引经籍，悉取原文，言择其雅，事从其核。至于"野史稗官、郢书燕说"流传已久而诸类不及详者，别为拾遗，以资博览、广艺闻。这是一种科学的修志态度，最大限度地保存了原始资料的面目，又在一定程度上丰富了志书的内容。对以往志书在史料处理方面的一些做法也进行了改良，例如田赋、职官、人物、古迹等目，大多数旧志均以州县为序进行叙述，这样做有较大的局限性，因为"古来田制有综该全省者，官师有兼理数县者，……古迹中汉唐宫苑，皆跨越数县为之，均难割裂，分以属之某州某县"，因此《西安府志》进行了灵活的处理，首以时代编次后先，如果同在一朝，则复以州县为序。为避免重复记载，对于《陕西通志》中已具体记载之部分内容则从简或略去不记，例如"职官内如督抚学政、司道提镇、治绩所著，例非西安一郡所得专私，且其事已具《通志》，未敢复为记载，以侵职守"。至于人物传中名臣巨公已见于正史记载的，则多所详节，重点在于搜其隐德，发以幽光。

① 毕沅：《西安府志》卷首序。
② 翁耀：《西安府志》卷首序。
③ 李金华：《毕沅主导纂修的〈西安府志〉》，《史学月刊》2010年第5期。

三

　　《西安府志》的修纂问世，是方志学史上的一件盛事。展卷阅读，北宋以降数百年的"西安"史事陈列于前，使读者了然于心。如上所述，《西安府志》在资料采择、编纂思想、修志体例等方面对后来的志书修纂以及当今志书的编修均具有重要的借鉴意义。如《西安府志》中刘墫序称赞道："取材既博，义例复精，有张茂先之博虚，有刘原父之殚洽，盖几乎与宋敏求《长安》一志方轨齐驱，至程大昌《雍录》、何景明《雍大记》、焦源清《雍胜略》诸书有过之无不及也。"这是其在学术研究方面的地位及价值。此外，该志在西安迈向国际化大都市的发展进程中，也具有不可忽视的作用。不过，《西安府志》自乾隆时期纂修完成并付梓之后二百余年间未再刊刻，近年来，随着影印技术的发展，才被收录进《中国方志丛书》（台北成文出版社）、《中国地方志集成》（凤凰出版社）等大型丛书之中，尽管如此，一般读者仍难得一见。迄今为止也没有一部经过认真校勘标点且符合现代读者阅读习惯的版本出现，这与当下提倡读史用志的大环境实难相符，一直是学界的一大遗憾。①2009 年 9 月，在西安市地方志办公室的组织领导下，陕西省社会科学院古籍整理与研究办公室相关专家学者协同省地方志办公室，本着嘉惠学界、服务现实的目的，对该志进行了系统整理。具体做法是：将原志繁体竖排依照一定的体例转化为简体横排，加标点，做校注。该整理本已于 2011 年 12 月由三秦出版社出版发行，大开本，分上下两册。

　　《西安府志》是地方志"纂辑派"的典型之作，以引述各类文献典籍为记述的主要方式，因此对其进行校注并非易事。校注本共出校勘记三千多条，约十万字。由于版本的唯一性，因此在校勘过程中谈不上采用"对校"法，运用较多的则属"他校"，其次是"本校"和"理校"。后三种校勘学方法不仅要求整理者有较高的学术水准，且要有刨根问底、吃苦耐劳的精神。此校注本做到了这一点，因此得到学界好评。贾二强教授阅读该志后，评价道："初阅此书，感到整理者态度是认真的，整体工作堪称专业，整理质量是有保证的，应当是一部可以放心使用的现代版本。"阎琦教授也对此进行了高度的评价："年轻学者与老学者结合，最后由经验丰富的旧志整理专家定稿，保证了整理的质量，是一个值得推广的经验；体例完备，学术操作规范；工程量浩繁，校勘堪称精良；以标点、校勘两项工作合而观之，品质上乘，是高质量的旧志整理之作，称为旧志整理的范例亦不为过。……《西安府志》整理本是经得起检验的高质量

---

① 转引用自贾二强教授在《西安府志》校点首发式上的发言。

旧志。它的出版，无论从文化意义、西安国际化大都市发展的前瞻意义，还是从旧志整理的学术规范化意义方面说，都是值得肯定并值得庆贺的。"

　　《西安府志》是开发古都西安历史文化积淀的重要资源，是发展陕西旅游文化产业的重要参考。当今世界，文化越来越成为增强民族凝聚力和激发创造力的重要源泉，成为经济社会发展的重要支撑，西安要提升城市软实力和竞争力，就要立足本地，发掘优势历史文化资源。"十二五"时期是陕西省实现由旅游资源大省向旅游经济强省跨越的关键时期，作为省会城市的西安，一定要立足实际，准确把握未来发展方向，利用自然优势及人文资源，借着旅游发展的大好契机，做好特色旅游产业，逐步把旅游业培育成为陕西省重要的支柱产业，把陕西省建成为国际一流旅游目的地。同时，要淡化行政界限，加强各区域之间、各景区之间旅游线路的连接与贯通，加强区域合作，资源共享，优势互补，共同打造规模型发展的旅游经济圈。

（作者单位：陕西省社会科学院）

契丹耶律家族在秦地的交游创作考[①]

和　谈

秦地（相当于今陕西和甘肃之部分地区）是一个极具历史厚重感的地域。其文化具有强大的吸引力和族群多元性。汉代以来，周边各国各族的王公贵族、商人、僧侣、歌伎等聚于此地，从事着不同的文化活动，多种语言、多种宗教、多种习俗、多种艺术在此交汇融合，互相碰撞冲击，互相吸纳学习，从而出现了众多的文化精英。在这些文化精英中，既有文人墨客与宗教大师，也有能工巧匠与乐工歌妓，他们或歌诗作文，或画栋雕梁，或歌舞弹奏，或讲经布道，为后世留下了极为辉煌和宝贵的文化遗产，从而使此地呈现出文化多元的特征。

在数千年的积淀中，秦地文化既融合了中华传统文化与地域特色文化的因素，也融合了罗马、希腊、印度、西域、朝鲜、日本等域外的元素。学界对此早有关注并曾加以论述，如冯承钧的《唐代华化蕃胡考》、向达的《唐代长安与西域文明》、葛承雍的《唐韵胡音与外来文明》等专著都曾涉及此类内容。

然而，秦地文化的多元包容性远不止此。契丹人亦曾参与其中并做出了一定的贡献。这是前人所不曾关注和提及的。从目前的研究现状来看，既没有相关的著作，也没有相关的论文。

从现存资料来看，契丹人在秦地活动者数量较少。辽代自建立政权至灭亡，疆域虽云"东至于海，西至金山，暨于流沙，北至胪朐河，南至白沟[②]，幅员万里"[③]，但详考其边界政权组织，西南为黑汗和西州回鹘，南部为西夏和北宋，其治下人民活动范围基本上在黄河以北。而北宋疆域以今河北、山西、陕西、甘肃为北部和西北部边界，

①　本文系国家社科基金重大课题"《全西域诗》编纂整理与研究"（项目编号：10zd&106）、全国高校古委会直接资助项目"《耶律铸集》点校、辑佚与研究"（项目编号：1269）的阶段性研究成果。
②　按，白沟水道流经今河北雄县、霸州至天津市区。
③　《辽史》卷 37《地理志》，中华书局 1974 年版，第 438 页。

在河北东路和河北西路分设四帅司，治所分别为大名府、河间府、真定府与定州；在永兴军和秦凤军节度使下设六帅司，治所分别为延安府、庆州、京兆府、秦州、熙州、渭州；北部另有河东路（治所在太原府），以与辽西京道（治所在大同府）相拱防。终辽一朝，并无契丹人进入秦地。这与当时秦地在北宋时期不是政治和经济中心有关，故契丹人并无来此活动的可能。通检现存的各种文献资料，均未发现契丹人进入秦地活动的相关记载。

辽亡之后，契丹为金所统治。北宋亦于不久后灭亡，南宋小朝廷退到淮河以南，秦地大部遂为金所有。金熙宗皇统二年（1142），"并陕西六路为四，曰京兆，曰庆原，曰熙秦，曰鄜延"，下设京兆府、凤翔府、延安府、庆阳府（今属甘肃）、商州、乾州、同州、华州、绥德州、鄜州等①，金宣宗贞祐三年（1215），"置行省于陕西"②。由此可知，至金代时，契丹人才有可能从军入秦或到秦地做官。虽然具体入秦人数及具体活动情况较难考之，但还是可以在史书中找到一些相关的资料。如耶律恕曾被辟为"陕西参谋，委以军务"③，移剌成曾任"同知延安尹"④，移剌蒲阿"率完颜陈和尚忠孝军一千驻邠州"⑤。由此可知，契丹人在金代时方有至秦地者，他们或许曾在此处进行过文化活动，比如修建庙宇、祭神祈雨、创作诗文，但遍查相关的文献资料，却罕有所获。

至蒙元时期，元太宗南征，克凤翔，下宝鸡，攻京兆（今陕西西安），一路南下，转战至钧州（今河南禹州），其军中既有蒙古军，也有契丹将士。如耶律善哥"从攻破天城堡、凤翔府"⑥，移剌捏儿"辛巳，从攻延安。壬午，从围凤翔"⑦，石抹常山"领兴元诸军奥鲁屯田，并宝鸡驿军"⑧，后来又有至秦地为官者，如萧拜住于皇庆元年"迁陕西行中书省右丞"⑨，等等。

在这些契丹人中，最值得一提的是耶律楚材父子，他们不但与当地士人进行文化交往，而且在此地创作了一定数量的诗作，从而使秦地文化增添了若干契丹元素。另据耶律楚材诗《送侄了真行⑩》中"长安闺门英"一句可知，其侄媳妇了真乃是长安人氏，由此可见，耶律楚材家族与秦地确实有不解之缘。

---

① 《金史》卷26《地理志》，中华书局1975年版，第641—650页。
② 《金史》卷14《宣宗本纪》，第311页。
③ 《金史》卷82《耶律恕传》，第1841页。
④ 《金史》卷91《移剌成传》，第2016页。
⑤ 《金史》卷112《移剌蒲阿传》，第2471页。
⑥ 《元史》卷149《耶律留哥传》，中华书局1976年版，第3515页。
⑦ 《元史》卷149《移剌捏儿传》，第3529页。
⑧ 《元史》卷166《石抹狗狗传》，第3906页。
⑨ 《元史》卷179《萧拜住传》，第4157页。
⑩ 从此诗内容来看，诗题所言"侄了真"实际上是侄媳妇了真，日本学者杉山正明、饭田利行和我国学者王叔盘、刘晓等人均误读此诗，以为此"了真"乃耶律楚材之侄。

一、耶律楚材家族在秦地之活动

1. 耶律楚材在秦地

蒙古人的铁骑在踏遍中亚，征服西域诸国之后，回师灭掉西夏，又挥师全力进攻金国。《元史·太宗本纪》载："（二年春），帝与拖雷猎于斡儿寒河，遂遣兵围京兆。金主率师来援，败之，寻拔其城。"[1] 京兆，即京兆府，府治在今陕西西安。同年七月，元太宗"自将南伐，皇弟拖雷、皇侄蒙哥率师从，拔天成等堡，遂渡河攻凤翔"[2]。十一月，进攻潼关；十二月，"拔天胜寨及韩城、蒲城"[3]；三年（1231），攻克凤翔，"命拖雷出师宝鸡"[4]。四年（1232）春，"拖雷渡汉江"[5]，"帝至三峰，……遂下商、虢、嵩、汝、陕、洛、许、郑、陈、亳、颍、寿、睢、永等州"[6]。这些州并非都是太宗亲自率军攻克，但据《元史·耶律楚材传》所言"壬辰（1232）春，帝南征"[7]，综合《太宗本纪》所载之内容，可知太宗率军由秦地南下，绕道东进经河南南部而直捣汴京。

太宗继承汗位，耶律楚材有推戴之功。他卓越的政治才能和理财能力，深得太宗赏识，所以太宗曾夸赞曰："汝不去朕左右，而能使国用充足。"[8] 由这句话可知，耶律楚材在太宗即位后一直侍从左右。太宗转战秦地时，耶律楚材保护了众多当地百姓，《元史·耶律楚材传》载："壬辰春，帝南征，……楚材请制旗数百，以给降民，使归田里，全活甚众。"[9] 这则材料一方面证明了耶律楚材有止杀救民的实际行动，另一方面也再次证明了耶律楚材确实跟随在太宗身边。

查王国维《耶律文正公年谱》，亦曰："（1230）秋七月，帝自将南伐，公从。拔天成等堡，遂渡河攻凤翔。……（1231）春二月，克凤翔，攻洛阳、河中诸城，下之。夏五月，帝避暑于九十九泉。秋八月，幸云中，公皆从。"[10] 刘晓《耶律楚材评传》所

---

① 《元史》卷 2《太宗本纪》，第 30 页。
② 同上。
③ 同上。
④ 同上书，第 31 页。
⑤ 同上。
⑥ 同上。
⑦ 《元史》卷 146《耶律楚材传》，第 3459 页。
⑧ 同上书，第 3458 页。
⑨ 同上书，第 3459 页。
⑩ 姚淦铭、王燕编：《王国维文集》（第四卷），中国文史出版社 1997 年版，第 341—342 页。

附《耶律楚材年谱》明确指出，耶律楚材于 1230 年"随窝阔台大军南征陕西地区"[①]，但由于该年谱十分简略，且作者并不专门关心耶律楚材在秦地活动的问题，所以对于 1231 年和 1232 年耶律楚材是否曾在秦地并未提及。

由上可以断定：耶律楚材曾于元太宗二年（1230）至四年（1232）这三年间，跟随蒙古大军转战于秦地，其活动范围有京兆（今西安）、凤翔、潼关、韩城、宝鸡、商州等地。在此期间，他曾采取措施使当地很多百姓免于被元军屠杀。

2. 耶律铸父子在秦地

据《元史》记载，元宪宗八年（1258），"帝自将伐宋，由西蜀以入"[②]，关于其征伐路线，则曰："帝由陇州入散关，诸王莫哥由洋州入米仓关，孛里叉万户由渔关入沔州。以明安答儿为太傅，守京兆。"[③] 散关，即大散关，在今陕西宝鸡；洋州、沔州，在今陕西汉中；米仓关，在今川陕交界地带；京兆，即今陕西西安。可见蒙古军队以京兆为战略后方，从秦地多路进发征蜀。

此次征蜀，耶律铸扈从南行。《元史》本传载："戊午，宪宗征蜀，诏铸领侍卫骁果以从，屡出奇计，攻下城邑，赐以尚方金锁甲及内厩骢马。"[④] 戊午，即宪宗八年；侍卫骁果，即皇帝的贴身侍卫军。领侍卫骁果护卫皇帝，可见耶律铸深得宪宗信任，而由此可知耶律铸必在此年进入秦地。

与耶律铸同时进入秦地的还有耶律希亮。《元史·耶律希亮传》云："已而铸扈从南伐，希亮亦在行。明年，宪宗崩于蜀，希亮将辎重北归陕右。"[⑤] 耶律铸扈从征蜀时为 1258 年，耶律希亮才 12 岁，第二年宪宗病逝时，耶律希亮也不过 13 岁，无论如何也不可能担当运送军中辎重的大任。所以《元史》此处记载可能有误，"将辎重北归陕右"者，应为其父耶律铸，耶律希亮只是跟随前行而已。

其后三四十年，耶律希逸两次到秦地。耶律希逸，生卒年均不详，字羲甫，号柳溪，又号梅轩，为耶律铸第九子，曾任参知政事、征东行省左丞等官。关于耶律希逸第一次赴秦地之事，王恽《饯中丞羲甫还阙下并序》云："自后，君由维扬移秦中。"[⑥] 维扬指扬州，秦中指京兆（今陕西西安），当时扬州为淮东宣慰司治所。据刘晓《耶律希逸生平杂考》所言，至元二十六年前后，耶律希逸"由淮东宣慰使转到秦地为官，

---

① 刘晓：《耶律楚材评传》，南京大学出版社 2001 年版，第 383 页。
② 《元史》卷 3《宪宗本纪》，第 51 页。
③ 同上。
④ 《元史》卷 146《耶律铸传》，第 3465 页。
⑤ 《元史》卷 180《耶律希亮传》，第 4159 页。
⑥ 王恽：《秋涧集》卷 21，见《影印文渊阁四库全书》本，第 1200 册，台湾商务印书馆 1986 年版。

但所任职务不详"。① 至元二十九年，耶律希逸改任内台御史中丞，由秦地经卫南而至大都赴任。其在秦地任内的情况由于材料缺乏，已无法考知。

耶律希逸第二次奉命去秦地是大德七年（1303）三月，见于《元史·成宗本纪》："诏遣奉使宣抚循行诸道：以郝天挺、塔出往江南、江北，石珪往燕南、山东，耶律希逸、刘赓往河东、陕西。"② 耶律希逸与刘赓并非分赴河东和陕西，而是一起同行。《陕西通志》卷22"宣慰使"条下所载可为佐证："刘赓，大德七年宣抚陕西。耶律希逸，大德七年。"③《元史》载，同年五月，"奉使宣抚耶律希逸、刘赓言：'平阳僧察力威犯法非一，有司惮其豪强，不敢诘问，闻臣等至，潜逃京师。'中书省臣言：'宜捕送其所，令省、台、宣政院遣官杂治。'从之"④。从这件事的处理情况来看，他们二人的身份应该相当于钦差大臣，赴河东、陕西主要是巡行按查并处理大案要案，同时可能还有镇抚人民的目的。元代文人同恕《榘庵集》卷五《窦周臣先生行状》载窦周臣之事曰："癸卯春，太傅耶律公行省陕右道，过先生，以儒者见，与语，悦之，遂拉西还，仍授馆请教诸子，以故复得名于乡邑。"行省陕右道之太傅耶律公即耶律希逸，此处称为"太傅"，当为耶律希逸最高之爵位。此处所载，当为耶律希逸与刘赓宣抚秦地之时，而绝不可能是"行省陕右道"，否则不可能"与语，悦之"之后"遂拉西还"。耶律希逸此次宣抚陕西，除了处理公务之外，还结交并聘请秦地儒士窦周臣为家塾先生。

二、耶律楚材与秦地士人之交游及诗歌创作

虽然耶律楚材祖孙三代中有四人到过秦地，且这四位契丹人都有诗文集，但在秦地进行诗歌创作并流传至今者，却只有耶律楚材和耶律铸父子二人。即便如此，能发现契丹人在秦地创作的文学作品，其价值就已足够令人惊喜。从存世诗作来看，他们还与秦地文人有交往和酬赠活动，足可证明当时各族群之间并非全是矛盾，汉语和中国传统文化非但没有疆界，反而变成彼此沟通的桥梁和纽带。

经过细细考查，可以明确耶律楚材1230—1232年作于秦地且涉及当地景物人事的诗有18首，约占其全部诗作的2.6%。还有部分诗作也作于这段时间，但由于诗歌内

① 纪宗安、汤开建主编：《暨南史学》（第二辑），暨南大学出版社2003年版，第177页。按，《山西通志》载，至元二十六年，耶律希逸任河东宣慰使。
② 《元史》卷21《成宗本纪》，第449页。
③ 《陕西通志》卷22，见《影印文渊阁四库全书》本，第552册，台湾商务印书馆1986年版。
④ 宋濂等：《元史》卷21《成宗本纪》，第451页。

容并未提及秦地人事和风物，所以均被排除在外。这 18 首诗分别是：《和王巨川韵》、《和王巨川》、《谢王巨川惠蜡梅因用其韵》、《又用韵》、《和王巨川题武成王庙》、《和李邦瑞韵二首》、《和邦瑞韵送奉使之江表》、《邦瑞乞访亲因用其韵》、《和高冲霄二首》、《和移剌子春见寄五首》、《和黄华老人题献陵吴氏成趣园诗》。

1. 耶律楚材与王檝在秦地的诗文唱和

上述诗作，其中有 10 首是耶律楚材分别写给两位秦地人的，占了其秦地诗作的一半以上。其中一位是王檝（1184—1243），字巨川，凤翔虢县（今陕西宝鸡）人，曾任御史大夫兼判三司副使、国信使等官。《元史》本传载：“庚寅，从征关中，长驱入京兆，进克凤翔，请于太宗曰：‘此臣乡邦也，愿入城访求亲族。’”[①] 庚寅，即元太宗二年（1230），此年攻克京兆府，与《元史·太宗本纪》吻合。由此可知王檝与耶律楚材此时同在太宗帐下，二人都身为高官，在闲暇时彼此有唱和的诗作。《和王巨川韵》云：

> 圣驾徂征率百工，貔貅亿万入关中。
> 周秦气焰如云变，唐汉繁华扫地空。
> 灞水尚存官柳绿，骊山惟有驿尘红。
> 天兵一鼓长安克，千里威声震陕东。

“工”，即官吏。《诗经》有《臣工》诗：“嗟嗟臣工，敬尔在公。”[②] “貔貅”，比喻勇猛的军队。首联主要写太宗率百官亲征，进入关中。“唐汉”，即“汉唐”，“唐”为平声字，不可在第二字的位置出现，此处为了符合平仄的格律要求而更换位置。“关中”、“周秦”、“唐汉”、“灞水”、“骊山”、“长安”、“陕东”，都是秦地的专有名词。从“天兵一鼓长安克”可知，此诗必定作于 1230 年，因为所有的史籍资料都记载此年京兆（即长安，在今陕西西安）被攻克。如果说这首诗主要是称扬元军不可阻挡的雄壮气势和赫赫战功，那么《和王巨川》则包含了更多的反思和厌战情绪：

> 今年扈从入西秦，山色犹如昔日新。
> 诗思远随秦岭雁，征衣全染灞桥尘。
> 含元殿坏荆榛古，花萼楼空草木春。

---

① 《元史》卷 153《王檝传》，第 3613 页。按，攻克凤翔在太宗三年（1231），中华书局本《元史》此处标点有误，“长驱入京兆”后应该用句号，以与第二年的事情隔开。

② 陈戍国：《诗经校注》，岳麓书社 2005 年版，第 398 页。

　　千古兴亡同一梦，梦中多少未归人。

　　"西秦"、"秦岭"、"灞桥"、"含元殿"也是秦地的代表性名词。秦地是一个极具有历史感的地域，身临其地，往往会产生许多感慨。此诗的最后两句从历史兴亡与人民命运着眼，感慨深沉，意蕴丰厚，与唐代诗人陈陶"可怜无定河边骨，犹是春闺梦里人"① 有异曲同工之妙。

　　在战争结束的闲暇时间，蒙元的官员们也有一些颇为雅致的生活，王檝曾给耶律楚材赠送腊梅，耶律楚材就作了《谢王巨川惠蜡梅因用其韵》来答谢他。后来他们还拜谒了当地的名胜古迹，《和王巨川题武成王庙》云：

　　商辛自底灭亡期，保障全空聚茧丝。
　　谁识华山归马日，易于渭水钓鱼时。

　　唐朝时追封姜子牙为武成王，并在两京建武成王庙。从诗中的"华山"和"渭水"来看，此诗也必定作于秦地。王檝在武成王庙题诗，耶律楚材作诗相和，但他写完一首之后觉得意犹未尽，于是作《又用韵》以抒发知音难遇的感慨。

　　除此之外，耶律楚材还有《寄巨川宣抚》诗，据王国维考证，此诗作于西域。② 按，王国维此处考证恐误，在西域时，耶律楚材与丘处机尚未交恶，如何会批评王檝作《瑞应鹤诗》？此诗或为追记时所作，时间应在 1228 年之后，创作地点则难于遽断。但因诗作涉及秦地人王檝，故仍将其列于此处。耶律楚材与王檝关系比较密切，故此诗出语较为直截，对王檝作《瑞应鹤诗》以夸誉丘处机表示不满。

2. 耶律楚材与李邦瑞在秦地的诗文唱和

　　另一位秦地人是李邦瑞（？—1235），字昌国，京兆临潼（今陕西西安）人，曾被授予金符，任宣差军储使。《元史》本传载："岁庚寅，受旨使宋。"③ 庚寅，即 1230 年，元太宗率军进入秦地。李邦瑞向耶律楚材献计，准备南借宋道，与南宋相约夹击金廷。对于他的建言献策，耶律楚材称赞说"陇右奇才冠士林，万言良策起予深"（《和李邦瑞韵二首》其一）。此后不久，朝廷就采纳了他的建议，太宗下旨派他出使南宋。在临出使之前，耶律楚材作《和邦瑞韵送奉使之江表》：

①　中华书局编辑部点校：《全唐诗》（增订本），中华书局 1999 年版，第 8579 页。
②　详见姚淦铭、王燕编：《王国维文集》（第四卷），第 331 页。
③　《元史》卷 153《李邦瑞传》，第 3620 页。

> 驲骑翩翩出玉京，金符一插照人明。
> 莫忘北阙龙飞志，要识南陬鴂舌情。
> 布袖来朝无骑乘，锦衣归去不徒行。
> 升仙桥畔增春色，郡守传呼接长卿。

"驲骑"，指驿站专用车马。"长卿"是司马相如的字。司马相如从成都经升仙桥第一次到国都长安，踌躇满志地在市门上题句，说如果自己以后不能当大官乘坐高车驷马，就不从此门下过。这首诗用司马相如的典故，勉励李邦瑞出使南宋能不辱使命，建功立业。后来李邦瑞费尽周折，历尽艰辛，往返数次，终于达成和议。太宗大加赏赐慰劳，"赐车骑旗袭衣装，及银十锭"[1]。李邦瑞要求寻访宗族亲戚，太宗诏谕察罕等人帮助寻找，事见《元史》本传，而耶律楚材作《邦瑞乞访亲因用其韵》来安慰他，与史书记载正相吻合。

3. 耶律楚材其余的秦地诗作

耶律楚材在秦地除了与当地士人有诗文唱和作品之外，还至少作了 8 首诗歌描写当地的人事和风物，并借此抒发自己的思想感情。

高冲霄，生平不详。耶律楚材诗文集中有与他唱和的诗作三首，其中《和高冲霄二首》可以确定写于秦地：

> 十里东风渭水春，临风酹月吊英魂。
> 直须立事书麟阁，何必题诗寄雁门。（其一）
> 翠华南渡济苍生，垂老将观德化成。
> 昨夜行宫传好语，秦川草木也欣荣。（其二）

这两首诗写耶律楚材对天下苍生的关心和对阵亡将士的吊祭，反映出他止战恶杀的思想。读"昨夜行宫传好语，秦川草木也欣荣"，再联系耶律楚材制旗救老百姓的记载，可知耶律楚材在秦地确实做了大量工作来保护无辜的平民。

元军进入秦地，除了屠杀之外，必定有抢掠的恶行。耶律楚材亲眼目睹了这一切，心中十分震动，他在《和移剌子春见寄五首》中写道："且图约法三章定，宁羡浮荣六印悬。""约法三章"，用刘邦的典故。刘邦大军进入咸阳之后开始抢掠，刘邦也萌生了骄纵享乐的思想，在樊哙和张良的谏阻之下，刘邦发布告示，与父老约法三章："杀人

者死，伤人及盗抵罪。"耶律楚材不羡慕佩戴六国相印的苏秦，而一心只盼望太宗也能做到"约法三章"，说明他忧思深广，头脑清醒，确实是一个仁智的政治家。

除了拜谒武成王庙外，耶律楚材还去了很多地方，《和黄华老人题献陵吴氏成趣园诗》，则作于献陵成趣园。献陵，即唐高祖李渊的陵寝。诗中的"今年扈从过秦川"与《和王巨川》中的"今年扈从入西秦"意思相同，大体可以断定这两首诗均在1230年作于秦地。

4. 耶律楚材与另外六位秦地士人的交往及诗文唱和

耶律楚材在秦地期间曾与许多当地士人有交往和唱和，但存世作品只有上文所列的18首诗。耶律楚材除了与王檝和李邦瑞有诗作酬唱之外，至少还与裴宪等六位秦地士人有往来。他们中有些为耶律楚材在秦地时所结识，有些为耶律楚材招揽人才时而结识，另外几人或为他人荐引而为耶律楚材所赏识。

裴宪，生卒年不详，字子法，号绿野，京兆长安（今陕西西安）人，曾任中书省掾等官。据刘晓推测，裴宪可能于1230年"投靠了蒙古政权"，并通过上万言策而"得到了耶律楚材的赏识"。[①] 此年耶律楚材正在秦地，他们之间的交往可能始于此时。耶律楚材《和裴子法见寄》云"前岁入关中，戈甲充商虢"，是回忆扈从南征时的情况，写作时间可能在离开秦地之后的1233年。耶律楚材还有《和裴子法韵》一诗，但具体的写作时间和地点目前无法确证。

杨奂（1186—1255），字焕然，号紫阳，乾州奉天（今陕西乾县）人，官至河南路征收课税所长官兼廉访使，卒谥"文宪"，被元好问称为"关西夫子"（元好问《故河南路课税所长官兼廉访使杨公神道之碑》）。[②] 元太宗时，杨奂"两中赋论第一。从监试官北上，谒中书耶律楚材，楚材奏荐之"[③]。遍查耶律楚材的诗文，没有发现与杨奂唱和之作。但《杨奂集》有《立课税所》一文，为杨奂给耶律楚材上书的内容。[④] 据《元史》记载，耶律楚材对杨奂的建议十分称赏。但除此之外，尚未见到更多关于二人交往的材料。

薛玄（？—1271），字微之，号庸斋，华州下邽（今陕西渭南）人，曾任检察使、军储转运使等官，卒谥"文靖"。他去世后，程钜夫作《薛庸斋先生墓碑》曰："国初，游大同，过应州，高、韩二帅喜而荐之中令耶律公，得应州教授。"[⑤] 中令耶律公，即

---

① 刘晓：《耶律楚材评传》，第189页。关于裴宪、薛玄、李过庭及冯扬善的情况，本文多参考《耶律楚材评传》。

② 元好问著，狄宝心校注：《元好问文编年校注》，中华书局2012年版，第1459页。

③ 《元史》卷153《杨奂传》，第3621页。

④ 杨奂著，魏崇武、褚玉晶等点校：《杨奂集》，吉林文史出版社2010年版，第295—296页。

⑤ 李修生主编：《全元文》（第16册），江苏古籍出版社2000年版，第386—387页。

中书令耶律楚材。据刘晓考证，耶律楚材《再和世荣韵寄薛玄之》和《再赓仲祥韵寄之》两首诗乃为薛玄所作。①

李过庭（？—1242），字庭训，乾州武庭（今陕西武功）人，官至昌武军节度副使。耶律楚材有《李庭训和予诗见寄复用元韵以谢之》。

冯扬善，生卒年不详。耶律楚材写给他的和诗有三首。从耶律楚材《和冯扬善韵》中的"先生谒承明，万里来秦川"，以及元好问的《七月十六日送冯扬善提领关中三教》来判断，冯扬善当时与耶律楚材同在秦地，而《和冯扬善韵》当作于此地。

《陕西通志》卷63载韩城人郝鼎臣事迹，亦云与耶律楚材有交往。其文曰："郝鼎臣，字巨卿，韩城人。博识洽闻，文章光艳，名重当时。泰和八年，占京兆府试，擢巍科。金衰，流落之汴。元丞相耶律公为董军国事，适汴，张宴以待四方之士。于是入谒，大加叹赏。"②据《陕西通志》所言，此节内容本于岳荪所撰墓志。耶律公，即耶律楚材。由此可见楚材当时求贤心切，广泛延揽中原士人，而落魄士子亦多有投奔者，郝鼎臣与上文之冯扬善即为其例。

三、耶律铸与秦地士人之交游及诗歌创作

较之其父，耶律铸与秦地士人的交游则较少，但在秦地所作诗数量却比其父耶律楚材多。由于史书对耶律铸的记载比较简略，且其诗文散佚较严重，故可指为秦地诗者，有23首，与其交往者，有李暐等人。

《长笛续短笛引》序文曰："戊午岁秋，有自长安，特遗余名笛数管。"③戊午，即1258年。此年秋七月，耶律铸随宪宗从六盘山出发，由宝鸡进攻重贵山；九月，随宪宗驻跸汉中。由此推断，此诗必作于秦地，时间大约在七八月中。"有自长安"并赠送名笛者，为秦地人，但姓名不详。耶律铸诗下小注云："云封，李謩之外孙。"至于李謩，则曰："李謩吹笛动长安，宇内竞推为第一。"此处用《甘泽谣》中唐人许云封及李謩典故。许云封之名，传为李白所取。而云封十岁入长安，以吹笛为韦应物所知。耶律铸用"李謩吹笛动长安"典故，显然是触景生情，而秦地文化对其诗歌创作之影响，于此可见一斑。

耶律铸从小就跟父亲耶律楚材学习鼓琴，后来又奉命制《大成乐》，从其传世的作品来看，他写过多首听人弹奏音乐后有感而发的诗，由此可以推断，他对音乐十分精

---

① 刘晓：《耶律楚材评传》，第191页。
② 《陕西通志》卷63，《影印文渊阁四库全书》本，第554册。
③ 疑此段文字有脱误。

通。古人制乐，往往以笛定律，凡歌声浊者用长笛长律，歌声清者用短笛短律。耶律铸既然能提领制宫廷大乐，必定懂得音律。与白居易《琵琶行》、李贺《李凭箜篌引》、韩愈《听颖师弹琴》等诗相类，耶律铸将吹笛的技艺描摹得出神入化：“流韵寥亮入太清，袅袅馀音游八极。但闻天外鸾凤鸣，岂知海底鱼龙泣。”[1] 以天外鸾凤之鸣与海底鱼龙之泣为喻，可谓恰切精到，而写笛声中的意境，更是高超卓绝：“高迁亭化为灰烬，平阳坞久生荆棘。”其识音与摹写之功力，不下白、李。

《横笛引四首并序》是为笛曲所补的曲辞，其序文曰：“许云封说笛有《落梅》、《折柳》二曲，今逸其辞。因次韵《野梅》、《官柳》，以代其二曲，为《横笛引》云。”可见《落梅》、《折柳》二曲[2]，至元朝初年已经有曲无辞，不能伴笛声而歌了，因为耶律铸精通乐律与乐府诗，故而为之补作，以与许云封之笛声相配。通过以上诗作，可知耶律铸确为许云封的隔代知音。

李暐，生卒年不详，曾任中书省官员，为金末著名诗人麻革的门生。据麻革序文所称“秦人李暐”判断，李暐当为秦地人。耶律铸的诗文集最初乃是由他编辑而成，并奔走求当时的著名诗人赵著、吕鲲、麻革为之作序。不管李暐是否为讨好上司——“领中书省事”的耶律铸而这样做，但有一点必须肯定，他们之间的交谊必定非同一般。

耶律铸的秦地诗作，除了《长笛续短笛引并序》、《横笛引四首并序》之外，还有《天佑行》、《长相思》、《和汉臣秋日海棠》、《临潼九龙、玉莲二汤合为道院》、《哀长安》、《炀帝》、《周室》、《题〈杨贵妃遗事〉》、《汉宫》、《太极宫》、《太和宫》、《过大明宫》、《横笛引四首并序》等。[3] 词作则有《眼儿媚》（隔江谁唱后庭花），其序文曰：“醴泉和高斋，遇炀帝故宫。”醴泉，在今陕西麟游，可见耶律铸曾至此地。

其中，最有历史文献价值者，则为《临潼九龙、玉莲二汤合为道院》和《过大明宫》二首。

温泉，在古代也被称作“汤”。华清宫温泉则屡被称作“御汤”。据《长安志》等书记载，骊山温泉初为秦始皇所临幸，“砌石起宇”[4]，其后经汉武帝修葺、隋文帝植松柏，至唐太宗时，命姜行本等人“建宫殿、御汤”，并命名为“汤泉宫”。[5] 唐玄宗即位后，于天宝六载改称华清宫，在骊山上下“益治汤井为池”[6]，从文献记载来看，华清

① 耶律铸著：《双溪醉隐集》卷2，知服斋丛书本。
② 按，《落梅》即笛曲《梅花落》，亦称《梅花三弄》。《折柳》则难以考证，似为《折柳枝》，不知与《阳关三叠》（或称《渭城曲》）有无关联。
③ 耶律铸另有《晓发牛山驿》诗，牛山，或为今陕西安康之牛山，此诗可能作于征蜀之时。然无确证，姑存疑。
④ 骆天骧撰，黄永年点校：《类编长安志》，中华书局1990年版，第187页。
⑤ 同上。
⑥ 同上。

宫中的"御汤"，即唐玄宗专用温泉，共有两处，一处称作"九龙汤"，一处称作"莲花汤"。安史乱后，华清宫失去了往日的繁华；唐末乱起，宫殿被毁。据《旧五代史》、《五代会要》和《册府元龟》记载，华清宫于后晋天福四年五月被废，改为灵泉观并赐予道士。在北宋时，尚有文士官吏至此撰文赋诗，至金则鲜有载记。元代亲至华清宫并赋诗者，或许大有人在，但能存留至今者，似乎只有耶律铸之《临潼九龙、玉莲二汤合为道院》一首：

> 九龙汤涌玉莲香，龙去莲枯堕渺茫。
> 梦雨已迷三里雾，悲风空泛五云浆。
> 长生殿圮金沙冷，王母祠倾玉蕊荒。
> 终古曲江江上月，恨和烟草怨霓裳。

由于这两处温泉荒废已久，其名称在流传过程中不免有所讹误，故耶律铸可能以讹传讹，将"莲花"写作"玉莲"。①

这首诗既有写实，又有想象，抚今怀古，感慨万千。颔联与颈联对仗工整，而音韵节奏富于变化，由颔联的"二二三"句式变为颈联的"三一三"句式，读来有哽咽悲伤之感，使人不禁心中黯然。

《过大明宫》一诗，明确地写出耶律铸在此游访的行踪，可见元朝时大明宫的遗址尚存，只是墙垣倾颓，野草丛生，满目荒凉，繁华不再。其诗记载了这一境况，曰：

> 草展荒凉辇路开，牡丹花谢已莓苔。
> 苔钱不买春光住，枉了衔花鹿又来。

根据耶律铸生平经历进行推测，《临潼九龙、玉莲二汤合为道院》与《过大明宫》二诗当作于他奉命行省河东之时。耶律铸第一次至秦地，一路征伐，并无太多的闲暇时间。据《元朝名臣事略》卷11《参政商文定公》载："（至元）二年，平章赵璧奏立诸路行省，丞相耶律铸行省河东，公为之贰，旋召还。"②此次行省河东，据赵文坦研究，当为执行元世祖罢世侯世守、行迁转法而去，但"成效甚微"③。究其原因，在陕

---

① 当然，也有可能是耶律铸为了迁就平仄故意改换词语。"莲花"为"平平"，"玉莲"为"仄平"，此诗平起平收，首句入韵，第七字为平声，而第六字必用平声，故第五字当用仄声字，所以耶律铸将"莲花"改为"玉莲"。

② 苏天爵辑撰，姚景安点校：《元朝名臣事略》，中华书局1996年版，第222页。

③ 赵文坦：《忽必烈罢侯置守新探》，《山东大学学报》2011年第6期，第114页。

甘的世侯，乃是巩昌便宜都总帅汪惟正一族，耶律铸曾将长女许配给汪惟正，与其家有姻亲关系。故"成效甚微"应在意料之中。但耶律铸虽未能圆满地完成朝廷任务，却留下了若干秦地诗作，不仅存留了对长安名胜的记载，而且增加了契丹人秦地诗文在秦地文化中的比重，从而使得秦地文化更为厚重多彩。

（作者单位：新疆大学人文学院）

《溪田文集》作者及内容考论

李月辰

《溪田文集》是明代中叶陕西学者马理的诗文集。马理作为关学三原学派的重要人物之一，其诗文集无论对陕西文化还是中国哲学思想史都有着重要的学术价值。但时至今日，学术界对《溪田文集》的研究几乎仍处于空白状态，因此，笔者拟在对此书做点校整理的基础上对马理的生平以及《溪田文集》的内容做出考论。

一、马理生平考

马理生于1474年，卒于1556年，字伯循，号溪田，三原人（今陕西三原县人），弘治戊午举人，正德甲戌进士。授为吏部稽勋司主事，不久调任吏部文选司郎中。一年后，自请辞职还乡。1518年，被推荐起用为考功郎。1520年，送母亲回乡养病，不久，母亲病故，守孝三年。1524年，被任命为稽勋员外郎，又调任为稽勋考功郎中。1527年，被提拔为南京通政司通政。1528年，因病请归，1531年得到起用，为光禄寺卿。任职一年后，又因病辞官，归隐故乡。十年后，再次被起用为南京光禄寺卿，到任不久就以年老为由辞官。1555年十二月十一日夜，逢关中大地震，马理与妻俱卒，终年82岁，葬于现陕西省三原县新庄乡新立村，为陕西省重点文物保护单位。

马理天资聪颖，小小年纪已异于常人。《溪田马公墓志铭》中说："公幼颖异，四岁能读书作字，十岁能文，旋又能诗。"[1]《关学编》也有记载："先生幼敏慧，醇雅如成人。年十四位邑诸生，即称说先王，则古昔，多出人意表。"[2]马理幼年已能写作诗

---

[1]　黄宗羲：《明文海》，中华书局1987年版，第4831页。
[2]　冯从吾撰，乌志鸿注：《关学编注释》，三秦出版社2011年版，第126页。

文，14 岁时就考取秀才，进入县学，并且讨论经义时常有独到见解。20 岁时，恰逢三原学派的代表人物王恕与王承裕在弘道书院讲学，马理前去求学，不仅学业大进，而且以曾子"三省"和颜子的"四勿"为约，进退容止，力追孔孟之儒道，得到恩师王承裕的器重，当时学者都认为他言行学问有横渠先生张载遗风。马理交游广泛，其求学京师之时曾与吕柟、罗钦顺等学者讨论学术，学说日益成熟。督学唐龙仰慕其学识，为其建造嵯峨精舍，并作记称其"得关、洛真传，为当今硕儒"。同时，马理的学问也受到国外学者的敬仰，《明史·儒林一》中说："高丽使者慕之，录其文以去。连遭艰，不预试。安南使者至，问主事黄清曰：'关中马理先生安在，何不仕也？'其为外裔所重如此。"① 另外，马理对古代礼仪很有研究，他融合张载、司马光、朱熹和《大明集礼》的思想，折衷用之。他在为父母守孝期间的礼仪在关中广泛传播，并成为公认的标准。

马理不仅是德才兼备的学者，也是正直清廉、不惧权贵的忠臣。《关学编》记载："先生主事时，上书谏武宗巡游者二，后伏阙诤益力，杖于廷员外。时值议大礼，率百官伏阙进谏，世宗震怒，命开伏阙者姓名，百官以先生名为首，逮系诏狱，复杖于廷。"马理为官期间多次直面劝谏武宗、世宗，并多次遭受杖责，但仍坚持己见，以国家大事为己任，不顾个人安危。更为世人所敬佩的是，马理在为官的同时还致力于培养新人，奖掖后进，曾多次于弘道书院讲学。马理 70 岁归隐商山书院，虽远离朝堂，但名声日益显赫，常有后辈及缙绅前来求学求诗。而先生淡泊名利，每天着山巾野服，鹤发童颜，有若仙人。

现存关于溪田先生马理的资料主要见于明代学者冯从吾的《关学编》，《明史》与清代学者黄宗羲的《明儒学案》中也载有其事迹，但二者与冯氏之书重复内容较多，疑摘录自《关学编》。另外，《明文海》中存有《溪田马公墓志铭》。通过对上述资料的考证可以得知，马理经历明孝宗、武宗、世宗三朝，以其广博的学问与正直的品行在关中地区产生了很大的影响，并受到当时学者的敬重。

二、《溪田文集》概况

马理一生笔耕不辍，所著有《四书注疏》、《周易赞义》、《尚书疏义》、《诗经删义》、《周礼注解》、《春秋修义》、《陕西通志》等，其诗文集《溪田文集》在这些著作中有独特的价值，因为此书不仅在一定程度上表现了他的政治主张、儒学思想以及人

① 《明史》，中华书局 1974 年版，第 7249 页。

生志趣，同时也具有较高的文学性。

《溪田文集》总计约十万字，《中国古籍总目》记有以下四种版本：第一，《溪田文集》11 卷，清乾隆十七年刻本（藏于北京大学图书馆和浙江省图书馆），以及清乾隆十七年重刻本（藏于国家图书馆）。第二，《溪田文集》11 卷补遗 1 卷，明万历十七年张泮刻，清乾隆嘉庆间递修本（藏于国家图书馆和上海市图书馆）。第三，《溪田文集》11 卷，补遗 1 卷，续补遗 1 卷，搜遗 1 卷，清道光二十年刻本（藏于山西大学图书馆）。第四，《溪田文集》11 卷首 1 卷，补遗 1 卷，续补遗 1 卷，搜遗 1 卷，清三原李氏惜阴轩刻本（现藏于北京大学图书馆和南京市图书馆）。本次陕西古代文献集成项目中对此书的整理以明万历十七年刻、清乾隆十七年补修本作为底本。本书可大致分为两部分，第 1 卷至第 6 卷以应用文为主，第 7 卷至 11 卷以诗歌为主。具体内容如下：第 1 卷为"疏"，共 4 篇；第 2 卷为"序"，共 26 篇；第 3 卷为"记"，共 14 篇；第 4 卷为"书"，共 9 篇；第 5 卷为"行实"、"墓志铭"、"墓表"及祭文，共 10 篇；第 6 卷为"传"、"赋"、"铭"、"吟"、"箴"、"说"，共 22 篇；第 7 卷有五言长篇诗 25 篇，古风 15 篇；第 8 卷为七言长篇诗，共 21 篇；第 9 卷有五言绝句 22 首，五言律诗 40 首；第 10 卷为七言绝句，共 257 首；第 11 卷为七言律诗，共 221 首。

作为一部诗文总集，《溪田文集》不仅体现了马理的文学才华，同时也表现了他的政治观点、学术观点以及人生志趣，大致可归纳为如下三点：

第一，关心政治，不畏权贵，敢于直谏，主张任人唯贤。

马理曾任吏部稽勋司主事、南京光禄寺卿等职，有较高的政治地位，所以他的诗文集中自然有涉及政事的文章，主要集中在第 1 卷中。例如《清理贴黄疏》中所说：

> 近日以来，若汪俊，若马明衡，若朱淛，若李本，若林应骢，若吕柟，若邹守益诸臣者，臣闻之朝野皆以为忠于陛下者也，然皆以拂旨，或黜之，或降之，或囚之，而得罪各异常。若桂萼，若张骢，若席书诸臣者，臣闻之朝野皆以笃不忠于陛下者也。然以顺旨，或升之，或起之，或内之而承宠略同是，皆有关于臣而笃续黄贴黄者也，其是非若难辨矣。……拂则为忠，同则为佞，由是言之，则俊等诸臣与萼等诸臣忠邪皎然明矣。况俊等之见非一人之见，举朝之见也；非特举朝之见，天下之见也。萼等之见不过为干禄希宠之媒，一人二人之邪说耳。今臣承乏前职，坐视萼等一言之入，使宗庙几于变迁，内阁元老、宗伯大臣皆相继罢言官，又相继贬窜侍臣，又相继下狱。在内在外，百官执事人人自危而咸怀去志。而彼三人者，方且扬肩攘臂将以入朝就列。呜呼！虽范雎之离间秦王母子甥舅以取相位与夫蔡泽夺范雎之位之巧，何以异哉？

明清时摘取奏疏中要点黏附在奏疏后面叫作"贴黄"。马理在担任吏部稽勋司主事时曾奉旨整理"贴黄"，他有感于汪俊、马明衡、朱淛、吕柟等忠臣因违逆圣旨或罢官、或降职、或入狱，而桂萼、张璁、席书三位奸臣因善于逢迎，顺从圣意而升官承宠，于是向皇帝上书直谏。他认为身为臣子，有责任纠正君主的过失，对君王不合理的决断提出质疑，但敢于直谏的忠臣却遭到惩处，这使得宗庙几乎变迁，内阁元老、宗伯大臣相继辞官，而桂萼等三位德行有亏之人反而大摇大摆行走于朝堂之上。显然，在写此疏之时，桂萼等人在朝中如日中天，炙手可热，而马理没有任何避讳，把他们的过失一一陈述。同时他又为吕柟等贤臣的获罪鸣不平，劝谏皇帝采纳不同意见。如此种种，可见马理对朝廷的赤胆忠心以及不畏权贵的高贵品格。

第二，继承儒家思想，肯定程朱理学。

自汉武帝罢黜百家开始，儒家思想一直居于统治地位，影响了一代又一代的士人。有宋一代，儒学吸收魏晋玄学与佛老之学的部分内容，发展为理学，并形成以王安石新学、司马光朔学、苏轼的蜀学、二程兄弟的洛学为代表的理学四大派。在这一时期，理学的重要分支——关学也在申颜、侯可等人手中逐渐萌芽，传至张载正式成为理学的一个流派。明代，关学进一步发展并出现分化，产生以陕西三原人为主的"三原学派"，而马理就是此学派的代表人物之一。因此，《溪田文集》中不乏对儒家思想的赞扬与对理学思想的肯定，比如《上罗整庵先生书》中所说：

> 夫程朱释经之言，自今观之，千百言中似亦有一二误处。然语其体认宗旨之真，持守斯道之正，续孔孟既坠之绪，辟佛老似是之非，则千古不可泯灭，可处轻议之哉？今乃往往是陆非朱，又复阴主僧说，排吾儒焉。于戏！此亦欺人自欺已矣。昔唐虞之时深疾诐说，恐惊口师。故侯明挞记书识工扬，若趋洪水猛兽不敢缓也。及周末老庄氏出谗慝又作赖，孔孟相继明道，彼如萤火在昼，无能辉焉。自汉以来又增佛教，孔孟不作，二氏遂炽。由是迄于宋世唯谗慝是崇，虽人亓宰相鲜有不宗师焉者天下之火视诸洪水猛兽害人尤甚，幸而茂叔辈二三君子迭作极力阐辟，然后吾道复明至今，三尺童子通句读者无不排斥二氏，知趋向焉，非斯人之功而谁功？

马理认为程颐、程颢兄弟以及朱熹对儒家经典的解释虽然千百言中会有一两处的错误，但是他们坚守儒家之道，接续孔孟直说，修正佛老之学似是而非之处，这样的功绩是即便历经千古也不会泯灭的。春秋战国时期产生的老庄学说和汉代传来的佛家思想屡次影响儒家思想的正统地位，幸而有周敦颐、二程、朱熹等学者极力发扬儒家学说，揭示佛老之学种种缺点，使儒学大行于世，这正是他们的功劳。可见，马理对程朱等人给予了极高的评价，认为他们在发扬儒学正统思想方面是功不可没的。

第三，性格宁静淡泊，热爱乡野生活。

马理曾多次辞官还乡，隐居山野，这与他宁静淡泊的性格是密切相关的，在他的诗歌作品中，随处可见他对乡野生活的热爱和眷恋。如卷7中《秋日村中书事》所说：

> 万里明如洗，千林暝色空。野外稀人迹，城中小径通。
> 鸟时入屋里，菊自放篱东。过岭随樵子，临滩遇钓翁。
> 寒衣捣秋月，牧笛弄晚风。王室幸无事，闲居数过鸿。

此诗为我们呈现一幅村中秋景：天空晴朗无云，树林寂静无声，野外人迹罕至，城中小径畅通，鸟儿时而闯进屋中，菊花在东篱绽放。在这样美好的环境中，马理随着樵子翻山越岭，又与钓翁临水笑谈。到了傍晚，又在月光下听女子捣衣，在微风中听牧童吹笛。如此安逸静谧的生活，让诗人不由感慨幸得朝中无事，我得以在乡野隐居，闲看南归的鸿雁。辞官回乡的马理虽然仍时刻牵挂着朝堂之事，但同时也无限享受闲居山野的时光。又如本卷中《题扇》一诗：

> 结茆青崖隈，地僻人迹罕。独坐掩岑寂，主人芰荷短。
> 远山列画屏，颜色分深浅。可爱绿映红，花木眼前满。
> 更喜芭蕉叶，颠倒抽书卷。苍苔亦自家，休教蒲轮碾。

同样，此诗也表现了马理归隐之时的闲适心情，他独坐又不觉寂寞，远山和花木这些平常的景色在他的眼里也变得分外可爱，就连最不起眼的青苔也受到了他的爱护，免遭蒲轮碾压。可见此时的马理远离了政治中心，生活十分惬意。

三、整理《溪田文集》的意义

文学是社会生活的能动反映，文学创作离不开社会环境的影响。因此，通过对《溪田文集》的整理研究，一方面，我们可以窥见明代中期社会矛盾、社会思潮以及政治情况，进一步了解士人的思想状态。另一方面，从社会生活到文学作品需要经过作家心灵中介加工。文学艺术是作家内心世界的表现，是作家情感的自然表露，正如《尚书·尧典》中所说："诗言志，歌永言。"可以说《溪田文集》集中反映了马理的个人情感，从他的"疏"中，我们可以看到一位对明王朝忠心耿耿的臣子；从他的

"序"、"记"等文章中，我们可以看到一位尊孔孟、重理学的学者；从他的诗歌中，我们又可以看到一位淡泊明志的山野隐士。马理在关中地区产生过较大的影响，通过对《溪田文集》的整理，我们可以从家世、交游等各个方面探究关学大家马理的生活状态及其学术主张。毫无疑问，这对理解三原学派的学术思想，研究理学思想的传播发展以及纵观陕西地方文化起到一定的辅助作用。

（作者单位：陕西师范大学文学院）

《真定奏疏》考述

李云飞

  《真定奏疏》是明代卫桢固担任云南道监察御史巡按真定时所上的奏疏。真定即今河北正定。桢固主要就当时百姓疾苦、官员横行、战略守备等情况上疏皇帝，切陈时弊，反映出明代末期社会混乱、政事不治的状况。全书共有 26 篇，前有魏裔介序，后有执蒲跋。《四库全书总目》亦称"凡二十六篇"[①]。然执蒲跋中说："爰捃遗稿三十篇。"又附刻有执蒲奏疏 1 卷，主要是他担任云南道监察御史时所上奏疏，共 10 篇，前有友人严我斯序。因为他们父子处于两朝，所以对于《真定奏疏》的研究能够很好地了解到朝代更替之际整个社会所发生的变化。兹依清乾隆二十五年刻本，在对此书点校整理的基础上考证作者生平、考释奏疏内容。

一、作者生平考

  卫桢固，字屏君，号紫岚，韩城人，明崇祯七年进士，曾经担任开封府推官、云南道监察御史。

  卫桢固的具体生卒年月已经无从考证，主要活动时代大概是在明崇祯年间。桢固年少的时候富有才气，喜欢与人谈论军事，并且非常关心人民的生活现状。在崇祯七年举进士，被授为开封府推官。当时盗贼四处流窜劫掠，老百姓深受其难，往往来不及逃跑，便被盗贼所杀。于是卫桢固考察实地，在一些适宜建造城池的地方，劝导人民修筑工事，并且用自己的钱提供资金支持，所以当时人将修好的城称为"卫公城"。桢固就修筑城池、增强守备的十三条事宜上奏上司，所以他的长官非常赏识他，经常

---

① 永瑢等：《四库全书总目》，中华书局 1997 年版，第 790 页。

与他商量戒备、惩治盗贼的方法。当时桢固骑着战马一天走几百里，察看当地的城池营垒，修筑防备工事。所经过地区，对于何处是要塞、何处比较牢固、何处比较薄弱这些问题，都清楚了解，所以盗贼很长时间都没有来祸害百姓。在之前盗贼猖獗时，因为盗贼头目李自成、罗汝才都是陕西人，督抚打算把城中的山西人跟陕西人驱逐出去，而当时在开封的陕西、山西籍商人很多。桢固非常不同意这种做法，说："如果这样的话，那么我这个陕西推官应该先被驱逐。"驱逐的事情才最终没有得以实行，从而保全了许多人的性命。桢固的族父卫景瑗曾担任河南推官，因为两人都在河南地区担任推官，并且两人的名望都差不多，所以经常被当时人议论。景瑗在崇祯十七年李自成进军山西时，不愿投降，以身殉节，在清朝陈鼎的《东林列传》中有《卫景瑗传附族子桢固传》。

崇祯十四年，卫桢固因为优秀的政绩而被皇帝征召，对皇帝说"平寇为足国第一要务"，深切时弊。后升官为云南道监察御史，崇祯十五年到十六年，巡视畿南、真定等郡，在此期间桢固多次上疏请求加强战备、免去赋税、惩治暴戾的将兵、革除一些不合理的制度，《真定奏疏》中所记奏疏多为这一时期所上。桢固还多次命沿河的诸多州县安抚因逃避盗寇来的河南难民，保全了十万余人。

崇祯十七年，李自成的军队攻破山西、河南等地，渐渐逼近北京城，宰辅李建泰领兵抵抗，皇上命令凌骃与卫桢固督查军队，并分配给他们三百士兵待命。桢固到达真定的时候，听说昌平被攻陷，十二陵享殿被烧，打算回师京城去救援，却被命令严守良乡、涿州。不久后，北京城失守，在回京途中，桢固在大石桥遇到反贼，在与反贼的战斗过程中被抓住。后来李自成兵败，桢固逃脱。关于其下落，一种说法是最后死于五台山，一种说法是不知所终。据《韩城县志续志》记载，桢固谥"烈愍"，墓在桥南村。

近年在河北省张家口市的马家梁村发现桢固殉国碑。据材料所载：碑上部有残，"南"和"徜"字残半。碑残高113厘米，宽36.5厘米，厚16.5厘米，大字字径8厘米。该碑铭文分大、中、小字三种，前面大字2行，后面中字2行，2个"讳"字为小字，共4行59字。碑文为："南都复传殉节，念先祖碧血，长 / 徜旧地，化鹤口（来）游，城郭是人民。/ 崇祯时，先巡抚公口口口（绥）口（何）、大同先巡按公讳贞固，死真定。/ 侍郎公讳中允，死南都，均殉国。"此碑刻中概因避讳，将"桢"写作"贞"。若依据此碑文，则桢固当死于真定。然因本人未见此碑刻实物，姑且存疑，以待后查。

卫执蒲，字禹涛，卫桢固之子，陕西韩城人。顺治辛丑进士，最初被任命为新乐县令，担任县令期间，地方治理较好，人民生活富裕，所管辖的区域被称为"乐土"，很多流亡的人都集聚到了新乐。之后又先后担任户部主事、云南道御史、两浙巡盐御史，执蒲在此期间多次上疏言事，内容大多是关系民生。康熙二十七年，奉命去南海祭告，途中被授予左副都御史，不久因病死于广州。据《韩城县志续志》载："本朝左副都御史卫执蒲墓在大池堰。"①《四库全书总目》中说执蒲"官至左都御史"②，但是查方志及其他文献，均作"左副都御史"，所以《四库全书总目》记载有误。

二、卫桢固奏疏内容介绍

　　明代崇祯以前，社会问题已经十分严峻。到崇祯时期，社会矛盾更加激烈，面临着内外交困的局面。朝廷内部虽然已经清除阉党，但是文官集团权力膨胀，可用之人不能得以任用，苛捐杂税繁多，民不聊生，盗寇四起，农民起义不断，北方地区面临皇太极的入侵。而卫桢固正是处于这样一个时期，所以他在崇祯十四年因为推官而被召见时所提出的"不寇为足国第一义"不是没有道理的。桢固后来当云南道御史时，多次就社会最需要解决的问题上疏皇帝，其中包括减免赋税、抚恤功臣、加强战备、官员任用、处置骄兵悍帅、纲正法纪等方面的内容。虽然桢固的奏疏"存者仅什之一"，不可窥见全貌，但就他上疏内容来说，还是能够管中窥豹的。下面根据奏疏内容大致分为五类：

　　第一，桢固奏疏中所言民事疾苦，应当蠲免赋税的有六篇之多。所列出的蠲免理由，无外乎天灾、人祸，或天灾人祸并至者。因自然原因上疏求免赋税的有一处，自然原因加社会混乱的有一处，因为社会灾难造成民不聊生的有四处。如所说"向也有人无地，今则有地无人"、"有地无人，有人无力"、"就户口而实计之，仅存千百于什一"、百姓"已十去其七"、"皆有地无人有"，从这些描述中我们大概能够窥探出当时人口骤减、社会凋敝的景象。而造成这种局面的原因，则是因为"兵燹之余，天灾叠至"、"民穷盗起，杀戮相继，且瘟疫大作，死亡殆尽"，所以桢固总结出百姓不是死于寇贼就是死于兵事，不是死于兵事就是死于饥荒，由此可见寇贼、兵事、瘟疫是当时百姓的三大劫难，而以前二者最为严重。

　　第二，奏疏中痛陈俵马米豆之害。俵马是明代江北地区的一种杂役，指官府将官马分派给民户饲养，一段时间后再由民户将马解送到指定地点，由官府验收。米豆是当时为边疆储备军需的一种制度。这两种制度给百姓造成很大的困扰，如奏疏中所说当时百姓"不曰苦于津辽米豆，则曰苦于起解俵马"。针对这种情况桢固上疏请求降低马匹价格、暂停军需积贮，以减轻人民负担，恢复民事。但是统治者并未给予重视，

---

①　冀兰泰：《韩城县续志》，成文出版社影印 2007 年版，第 104 页。

②　永瑢等：《四库全书总目》，中华书局 1997 年版，第 790 页。

杂役的盛行，加深了人民对时局的不满，成为明亡的一个大患。

第三，桢固的奏疏中有言及官员的任用。如应当任用什么人、官员不应该经常调动、如何处理君臣关系、对官员应当按功论赏、并且赠恤那些为国事而死的官员。崇祯皇帝性格多疑，善于猜忌，因此频繁地调整官吏，17年间换了17个刑部尚书和50个内阁大学士，造成当时人事混乱的局面，所以桢固上疏也是针对当时的一些官员任用提出的，即所谓"宽使过以济用人之穷"。首先说到用人一事，桢固先后两次上疏，主张任用获罪的人，认为获罪的人"功名性命皆属重造，将东西南北，惟君所命矣"。其次又有"抚臣不宜数易"一谏。他认为一个人只有任某官久了才可以有成效，官员经常变换，就会造成官员不能了解当地的情况，从而导致一些决策的失误，而且这样的话只会让那些热衷功名的人钻营奔竞。对于君臣关系，桢固提出皇帝当"无逸是图"，让官员各守其责、各司其职。此外，桢固还认为应当按功论赏，不得有所偏颇，如"剿同功同，而察叙不同，似非所以激励人心也"。可见当时朝廷内部是存在很大的问题的，官员任免不得其纲、赏罚不分明，这样的局面无疑加速了国家灭亡。

第四，桢固的奏疏中提出一些军事战备的例子。修守战备，首先要加强防御工事，修筑城池。桢固认为"池汤而后城金则城守之资，半于深池是籍焉"，并且集资深挖城池，以增强真定的防守。其次官员要各负其责，不能推卸责任。皇上当"以战守问督镇，以运筹问中枢"，才能很好地守备城池，并且要增设抚臣，使抚臣能够专任于一隅之事，不至于在寇盗来临之时，鞭长莫及。此外，更重要的一点是应当严明军法，任何情况下，军队都不能进入城内，盗寇来的时候，军队必须驻守在城外。制定召募士兵的条例，使得他们有所掣制不敢逃跑。留守的军队应当为本地的军队，那样军队才能竭尽全力守城，否则会造成"寇未至而镇城将不守矣"的局面。在国家防守最重要的军事环节中，防御工事不修、军法不严、官员混乱，是无法抵挡来寇侵扰的。

第五，《奏疏》中有上疏弹劾武官横行霸道的事情。当时武官横行霸道，不仅祸害百姓，对于地方官也不放在眼里，而受武官骚扰最严重的莫过于驿递，"畿南困苦莫甚于驿递，而驿递之骚扰，又莫甚十武弁也"。武官不仅殴打官员，强抢百姓财物，强用驿马而且以"莫须有"罪名诬杀功臣。可见武官已成当时社会一大祸害，亟待整顿，安抚百姓。

此外，《奏疏》中还有明法纪、白广恩淫掠等事，反映当时内部及外部所存在的诸种问题，兹不一一赘述。

总之，桢固的奏疏大体反映了明代社会末期社会混乱的状况。赋税杂役沉重、武官横行、盗贼乱起、贤人不用、战备不修，导致国家日渐衰败，人民生活在水深火热之中。虽然有忠臣直谏，但是不被统治者采纳。明代社会的灭亡，可以说是有其必然因素在里面的。

三、卫执蒲奏疏内容的介绍

清代初期，统治者采取轻徭薄赋、与民生息的措施，社会秩序逐渐恢复，百姓生活状况逐渐得以改善。但是在国家初定之时，总是会存在各种缺陷，许多整治措施有待于进一步完善，统治者需要有才能的人提供治国方略，所以有"中外臣庶，咸得庆辰纬而褒河山"的景象。这一时期，卫执蒲的奏疏内容广泛，有重视民事、复设节钺重臣以守边疆、改变铸钱之制、婚配有定制、施行文治等，反映出清代初期需要解决的问题。

执蒲的奏疏中为补充军需、保卫边疆提出一些建议。这一时期，国家尚未完全平定，而筹措军需成为这一时期的大事。执蒲在奏疏中主张通过所站归驿、以水运补充陆运、改变铸钱的方法来补充军需。当时，驿所跟驿站是分开而设的，"驿站养马以供差使，所站备夫以供车扛"，这样的话会造成很多不必要的花销，二者归并可以节省开支，以备军需。以水运补充陆运，不仅可以节省民力，还可以节省国家支出，补充军需。改变钱法，用原先一半的铜铸钱，可以获得更多的钱，从而宽裕军需。执蒲主张在战略重地恢复以前设立节钺之臣的制度，以防止边疆为乱而不能自守。

执蒲提出一些稳固社会的措施。他认为天下已经平定，应该文治为主，"既已大彰训教，尤宜广厉以共襄盛化"。他还奏请皇帝"御门听政"每五天或三天一次，那样皇帝和大臣都可以在忙正事之外得到休息。还提出农业是国家的根本，皇帝应该重视农业，修筑堤坝，鼓励从事农业生产，稳定国家根基。此外，执蒲还提出了婚配定制、流犯归骸骨等建议。这些政策如果实施，对于当时社会的进一步稳定是有非常重要的意义的。

由卫执蒲奏疏可以看出，在清朝刚刚建立之初，既要面临一些还没有扫平的障碍，又要治理国家、实施措施安定社会。奏中所说："我朝以武功定天下，即嘉意崇文，四十年来海内同封，人文蔚起，主圣臣贤，已奏得升平之圣。"可以看出清朝初期四海之内的地区大部分已经平定，各类人才不断被任用，无论是朝内还是朝外都是一派和乐太平的景象。

总之，桢固父子二人的奏疏反映了在改朝换代之际出现的两种不同社会局面，《真定奏疏》的整理与研究，对于我们了解明末及清初社会状况、人民思想的改变及社会制度变迁有很大的作用，为这一时期的历史研究补充了重要资料。

（作者单位：陕西师范大学文学院）

《申质堂夫子全稿》考述

刘　璐

　　《申质堂夫子全稿》（以下简称全稿）四卷，清申廷銮撰。今存清乾隆庚子四十五年（1780）鹤轩氏印格纸抄本，藏于陕西省图书馆。《中国古籍总目》无其他版本著录。

一、作者生平考

　　由于该版本卷首无目录，亦无序跋，有关申廷銮的生平资料甚少，《清史稿》等正史无传。因此，关于其生平的考述，主要借助以下三方面材料：第一，查阅地方志相关材料。申廷銮在清乾隆四十八年刻本《三原县志》卷7《选举》[①]中有记录，为清康熙年间贡生，其他信息不明。第二，参考作者其他相关作品集。经过查找图书馆资料发现，作者申廷銮另有一部诗集流传至今，名曰《申质堂先生诗集》（以下简称《诗集》），今藏于西北大学图书馆、陕西省图书馆，由王佩钟编次，清道光庚子二十年（1840）成都郡署刊，一册，前有清道光庚子二十年十一月王治所写的序。该版本封皮无任何字样，扉页即是工治的序。结合此序及对比所选的诗歌题目，笔者选定此本为点校《全稿》的对校本。《诗集》内容包括五七言绝句、五七言律诗及五七言古诗约一百首。序之后，正文之前，有"受业王佩钟颍川编次，小门生王治平轩梁佩纫兰校字"字样。按，王佩钟曾任教谕，《安塞县志》卷3《秩官志》记载："王佩钟三原人，举人，嘉庆六年任。"[②]《国朝诗人征略》卷46记录："王佩钟，字颍川，陕西三原人。乾隆年举人，官安塞教谕……先生令子平轩比部治……"[③]由此可知，作序者王治乃王

---

① 　刘绍攽：《三原县志》卷7，清乾隆四十八年刻本。

② 　《安塞县志》卷3，民国三年铅印本。

③ 　《国朝诗人征略》卷46，清道光十年刻本，第427页。

佩钟之子。王治，《清朝进士题名录》（中册）"道光二年壬午恩科"条记载："王治陕西西安三原县人。"①《国朝御史题名》"道光二十七年"条记载："王治，字熙哉，号平轩，陕西三原县人。道光壬午科进士，由刑部员外郎考选河南道御史，升任四川成都府知府举人。"②另，《清秘述闻续》卷4、卷14则曰："王治，字平轩……"究竟平轩是王治的字还是号，此处暂不做过多考证论述。既然能为申廷銮的编次诗集，并为之写序，可见王氏父子与其交情匪浅。这些表现在，王治在《诗集》序中对申廷銮的字号、籍贯及与王氏父子的关系都有交代："申质堂先生讳廷銮，字幼舆，世居三原城南之申家堡，馆余家者二十余年。"申廷銮不仅做过王佩钟的"家庭教师"，而且一做还是二十多年。"先颍川公少孤，力学自成，童以至壮岁，皆从受业。诵习而外，凡立身涉世，多所取法，一以醇正为宗，每举其嘉言懿行训余兄弟，故能略知梗概。"由上述可知，在跟随申廷銮先生学习的二十余年间，王治的父亲王佩钟不仅积累了知识，还受到先生醇正人格的熏陶，并以此教导王治兄弟。而王治也在父亲的教导之下对申廷銮先生学问及人品涵养方面有大致的了解。此外，王钟还写道：

> （先生）生平至性所感，时流露于诗篇，兴酣落笔，忽不经意。先颍川公胥收存之，家藏手录四卷，题曰《申质堂夫子诗稿》，乾隆庚子冬抄敬录。余小子怆怀手泽，追溯渊源，宦游所至，尝置左右，暇即讨论。其间会成一帙，稍以己意为取舍，非敢僭妄。若斯亦曰良工不示人以朴，推之作者本心，或有合也。

这段话叙述了申廷銮的诗歌创作及《申质堂夫子诗稿》（以下简称《诗稿》）与《诗集》的关系渊源，并且声明了编次宗旨，即"非敢僭妄"。编次成书之后，王钟对此很满意，才说倘若先生还在世的话，此"精编本"应该也是合他心意的。至于序里提到的"手录四卷"《诗稿》与现今点校的《全稿》是否为同一版本，抑或是两者之间有何渊源，通过序里的一段话可略知一二："今岁庚子，距先颍川公手录之年恰一周甲……道光纪元之二十年冬十一月十六日，门下晚生王治平轩甫百拜谨识于成都郡署退思补过之斋。"明确说明此序写于道光庚子二十年，而根据"距先颍川公手录之年恰一周甲"可知，王佩钟手录四卷《诗稿》是在乾隆庚子四十五年（1780），这与陕西省图书馆藏本《全稿》封皮的"庚子岁抄鹤轩氏录于研经草堂"甚是巧合，但其中重要线索"研经草堂"亦查无所证。因此，《诗稿》与《全稿》是否为同一版本，还有待考证与商榷。此序详细地介绍了《诗集》的编次来源，但对于申廷銮的生平只做了大概

---

① 江庆柏编著：《清朝进士题名录》（中册），中华书局2007年版，第817页。
② 《国朝御史题名》，清光绪刻本，第108页。

模糊的介绍，连最基本的申廷銮先生的生卒年也没有记录。

在外证缺失的情况下，《全稿》中倒是保留了一些原始材料，将内证与外证结合起来进行考察，还是可以大致勾勒其生平及家庭情况。经过研读文本发现，粗略统计一下收录的诗歌，其中诗题或诗句、注释涉及具体诗歌创作纪年的共 25 首，如《丙申》、《庚子天中节前二日偶作》、《戊戌正月十九日作》、《己亥孟冬张宗琛招饮小观音寺偶忆旧游自成长句》等，或在诗题中，或在诗句中，又或在双行小字注中出现有关时间纪年的字词。尤其在卷 1《戊戌正月十九日作》"岁数已经添甲子"一句后的双行小字注释："予戊戌相，今六十一。"直接道明了自己的生年。诗题为《戊戌正月十九日作》，结合申廷銮是清康熙年间岁贡生及诗句"岁数已经添甲子"做参考，此"戊戌"指的是康熙戊戌五十七年（1718），这一年申廷銮 61 岁，则可知其生年为顺治丁酉十四年（1657）。对此，其他诗歌亦可佐证，如卷 1《丙申》："倏忽韶光逝，年年愧此晨。乏才诗笑世，多病老欺人。甲子行将满，春秋志未申。抚怀悲皓首，终古一齐民。""甲子行将满"是说作者今年将近六十岁了，而按照上文的推论，此处"丙申"指的是康熙丙申五十五年（1716），按照诗人生年为顺治丁酉十四年的话，此时申廷銮五十九岁，"甲子行将满"的说法是成立的。又如《庚子立秋前二日作》"良宵人伴兼葭老，白雪发添颊鬓稠"一句，诗题已表明乃庚子年所作，即康熙庚子五十九年（1720），按照上文说法推断此时申廷銮先生 63 岁，年过花甲再加上生活困顿，"白雪发添"是完全符合人之常情的。除上述两首诗之外，可以佐证申廷銮生年的诗歌还有很多，此处不再一一列举。

我们从诗歌中除了可以考证申廷銮先生的生年，还可以大致了解先生的生活及家庭状况。在序里，王治就已经提道："先生性肮脏，而待人宽恕，与物无所忤。家徒四壁，嗜学不衰。以岁贡生为白水教官，数年挂冠归，晚得子女，婚嫁未毕。"申廷銮虽一生并未飞黄腾达，仅做过"陕西白水县教官"，于地方志无可考。但其性格却耿直豁达，不合流俗。如卷 1《春宵写意》：

> 行藏潦倒寄乾坤，月下花时酒一尊。作赋怅难逢狗监，攀鳞空自意龙门。
> 徒夸入座春风好，争奈催人雪鬓繁。醉里时光多惹怨，傀儡世上笑虚存。

虽然其中难免杂有仕途不顺、壮志未申的失意，但亦能看出"逢狗监"、"笑虚存"等字眼中透漏出对权贵的蔑视，以及对阿谀奉承、随波逐流的"傀儡"的嘲讽。还有《庚子长安秋意》（其四）："居停瓜市傍文围，懒向名场计是非。司马又得逢狗监，王章终久卧牛衣。"通过抒写对官场争名逐利的不屑以及司马迁遭谗和西汉王章"卧牛衣"的典故，来表达自己虽家贫却志坚。至于诗集中有关"家徒四壁"的表述，更是不胜枚举。如卷 1《不寐》颈联"啼哭怜儿女，有无计粥膳"，卷 3《青门旅舍候考验牌不出沉闷有作时庚子嘉平月望前一日也》："忆昔出柴启，送行有矫儿。问耶何日返，回言一旬规。老妻忧度岁，柴米何人遗。恐复逗留久，难免妻儿饥。"自己在家尚且"无粥"可食，现今离家赶考，虽只是"一旬"，可依旧担心家中妻儿的饮食生计。对于家庭成员，申廷銮在诗中也偶有提及，如卷 1《夏日过崔氏庄》（其三）首联"一气三人在，犹儿绕膝欢"下双行小注："予二女一男。"可见其孕育儿女共三人，"艰难穷后境，狼狈个中身"下双行小注："女姊妹二人，更相为命。"可见序中子女"婚嫁未毕"的情况。申廷銮晚年得子，喜难自制，如卷 1《不得家信》（其二）首联"白头生幼子，步步念豚儿"。

除此以外，我们还可根据诗中出现的相关地名、山川名粗略知晓诗人的大致行踪：基本在古长安、三原一带。如卷 1《送及门府试，途中有感》："青门驰古道，摇落愧人师。鸥戏泾流小，舟行渭水迟。"出现三个具有地方标识的名词：青门，指当时古长安东霸城门，表明送门生去参加府试的地点；泾流、渭水，流经古长安地区。另外卷 1《麦天登茂林园楼远眺》颈联"绿杨林外田歌动，白鹿原头积影留"中的"白鹿原"位于今陕西省西安市黄土台园，是古长安的东南屏障。此外《全稿》中还多次出现"灞桥"、"郢地"、"泾城"等词。以上这些具有地理标识性质的字词，在此只做简单的罗列，具体所指，还需深究考证。

二、文本形态分析

通过以上三种方法，大致考述了申廷銮先生的生平。下面就鹤轩氏印格纸抄本《全稿》本身的文本形态作简要论述。

第一，就文本形式而言，该版本以卷分册，共四册。每册封皮上的题签均标有卷次，分别是"卷一"、"卷二"、"卷三"、"卷四"，封皮右侧标有"庚子岁抄鹤轩氏录于研经草堂"字样。每半页八行，每行 23 字。为抄写方便和美观，每页均打有红色印格，抄写时每字占一格，行与行、列与列之间界限分明，整齐美观。题解和诗句注释均用双行小字。另外，此抄本中存在大量异体字、俗体字和简化字现象。如"群"与"羣"、"秋"与"穐"、"凉"与"涼"、"草"与"艸"等。抄写时繁体字中夹杂简化字，也是此抄本的一大特点。如卷 1《五月二十六日雨》（其二）末句"吟破夜灯青"句，该本乃繁体字抄本，而此句的"灯"、"青"则是简体；卷三《行路难》首联"山河险阻怅无聊，举步危疑鬓欲调"一句中，"鬓"字，本应用繁体"鬢"字，此处大略是为抄写便捷而用简体。但是有时却因繁简的交替使用而导致了疏漏，如卷 1《偶成》：

相逢傀儡尽登场，奇巧机谋不可当。世境无如贫后稳，人情只觉醉时良。

昏鸢每趁春风举，短蜮惟依野水藏。白昼关门非畏客，因休衰老避劳攘。

细味诗意，此诗中的"休"字，似为简体"体"字之形误，盖因此抄本多俗体字、简体字可得此推论。其他如卷1《独坐》颈联"竹外蝉声偏隐隐，帘前暮色欲霏霏"，此抄本中出现类似于"隐隐"、"霏霏"等叠词，每词的第二个字，均用两点来代替，大概是为抄写快速而考虑。

此抄本的文本形态还有一个鲜明特点，即大约因抄写时的笔误，文本中多有添字、改字甚至添句、改句等划改痕迹。首先，对于漏字的情况，抄写者直接在上下两字中间靠右的空白处，添补上所漏的字。如卷1《雨后夕凉偶成》颔联"远眺云山迎暮雨，斜凭月榭待秋风"，原稿遗漏"秋"字，即在"待"、"风"两字中间右边空白处补写。其次，对于由于笔误而导致写错字的现象，抄写者采用以下两种修改方式：其一，该字抄写错误，发现及时，就在错字下一格直接做出修改，如卷1《七月二十三日雨》首联"炎威天气喜初更，露接银河日夜倾"，"银"字抄写时误写作"余"，及时发现后，将"余"用一点划去，再做修改。其二，该字抄写错误，未能及时发现并在下一格修改，就修改在该字的右侧空白部分。如卷2《夏夕偶成》首句"红轮将西下，夕照尚爵蒸"，稿本将"蒸"误抄作"然"，然而发现时，已无处可改，就将"然"用圈划去，再在右上侧空白部分做修改。最后，还有整句抄写错误的情况，亦有两种不同的修改方式：其一，将错句用点划去，在每字的右侧分别做修改，如卷1《偶成》前四句"世境无如贫后稳，人情只觉醉时良。昏鸢每趁春风举，短蜮惟依野水藏"，其中颔联的第二句与颈联的第一句抄错，即用点划去相应错字后，在每字右侧做修改。其二，将错句用圈划去，然后再在每字的右侧分别做修改，如卷1《虞美人花》第二首诗的首句"子弟江东却怨谁"，误抄为"国破身亡会有期"，就将错误的一句用圈划去，再在每字右侧做修改。

第二，就《全稿》收录的诗歌内容而言，此本虽曰"全稿"，但只有诗无文，共收录包括五七言律诗、五七言截句及五七言古诗，共计470首，约300个诗题，足见申廷銮对诗歌这一文学抒情体裁的喜爱。其中卷1包括"五言律"35题，共65首，"七言律"102题，共110首；卷2包括"七言律"29题，共93首，此卷"七言律"组诗居多，"五言截"4题，共7首，"七言截"41题，共95首，"五言古"10题，共10首；卷3包括"五言古"27题，共27首，"七言古"30题，共30首；卷4包括"七言古"23题，共23首；卷4后补遗6题，共6首。另，在翻阅该版本的过程中，书中夹有三张散页，录诗三首，分别为一首五言古诗（有诗题）、两首七言律诗（一首有诗题，一首无诗题），字迹似各不相同，点校时将其作为附录载于最后。总体概括来说，整个《全稿》共收录申廷鋡五言律诗 65 首、七言律诗 203 首、五言截 7 首、七言截 95 首、五言古诗 37 首、七言古诗 53 首。由此可见，申廷鋡对篇幅较长、便于抒情叙事的七言体裁的喜爱。对于近体诗与古体诗，近体诗在诗歌数量上占五分之四，而古体诗则在字数上与近体诗平分秋色。另外，值得一提的是，无论是五言古诗还是七言古诗，多为歌行体。其中，不仅有通篇五言或七言这样气势整齐划一的作品，如《遗雏叹》、《柏梁台歌》等，更有以五言、七言为主，兼有二言、三言、六言、九言等句式参差不齐、错落有致的诗篇，如《挥汗行》、《木槿花歌》等。

从涉及具体诗歌创作纪年的 25 首诗歌所反映的时间信息来看，《全稿》里的诗歌大略创作于清康熙乙未五十四年（1715）至清雍正乙巳三年（1725），按照前文推算，即是申廷鋡 58 岁至 68 岁之间，也就是其老年时期的作品。其依据是卷 3《乙未季夏，溽暑逼人，日在火山汤海中，无物可遣，因戏作夏日白纻词一消暑》、《记梦并序》两首诗。当然，此说法仅仅是建立在考察标有时间纪年的诗歌部分，具体《全稿》诗歌的创作年限，还有待进一步考证。

具体分析《全稿》所收录的诗歌内容及其艺术成就，还需要系统研究分析整部作品之后，才可做论述与分析。粗略浏览所录诗歌，其题材的多样性已可见一斑。主要题材是闲适诗，即写生活所见所闻，有感而发，"兴酣落笔，忽不经意"，真情流露。如《偶兴》、《溽热》、《雨中感兴》、《午梦》等，都写得清丽自然，毫不做作。从篇幅上来看，此题材诗歌所占比重最大。此外还有咏物诗，所咏之物多为花鸟虫兽，如《闻蝉》、《僧舍兰花》、《池上残荷》、《病马》、《盆中桂》等，通过咏物来寄托诗人情怀，或表达自己闲适的生活状态，或表达高蹈独立的志趣，又或是表达壮志未酬、鬓已先斑的惆怅。还有一些关注现实及劳动人民生活的作品，多是长篇诗，如《催租行》、《闻砧行》、《苦苣行》等写劳役压迫下的农家生活，不少诗歌有白居易"新乐府"诗歌的遗风。另一重要题材就是咏史怀古诗，既有诗人独坐书斋、有感而发之作，如《读〈宋史〉题越国公张世杰》等，又有诗人亲自登临，缅怀故人，凭吊古迹，如《题凤凰台》、《鸿门坂怀古》、《骊山怀古》等，这些作品往往借助古代的人、事以及同一地点环境的变化，要么讽谏当朝的衰败，要么抒发豪情壮志或怀才不遇、壮志难酬的郁闷，要么表达时过境迁、物是人非的感慨等，以表现出对历史的思考和对时局的严重关切与深重忧虑，另外还有不少与友人交往的唱和诗、颂德诗、贺寿诗等。

申廷鋡的诗歌创作，也具有一定的艺术特色。首先就表现在诗歌体裁的多样性上，有五言、七言，有近体、古体及歌行体、乐府体，而又以五言、七言为主，五言、七言中又以七言见长。其次是在风格的多样化上，取材多样，不落窠臼，正如王治为《诗集》所作的序所言："至性所感，时流露于诗篇，兴酣落笔，忽不经意。"最后是语言清新凝练，自然精巧，用典贴切而又如信手拈来，格律工整而又灵活多变。

从总体水平来看，申廷銮的诗歌创作虽不能挤入大家之伍，但也有一些自出机杼、匠心独运之作，尤其是其中展现陕西地域特色的诗歌，具有特殊的历史文化价值。再加上其版本为抄本、孤本，文献价值更加突显，值得深究。

（作者单位：陕西师范大学文学院）

李娓娓行年考

卢晓瑞

李娓娓，字心兰，又字韵卿。清末陕西延川女诗人，性端严聪慧，通书史，工诗学。现存诗《咏月轩吟草》、《幽香馆存稿》116首，存词《绿窗词草》22首。诗笔清健雄厚，文质雅怨悉备。不管是清丽悠闲的少女时光，抑或伉俪情深的夫唱妇随，又或是刻骨铭心的悲夫之痛，还是远走他乡的孤寂艰难，娓娓均以诗文来感触生命之纹理，"日事吟哦，手不释卷"。读娓娓诗词，仿佛促膝回首一段往事，不仅体味其个人的吟花哦月，抒悲忆苦，更觉是在细阅一部家族史、民族史。

一、李娓娓先祖及生平考

李娓娓，祖籍延川县李家塬村（今属马家河乡），曾祖父李蕊，为本县著名的中医大夫，医德高尚，常为贫寒家庭看病。祖父李步瀛（为李蕊长子），生于乾隆中期，嘉庆五年（1800）考中举人，曾拣选知县。李步瀛中年时期在延安府学（即和鸣书院）执教多年，其长子李宗沆随同就读，受到延安知府赵洵的赏识。李宗沆生于乾隆五十九年（1794），为嘉庆十八年（1813）年进士。历任湖南益阳县、善化县知县，武冈、剑州知州，湖南省长沙府、四川省成都府和重庆府知府，接着升迁广东道，先后任督粮道、兵备道、盐运司等官职。他持身廉洁，断案如神，曾在自己的官署题写"爱一文钱，神人共鉴；枉三尺法，衾影难安"，以此自勉。他为人刚正耿直，敢于直言，不肯违心相从，屡次违逆广东省巡抚及总督等大吏，此后再未升迁。道光二十九年（1849）因于湖南协助主考官参与乡试阅卷，故而钦加二品顶戴。于同治甲戌年（1874）被钦加头品顶戴，诰封光禄大夫。

李宗沆共有六子四女，李娓娓为其幼女。关于李娓娓生卒年，历来学者考证不详，一般认为生于清代道光年间，卒于民国初年。据《延川县李氏家谱》"约生于道光六年（1826）前后……约在光绪三十三年（1907）前后作古，享年八十余岁"。余疑恐误。从《幽香馆存稿》自序云："于庚午年（1870）携带二子，远涉千里，流寄青门。三十余年，求一枝之不得，鹡鸰见笑。"倘若李娓娓生于1826年前后，此时已是43岁左右，与自序不符。从自序以及曹、李两家家谱云享年80余岁来看，李娓娓约生于1831—1840年间，卒于1911年以后。

二、李娓娓行年考

李娓娓《忆珍珠台》自序云"余幼时随侍先严，荣任蜀省之合州"。从其早期诗《楚江头》"江头月、江上客，清江两岸芦花白"，以及《春日亦可园即景》"点点青苔小似钱……浅水池塘柳浴烟"的明媚清丽来看，似已浸染了江南的软风细雨。从《怀雨岩、稼门、慎斋三弟在蜀未归》、《寄和稼门五弟》、《十恨诗》等诗篇中，似可窥见，娓娓少女时代"幼时为母氏最钟爱者"，一直过着侍女相从、优越富足的生活，有诗云："寒深夜夜金火炉，侍女犹添柏子香。"这主要是在临境如画的南方地区，"蜀境有山看入画，秦川无水可通舟"，闲暇之余，整日与诗书相伴，"冬夜慢慢静坐时，兴来学读古人诗……幽怀独赏闲中味，风露浸人冷不知"，"只恨当年少小时，金针不锈写新诗"。或许已到了二八芳龄，为完父母之媒约，似不得不回归故里，"搔首天涯感旧游，几经惆怅几迟留"。个中惜别愁怨可见一斑。北归李家塬，山僻村居，大非红楼景象，繁华已逝，春光奈何，"村居不是红楼好，那有图书满架罗"。待字闺中，似有些许惆怅，而即将嫁于从未谋面的夫君，似添几丝惊惶。

李娓娓"父宗沆与翁鹤龄同里、同学而且同志者也。二人当同窗聚首时，已约以将来互缔姻焉，此间俗名为换亲者是也"。又因"比长，各子女林立……而少长庚则难齐，故李曹氏先而曹李氏后，顺天序也"。据李氏家谱和曹氏族谱可得知，曹鹤龄一女（曹鹤龄三续妻白氏生）先嫁于李宗沆第三子李应畴；随后，李娓娓嫁于曹鹤龄次子曹震方。曹氏与李家以孝著称，"沆常语所亲曰'吾诸媳概皆孝贤，而曹氏为最'"，而曹震方与李娓娓亦情投意合，拈毫横笛，伉俪情深。

"家住三台杨柳村，一湾清水抱柴门"，李娓娓嫁于本县文安里三台村（今之延川县南河乡瓦村河）曹家。其夫曹震方，字左田，时为本邑廪生，亦有文才，以孝称闻，曹白氏（曹鹤龄妻）"所生三子率贤孝，而长震方为最"，白氏"长嗜诗书，习勤俭而不喜奢华"，书香门第又兼儒者遗风。婚后，二人志同道合。娓娓直抒一己相思之恋的诗有《暮春忆外》"无情最是苦相思，春色年年上树枝"，《春夜独坐忆外》"若把相思看得破，教他红豆为谁圆"，等等。思念何人？是待字闺中的想象，是与夫君的暂别，又或另有其人？已无从考证。尽管北归难觅知音的"可怜辜负惜花心，樱桃一曲谁知音"，但从前期"姮娥邀可到，相对快平生"轻松明快的诗句，以及夫亡时撕心裂肺的哭诉，可悟夫妻情感笃深。

李娟娟生逢乱世，然中年又添家庭变故。1894 年琅嬛别馆刊李娟娟集序云："适曹氏，八年而寡。"而延川县曹、李两家家谱均以为夫妇唱随者十余年。在《暮春悼亡夫左田》自序中："去年先母殡葬后，夫妇北旋。今年二月初八日，夫子长逝矣。悲哉！"一则可知曹震方祭日即在二月初八，二则李娟娟先母早曹震方一年去世。从《延川县李氏家谱》"李宗沇"条目可知，其父母墓地在今山东省济南市。所谓"夫妇北旋"，意即夫妻二人赶赴山东奔丧，其母殡葬后，又从山东省济南市赶往陕北延川。局势动荡，且路途奔波，加之失亲之痛，旧病又添新疾，震方不久病故。"儿孤君自弃，亲老妾犹怜"，各种伤逝，对弱女、孺子，无疑雪上加霜。"所贻二子俱幼，氏以养以教，零丁孤苦，至于成立。"据《延川曹氏族谱》载：娟娟长子曹继宗，字子敬；次子曹继德（又云曹继鼎）字琅浦。兄弟二人"自束发受书以来，下气怡色，矢意承志"。

同治六年（1867），"回匪陷城发土，各匪继之，全境靡乱，不堪言状"。李娟娟目睹了这一惨绝人寰的动乱，"同治丁卯戊辰，回匪土贼之乱，贼骑邻村，几不可脱，庐舍焚掠一空"。即于 1868 年春夏之交，回匪进入延川县城，大肆烧杀掳掠。从《延水关避兵感赋》自序"延安城破，少年妇女被掳者甚多，惨不忍睹"，可知延川城陷后，李娟娟母子曾逃至延水关避难。然烽火连天，不知何时停歇，母子三人无依无靠，"拂面风尘谁与共，惊魂鼙鼓未曾休。前途渺渺知何处？犹傍黄河古渡头"。因家园烽火，庐舍荒凉，李娟娟做出了一个大胆而明智的决定，"于庚午年携带儿子，远涉千里"奔赴省城，舟车劳顿，风雨兼程，却又不得不"鹑声催客促行装"，只因战争残酷，惊魂未定，"行尽关山多少路，故园犹在梦魂中"。

避乱省城，犹惊魂未定，忆及祖墓，仍伤心感怀。"一自兵戈岁大荒……古墓悲风撼白杨。"她悲叹滞留的亲人生死未卜，担忧先辈祖墓是否完在，然而更让她放心不下的乃是夫君曹震方已逝的魂体是否受到惊吓。可哀自己只是弱妇又携幼子，不能给予丈夫以庇护，"堪嗟不及归时燕"，故而只能"却把他乡作故乡"。

然他乡怎能寻得归宿，"庚午年，避乱省城，寓居舅氏第，入门则景是人非，东园芍药亦不复见矣"。从李娟娟自序中得知东园即亦可园，在她早期诗歌中多次提及，如《春日亦可园即景》、《亦可园夏末偶成》，一来可知李娟娟少女时代，是在繁华景象中徜徉青春，生活轻松愉快。然再次回到省城娘家，李氏家道中落，生活维艰，加之母亲已去世，依傍无望，只能流寄青门，母子三人异常可怜。又于辛未年（1871）复游亦可园，只叹朱楼空锁，绿窗生尘，"隔窗冷暖无人问，寒夜凄风我独知"。个中寒酸，令人扼腕感叹。虽长安不乏亲近之人，"兵火后，姐妹避难长安"，其二姐霞仙（《延川县李氏家谱》作"碟仙"，疑误）夫妇亦因战乱，暂居省城。三姐月波时常寄书信嘘寒问暖，然与霞仙的相遇甚是短暂，"不数月，姊夫妇赴白水训导任，从此十九年不复相见矣"。虽有月波的关心安慰，但无法改变流离失所的寒酸，"今日重来君莫问，空箱典尽嫁时衣"。李娓娓三十余年来，未能求一安身之地，且家徒四壁，可叹蝼蚁余生。

寄寓长安，时常怀忧无眠，悒悒不乐，然念及古人之诗句"自念月照千古，人生几何"，在漫长的生命历程里，不得不寻几分超然释怀，"余遇多艰，何妨置身度外，寄恨毫端，亦可消遣"。也许唯独拈毫吟咏，方能得到些许的安宁。据李娓娓自序，其诗、词在回匪兵火后已经收集百余首，然而仅仅在亲友之间传颂，从未示人。壬申年（1872），娓娓之侄李小岩前来看望，大加赞赏，遂将草本携去。"乃为二三相识者所阅。从此互传以为能诗。"也许恰恰借此名气，李娓娓得以借笔墨为生，维持艰难的生计。

时运不济，命途多舛，幸有两个孝子相伴左右。长子曹继宗晨昏侍奉母亲，而次子曹继德为启蒙先生，以此微薄收入养家糊口。"光绪二十年（1894）春夏间，母寝疾，二人晨昏侍奉，汤药不离，衣不解带者数月。嗣母病笃，医药罔效。伯（指曹继宗）愈忧戚，计无所出。仲（曹继德）星夜潜祷于省城隍庙，断其一指和药以进，母病旋愈。"据《延川曹氏族谱》可考，李娓娓长安住址在长安学署旁。疑其次子曹继德亦从教于该处。长安学署一位教官被继德的至孝所感动，上书使臣，于是给予颁发匾额，旌嘉其门。由是孝名闻于关中。随之，士林中的同志，赞誉之余亦怜悯其家庭的孤苦，遂凑钱百余，资助继德婚娶。据载，曹继德婚娶时已经40余岁。据此可推考，从延川逃亡省城时，次子至少已经16岁，而李娓娓自序中陈述自己避难省城时已30多岁，孩子十几岁，也符合情理。

李娓娓早年丧夫，又遭家贫，漂泊省城，时常患有病疾。其诗《秋日病中》："依枕浑无力，求医又苦贫。"而这次重症，似又记载于《春日病中》："乐事常无苦事多，药炉烟里奈愁何……良医未必求无术，久病偏逢乱后贫。"另外，据《延川曹氏族谱》载，因贫困，儿子皆至四十余未婚娶。可见，"俗虑萦怀，乱人心绪"，诗人才华横溢，且世事感触至深至切，怎能因生活困顿而投笔停思？李娓娓长兄李应炘，年老时亦旅居省城。他在西安结交文友，组建诗社，以课学徒。诗社中每遇比试，李娓娓诗作常评为第一，无人能比。文友们以此将这位才女比作李清照。然而不管是寄答亲友，还是应景之作，抑或悲咏实事，她都能洗尽铅华，以涉世之深哀处世之痛，绝少雕饰。就连亲友、诗友的称赞，她都不以为挂碍，她曾言"不是词人李易安"，她用凄婉来表达彻夜的孤寂，借不尽的文思来支撑微弱的生命。

又据《延川曹氏族谱》载：光绪戊戌（1898）秋，李娓娓姨甥赵尔巽在赴任新疆布政使的途中，路过关中，拜谒姨母。得知曹继宗犹未婚娶，给予接济，继宗也因此娶了妻室。赵尔巽亦为继德推荐教馆。娓娓一家亦因此宽裕少许。后来多赖赵尔巽帮忙救济，方能安度晚年。

然命运弄人，李娓娓二子皆先母而卒。室中更无人，且无后。"姑媳数人，日惟相与涕泪而已。"可见晚年之潦倒凄惨。她也因丧子之痛，最终悲泣而终，卒年八十余。据《延川曹氏祖谱》载："幸胞侄之棻，迎其丧归里而合厝焉。"

三、结语

李娓娓生逢乱世，经历了清末至民初的时局动荡，目睹了回匪之乱，惶恐于日本军轰炸警报等一系列历史事件。所谓"覆巢之下，岂有完卵"？她虽生于官宦之家，仍避免不了一生颠沛流离。母亲、兄弟相继离世，丈夫曹震方早早撒手人寰，虽遗二子，但于中年亦离母而去，且无乳孙。李娓娓之诗词，本身就是生命的痛彻感悟与深沉呐喊，也正是依托于诗歌，她微弱的生命才得以存活和绽放。

（作者单位：榆林学院）

《西渎大河志》考述

孙师师

《西渎大河志》为明代张光孝所著，记黄河有关事宜，包罗上下古今，考镜天文地脉、黄河源流支脉及改道路径，又记历代治河之法及其得失功效，兼广采故实、艺文，汇编而成。

张光孝出身于世宦之家，书香门第。张光孝祖父为华州张潜，《本朝分省人物考》中有记载。张潜一生仕途沉浮，茕然卓立，与当时世所推崇的才子康海交往密切。

> 潜风流蕴藉，善吟咏工书。华州山水佳胜，足以自娱。又常往来武功与康先生游，对客命酒，谈论古今，时出雅谑，听者洒然如临皓月、沐清风，鄙吝顿消弗自觉也。①

张、康为姻亲，康海长女嫁于张潜之子张之絜，生子张光孝。由此可以看出张光孝家学渊源，其祖父张潜、外祖父康海，尤其是康海，对其一生为人、任官、治学影响颇深。

张潜，字用昭，号东谷，华州人，侍郎张锦之子。生而颖秀，八岁时能日记数千言。弘治九年中进士，授山西司主事，后其职位多次变迁。张潜在职期间，为官清正，不与俗同流。佞宦刘瑾用事时，张潜就避匿起来，有人劝他说你们身为同乡，不来往会致祸，张潜只笑不答。后任山东左参政，仅一年便遭诬陷罢职，归乡寄情山水。

康海，初名澍，字德涵，号对山，又号浒西山人、浒西子、沜东渔父、太白山人。康海在其著作《对山集》中著有"康氏族谱"四篇，著述了其家族历史。康族自明代

---

① 过庭训：《本朝分省人物考》，明天启刻本，第 2175 页。

起逐渐显赫，其高祖父康汝楫时家族开始势起。康汝楫字济川，号东里，由科举进仕，初为武功县学训导，后应燕王朱棣之召入王府供职，任朱棣的老师，太宗即位后升为北京行部左侍郎，其三子也皆任高官。到康海这一辈，有子女十二人，其中进士三人，贡生二人，为康族最显赫的一代。康海生于仕宦之家，且自幼聪颖，弘治壬戌十五年（1502）取进士第一，授翰林院修撰。与刘瑾为同乡，因疏救李梦阳而被迫与刘瑾往来。后刘瑾败，康海因与其有往来而被归入瑾党，罢职免官。康海获罪后，李梦阳此时已官复原职，却没有为康海辩护，世传康海曾因此而著有杂剧《中山狼传》，但《中山狼传》是否因李梦阳而作，研究者有不同的见解。康海被罢官后，纵情山水，放浪形骸，以读书为文，名声宣扬于时，因此虽然被免，但名声却更加显著。

张光孝，字惟训，别号左华，明代咸林（今陕西华县）人。嘉靖二十五年（1546）进士，授任河南西华县县令。

> 海有女，工文词，为兰州华州孝廉张之椠妇。早寡，焚弃笔墨，抚儿光孝成立。及光孝筮仕西华，尚不知母能文。时有表姊某夫人求为墓志，母不报。母卒，光孝简母遗奁，得二集，抚大哭，以知对山文字传于女。①

张光孝的父亲张之椠去世时间为嘉靖丙戌（1526）正月，是年张光孝仅七岁，康海《对山集》中有《悼张之椠三首》。张光孝家学渊源，深受其祖父、外祖父影响，《西淡大河志·叙》有云：

> 其曾大父咸跻胘仕，为世闻人。公生而聪颖绝伦，豪宕神敏，万言立就，酷似其外祖对山公，世恒言醴水无源，岂然乎？所著有诸体，赋、颂、古诗、歌行、近体律，并文集数十卷，行于世，兹《大河志》特其一斑。②

张光孝为西华县令时，竭力为百姓做实事，兴修水利，与民休息。西华县城本为土城，四面受水，遇水灾易倾圮，百姓深受苦扰，张光孝改为砖城，三个月竣工，减轻了水害。当时有一王姓读书人被诬告获罪，张光孝竭力为其辩护，为之平反，百姓十分悦服。但张光孝为人耿直，终因不愿阿谀奉承而被罢职。

张光孝善作文章，文采出众，才思敏捷，著作多行于世，罢职归乡后，绝意仕途，潜心著述，著有《左华文集》、《华州志》、《西淡大河志》、《三边人物列传》、《理学名

① 查继佐：《罪惟录》，《四部丛刊》三编影手稿本。
② 张光孝：《西淡大河志》，明万历三十八年刻本。

臣传》等。其子士鹏为密云教谕，子士鲲为沁源令，都以文章、德政世其家。

《西渎大河志》书成之后，张光孝没有把它公之于众，《西渎大河志·叙》有云：
"书成，公溘焉，修文地下家藏者三十余年。一日，余偶从公子征君士鹏所获，一卒业
则喟然叹曰：'嗟乎！渊哉，大河志乎。'"可能《西渎大河志》完成后，还没有来得及
流传，张光孝便溘然长逝了，以致此书藏于家中三十余年而不被世人所知。直到钦差
总理河道提督刘士忠从张光孝之子张士鹏处看到此书，此书方行于世。

《西渎大河志》共有六卷十三篇，记载了黄河的发源地、流向、支流，历代决
塞修浚事宜，旁及祀典、杂事、艺文，附入天河星象、龙马卦画、绘图列说等，凡
七万二千八百余字。《西渎大河志》的主要思想内容包含以下几部分：

第一，科学性考证大河名称由来、大河源委经行并记载决塞修浚事宜。主要体现
在第一、第二、第五、第六、第八、第九、第十篇里。

在第一篇"叙大河志例"中，张光孝叙述了著《大河志》的起由、目的以及《大
河志》的体例。我国自古就有编修方志的传统，明朝更是方志编纂的兴盛期，张光孝
除《大河志》之外，还编有《华州志》，是学术界所称的"明朝关中八部名志"之一。
张光孝为华州人，居于河岳之间，编志的地理优势明显，他考查了古今有关黄河的记
载，发现都只重记录河患而不记河图等事，在"叙大河志例"中，张公认为河图内藏
乾坤，"河九折东向，负阴德从阳明，协臣道趋君也"，又"悯学者之不能体认斯道也，
爰作河志，以冀学臣道者之鉴，而亦备格物者之观云"。然后列出《大河志》六卷十三
篇的篇名。

第二篇为"大河名义述"，张光孝详述了大河名称的由来。古时认为天下大水有
四，称之为四渎。四渎为江河淮济，东为江，北为济，西为河，南为淮。"渎"，《白虎
通》曰："其德者大，故称渎。"《说文解字注》有如下解释：

> 渎，水菁声，古矦切，四部。渎，沟也。谓井闲广四尺、深四尺者也。从水、
> 卖声。
> 徒谷切，三部。一曰邑中曰沟。曰字依玄应补，不必井闲，亦不必广四尺、
> 深四尺者也。按渎之言窦也，凡水所行之孔曰渎，小大皆得称渎。《释水》曰"注
> 浍曰渎"，又曰"江河淮济为四渎"。《水经注》谓"古时水所行，今久移者曰故
> 渎"。[1]

四渎之中，黄河被看作是水之灵气，四渎之精神所在，被称为河宗。河水之德常

---

[1] 许慎撰，段玉裁注：《说文解字》，上海古籍出版社1988年版，第554页。

与君王、国运紧密相连，比如说《史记》中记载秦灭六国，自以为是获水德之瑞，因而更名河为德水。而河之谓"黄河"，是因河水蜿蜒从东北向西南流经途中，经过中原地区，中原河多注入其中，因地表土质疏松，泥沙俱下，使河水变得浊黄，因而西域称之为"黄河"。黄河之水，根据十二个月份不同的气候又有不同的名称。

第五篇、第六篇为"大河行地图"及"大河行地图考"。张公参考了古今史志、方志等多种文献典籍，详细描绘和叙述了大河流经地域，黄河的走向、改道，黄河的支流与注入黄河的河流情况，考证了黄河的河源，为学者研究黄河提供了十分丰富的资料。

第八篇为"大河套地纪"，讲述河套之地的历史，历代所设郡县、边防以及战争，重点叙述了当朝对河套地的治理。张光孝对治理河套的看法是，此地初治时易管理，但时间一长就易失守，是治人治法的弊端，太平日久易忘战危，这不仅是河套地的忧患，也是内地的忧患，恢复边疆之地，需要卫、霍这样的大将，更需要朝廷时时充满忧患意识。

第九篇、第十篇为"大河决溢壅考略"、"大河古今治法考"。详列自周定王起经汉、唐、宋，以至当朝，黄河决口壅塞的时间、位置，以及自古至今历代治理黄河的办法。总观历代，治河方法大致有三：一为疏，顺势力导，使之按原道入海；一为浚，疏浚河流淤塞之处，使河床加深，不致泛溢；一为塞，修筑堤坝，减缓大河流势，但若杀水势不得，就会造成河水更大的泛滥。

第二，附入具有神话色彩的天河星象、龙马卦画，为《大河志》增添了神秘性，体现在第三、第四、第七篇里。

第三篇、第四篇为"大河应天河图"及"大河应天河图考"。第三篇是一张《天河本图》。第四篇介绍了天河经行位置，古人称天汉（即天河）属金之气，称陕西为金水之位，天河与大河相对应。第七篇为"大河出龙马图述"。"河图洛书"历来被看作是汉族文化的起源，据上古传说，伏羲氏时，洛阳东北孟津境内的黄河中浮出龙马，马身龙鳞，高八尺五寸，颧骼奇异，背负图献于伏羲，伏羲依此图而演成八卦，成为《周易》的来源。又相传大禹时，洛河中浮出神龟，背驮洛书，献给大禹，大禹依此治水成功，天下遂化为九州，又依此定九章大法，治理天下。河出图，被古人视为君王有德的象征，"伏羲德合上下，天应以鸟兽文章，地应以河图洛书，伏羲则而象之，乃作八卦"[①]。君王德合天道，故上天示下瑞兆。因而上古时有德的君王大都与河图有所关联。《路史·黄帝纪》中有云"河龙图发，洛龟书威，于是正乾坤，分离坎，倚象衍数，以成一代之宜，谓土为祥，乃重坤以为首，所谓《归藏易》

---

① 　顾起元：《说略》，《影印文渊阁四库全书》本，第181页。

也，故又曰'归藏氏'，既受河图得其五要。"①黄帝有土德，故有河图出，以启示黄帝治理国家。《宋书·符瑞志》有关于帝尧、帝舜与河图的记载："乃有龙马衔甲，赤文绿色，临坛而止，吐甲图而去。甲似龟，背广九尺，其图以白玉为检，赤玉为字，泥以黄金，约以青绳。"又"舜乃设坛于河，依尧故事，至于下昃，荣光休气至，黄龙负图，长三十二尺，广九尺，出于坛畔，赤文绿错，其文言当禅禹"。②除此之外，古文献资料中亦有商汤、周文王、成王、周公得龙图、龟书的记载。这些记载于典籍中的传说虽经不起推敲，但是河图洛书只授予有德的君主，表明了古人对有德之君的推崇期盼，而河图洛书中所蕴含的道理也反映了古人治理天下的思想理念。

第三，汇编有关大河的祀典、杂纪、艺文，多具有文学性质，体现在第十一、十二、十三篇里。

第十一篇为"大河祀典"。山川大河自古就被认为具有神性，君王祭祀山川大河来给自己的统治披上至高无上的外衣，向百姓昭示自己受命于天，期望以此巩固统治，又能够向上天宣示功绩，以获得上天的庇佑。张公在"大河祀典"篇里详细记载了明朝自明太祖起至孝宗弘治年间皇帝祭大河文，凡19篇。从内容看，大致分为两类：一类是写君王对大河的敬仰，皇帝上承天命，宣扬功绩，祈神庇佑；一类或写某地兵祸战乱，皇帝发兵是为了天下苍生，祈求河渎之神消解路途瘴雾，保佑军士安然返回，或写某年天大旱或涝浸，疾疫交行，祈求河神消弭灾祸，造福民生。帝王祭大河文能从侧面反映当时社会民情，哪一年国家风调雨顺，承顺太平，哪一年有叛乱，皇帝派谁去平乱，或者是哪个地方出现旱灾疫情，百姓生活如何，可在一定程度上补充史志的遗缺。

在"大河杂纪"篇中，张光孝收录了历代文献典籍中有关大河的各种记载，包含上古传说、有关河神的笔记小说，这些典籍资料反映出古人对大河的不断探索认知。有科学性的地理考证，如《尔雅》、《山海经》、《凉土异物志》、《释氏西域志》之类的典籍，考证了黄河的源头、流向。除此之外大多是带有文学性的记载，多具有虚构性、传奇性，体现了古人对未知事物的浪漫想象。

"大河艺文述"篇载入了大约四十篇关于黄河的诗赋，总览这些诗赋，大都极力描述了黄河的浩荡汹涌，首篇收入明太祖的《黄河说》，中有"忽然一水周旋，则水底有声暗暗鸣鸣，又少时间，水中一穴若数丈园，有如井状，上通天气，下至河底，俗呼'旋涡'是也"这样的情状。薛瑄的《黄河赋》中有"祝融载节以南届兮，雷雨奋达

---

① 罗泌：《路史》，《影印文渊阁四库全书》本。
② 沈约：《宋书》，清乾隆武英殿刻本。

以雾霈。潢支流而股合兮，百川奔而来会。木轮困而漂拔兮，蔽云日而淘汰。狂澜汹而啮岸兮，块土焉塞夫冲溃"如此浩大的描写，又有高启《黄河水》中"黄河水西来，一折一千里"之类的夸张描绘。黄河在儒生心目中又具有悲壮色彩，《黄河风云词》有云："渺渺黄河风雪生，云愁海思不堪行。阳春白雪非难和，公无渡河无限情。"黄河又承载着儒生对圣君盛世的期盼，高启《黄河水》中有："旧传一清三千年，圣人乃出天下安。河水之清一何少，吁嗟至治何由还。我愿河水年年清，圣人在上圣复生，千龄万代常太平。"正是人们对黄河的这些观感、情怀，使得黄河得以不断传承着我国悠久的历史文化。

大河者，汲取天地元气，自西域而下，润泽万物，波浪翻滚，颍洞不可测其深，它负阴抱阳，其德大矣，水之德则象征着君王之德，君王有德则国家大幸，《西渎大河志》详述了黄河源委与决塞修浚之宜，为世人了解黄河提供了翔实的数据，光孝终究是位儒生，关心国家大计，忧国忧民，因而又详列了河图洛书、祀典、杂纪、艺文，宣扬水德，以此来垂训立世。

（作者单位：陕西师范大学文学院）

温仪生平考述

温仪，字可象，号纪堂，陕西三原人，康熙年间进士，历任知县、知府、道台等职，是清代中期较有名气的画家。《纪堂遗稿》1卷，由温仪后人整理、排印，收录了温仪所作诗歌 210 首。现知《纪堂遗稿》有两个版本：一为民国二十二年西安克兴印书馆铅印本，此本有温良儒作序，并于正文后附温仪祖辈温日知、温自知两人遗诗 43 首；二为民国二十五年排印本，此本为温良儒所辑《温氏丛书》中第五种，目录前有温良儒所作《温氏丛书序言》及从（乾隆）《三原县志》①、《国朝画征录》、《历代画史汇传》中摘录的温仪小传，末附温日知、温自知遗诗。

现可搜集到的有关温仪的资料并不多，《清史稿》亦无其传，仅在地方志中有零散的记载，由于其画家的身份，在一些论画的著作中也可偶见对温仪其人其事的记述。基于这些资料，再结合《纪堂遗稿》两个版本前的序言及温仪在自己的诗作中透露的信息，我们可以大致了解温仪的出身及其生平事迹。

一、温仪的家世

《〈纪堂遗稿〉序》中写道："吾温氏为有明名臣恭毅公之裔，世籍三原，为望姓……公子日知、自知、予知，皆能传家学，有文名。曾孙仪，字可象，复以名公卿有声江南，世所称'纪堂先生'者也。"②《温氏丛书序言》："吾温氏有兴斋公者，南宋之季由洪洞避乱来三原，遂家焉。十传至明嘉、万间。先少保恭毅公讳纯，字一斋，

---

① 　原书标明录于陕西省通志，经查阅，书中所录温仪小传仅见于（乾隆）《三原县志》，故改。

② 　《纪堂遗稿》，民国二十二年西安克兴印书馆铅印本。本文所引温良儒《〈纪堂遗稿〉序》及温仪诗作，若无说明，则俱出此处，后文不再赘注。

昭武将军讳编，字约斋，兄弟同膺显秩，族以光大。又四传至讳仪号纪堂公，官至监司，以书画名世，有声朝野。即世系考之，良儒乃昭武公十一世孙，而纪堂公则良儒八世祖也。"①

　　从这两段话中可以得知，温仪应为温恭毅公纯或其胞弟温编的曾孙。温纯（1539—1607），明代名臣，嘉靖年间进士，历嘉靖、隆庆、万历三朝，官至左都御史，卒，赠少保，追谥"恭毅"。《明史》卷 220 有《温纯传》。② 温纯亦擅文，一生著述颇多，所著《温恭毅公集》30 卷可见于四库全书总目。温编（1555—1625），官至游击将军。

　　温仪在诗作中透露出了一些关于家世的信息。《赠文自修舅氏荣选三首》诗写道："五世交情兼师友，百年岁谊自高曾。""师友"句后有小字注文："外高、曾祖弘齐、太清公父子俱受业先恭毅公之门。"似可作为温仪为温纯之后人的内证。温仪还有《军都使署寄怀非园族兄二首》、《题非园族兄新斋》、《挽非园族兄》诗，中有"出处纵分气自同"、"累叶连枝童稚亲"等句，可见温仪与这位"非园族兄"应为同出温氏一脉但血缘较疏的远房同辈。温德勰《关中温氏族谱》之《录三原县志》："温德勰字非同，号非园……门人私谥孝介先生。"③（乾隆）《三原县志》卷 18《著述志》载："《非园集》，温德勰著。"④ 诗中的族兄非园，应是温德勰。据考证，温德勰之曾祖温雅，与温纯、温编同为先祖昌原玄孙。⑤ 故温仪与温德勰的确是同出温氏一族但血缘已经相当疏远的同辈。另温仪《秋感五首（其一）》："风流玉镜旧门闾，少保桥西世业疏。乡味梨花饶酝酒，生涯芸草有藏书。金萱堂上八旬外，兰玉阶前五代余。嘉会彩衣照绿鬓，向来乡党羡吾庐。"此诗作于温仪卸任还乡之后，"少保桥"便是指温纯晚年在家乡三原修建的龙桥。据（乾隆）《西安府志》卷 10《建置志》："龙桥……明万历二十年少保温纯倡建。"⑥ "玉镜"在古代喻指清明之道，结合诗意观之，温仪是在暗示自己出身名门，故此诗也可作为温仪为温纯后代的佐证。

二、温仪的仕宦经历

　　今《陕西省志》卷 71《著述志》中收录了"纪堂遗稿"条目，并以寥寥数语介绍

① 《纪堂遗稿》，民国二十五年排印本。
② 张廷玉：《明史》卷 220《温纯传》，中华书局 1997 年版，第 5800 页。
③ 转引自王超：《温纯家世与生平研究》，西北大学 2010 年，硕士学位论文。
④ 刘绍攽：（乾隆）《三原县志》卷 18，影印清乾隆四十八年刻本，第 1098 页。
⑤ 王超：《温纯家世与生平研究》，西北大学 2010 年，硕士学位论文。
⑥ 严长明：（乾隆）《西安府志》卷 10，影印清乾隆刊本，第 505 页。

温仪的生平为："温仪，字可象，号纪堂，陕西三原县人。清康熙五十二年（1713）进士，任书局纂修官。清雍正初年知进贤县（今江西进贤县），不久，改兵部侍郎。卒年七十三岁。"① 考之古籍，对温仪的记载较为详细的有两处，一为（乾隆）《三原县志》卷9《人物志》中的温仪小传：

> 温仪，［张志］字可象，敦笃好学，善书画。康熙癸巳成进士，御试《春日早朝诗》名列第二，充书局纂修官。雍正初，试进贤知县，超擢保定知府。安州姬璋杀族人姬朝楠以报父仇，仪以孝思可取，量从末减。容城魏超因奸致死黄桂林妻孙氏，邑令周松坐桂林诬告，仪为昭雪，超伏法。晋霸昌道，寻改兵部郎。归里，诸生从之受举业，务求瑰丽可喜，原邑举业之变自此始，而科第日盛。为人坦率，不立崖岸，贤不肖皆乐近之。年七十三卒。②

另一处为《国朝画征录》中的记载。《国朝画征录》是一部画史，因此该书中的温仪小传主要着力点在他作为画家的一面，对其生平经历只是一笔带过："温仪，字可象，号纪堂，三原人。康熙壬辰进士……初仕进贤县，卓异，入都授保定府，迁霸昌道，罣误镌三级，旋复。"③

从以上资料中，可以确定温仪是康熙年间中的进士，但中进士的具体年份，（乾隆）《三原县志》和《国朝画征录》的记载并不一致，分别为癸巳年和壬辰年。（乾隆）《西安府志》、（雍正）《陕西通志》、（同治）《进贤县志》中均记载温仪为康熙五十二年癸巳进士。在《清朝进士题名录》和《明清进士题名碑录索引》中，亦记载温仪为"康熙五十二年癸巳恩科"进士，名列第三甲第十九名。④ 温仪为壬辰年进士的说法，则见于《国朝画征录》、《桐阴论画》等论画著作中。综上，应认定各地方志的记载是正确的，即温仪为康熙五十二年癸巳进士。

按（乾隆）《三原县志》的记载，温仪在中进士之后被选为书局纂修官。（同治）《进贤县志》中也记载："温仪……癸巳进士，授编修。"⑤ 其他关于温仪的文献资料对此没有提及。温仪《早发沙井（时卓荐北上）》诗中有"四载熏风怀帝里，趋朝仍候掖门松"句，后有双行小字注："公自注云：'余修书七年，每逢元旦圣节时，随同馆朝臣庆贺，皆待漏于此。'"《读刘省庵行述，偶成长句，即寄天石生昆季》诗中也有小注

① 陕西省地方志编纂委员会编：《陕西省志》卷71，陕西人民出版社2000年版，第101页。
② 刘绍攽：（乾隆）《三原县志》卷9，影印清乾隆四十八年刻本，第570页。
③ 张庚：《国朝画征录》卷下，浙江人民美术出版社2011年版，第101页。
④ 江庆柏：《清朝进士题名录》，中华书局2007年版，第312页。顾廷龙：《明清进士题名碑录索引》，上海古籍出版社1979年版，第1162、2684页。
⑤ 江璧：（同治）《进贤县志》卷16，影印清同治十年刻本。

云："余以修书留京，不得往吊。"这两条注文可视为温仪曾在京任纂修的最直接证据。康熙时期官修图书很多，大都临时成立书馆，书成馆撤。温仪担任的可能就是某种官修图书的纂修。

在"修书七年"后，温仪外调为江西进贤知县。（同治）《进贤县志》载："温仪……辛丑改授进贤知县……在任四年，擢保定守。"① 按，辛丑为康熙六十年（1721）。温仪在进贤为官时公正廉洁，亲民爱民，宽严有度，地方志中对其多称赞之语。（同治）《进贤县志》："天姿明敏，而临事一本静重。于胥役寡謦笑，爱士如性命。"②（同治）《南昌府志》："驭吏严而爱民。"③ 从这两部地方志不多的笔墨中，可以看出温仪是一位深得民心的好官。他审办案子时公正慎重，少用刑罚，吏民贴服。崇尚节俭，不以起居饮食为意，淡泊养德。曾经因事下乡，父老送上薄酒和鸡蛋，温仪欣然接受，对丰盛的菜肴则加以谢绝。（同治）《进贤县志》中还描绘了这样一幅官民相亲的画面："童叟环观，如依膝下，丰歉苦乐，咸得自言。"④

由于为官政绩显著，雍正三年（1725），温仪被擢为保定府知府。《早发沙井（时卓荐北上）》一诗便写于温仪从江西北上的途中。清制，官员考核中政绩突出可以升迁者称为"卓异"，"卓荐"即因为卓异而被举荐。这时温仪可谓仕途得意，心情自然愉悦兴奋。诗曰："登车也复似追锋，怅别西山翠几重。二月晴光荣草树，一江春浪变鱼龙。适逢荐疏推黄霸，敢谓循声媲鲁恭。四载熏风怀帝里，趋朝仍候掖门松。"此时应为1725年春天，温仪虽有些许离开为官四年之地的惆怅，但更多的是对自己政绩得到肯定的欣喜及再次入京的喜悦。温仪任保定知府的时间不长，根据（雍正）《畿辅通志》的记载，温仪于雍正三年任保定府知府，雍正四年改霸昌道道员，在任的时间不过一年。按清制，地方机构分省、道、府、县四级，道员为正四品官，温仪已经是品级较高的地方官员了。但温仪任道台的时间更为短暂，（雍正）《畿辅通志》中记载了历任霸昌道道员的上任时间，温仪的接任者高淳也是雍正四年上任，则温仪在霸昌道任上的时间最长不超过一年。

对于温仪卸霸昌道任后的去处，古籍中仅（乾隆）《三原县志》、（同治）《进贤县志》、《国朝画征录》有提及，并且是三种不太一致的说法。

（乾隆）《三原县志》："晋霸昌道，寻改兵部郎。"⑤

（同治）《进贤县志》："寻升霸昌道，引年归。"⑥

①   江璧：（同治）《进贤县志》卷16，影印清同治十年刻本。
②   同上。
③   许应鑅：（同治）《南昌府志》卷26，影印清同治十二年刻本。
④   江璧：（同治）《进贤县志》卷16，影印清同治十年刻本。
⑤   刘绍攽：（乾隆）《三原县志》卷9，影印清乾隆四十八年刻本。
⑥   江璧：（同治）《进贤县志》卷16，影印清同治十年刻本。

《国朝画征录》："迁霸昌道。罣误镌三级，旋复。"①

今《陕西省志》载温仪曾任兵部侍郎，然遍查史料，并没有对温仪任兵部侍郎的记载。按清制，兵部侍郎为兵部副长官，若温仪真的官位至此，则有关他的文献资料中不可能毫不提及。故《陕西省志》中的记载，许是对（乾隆）《三原县志》所言"兵部郎"的误读。温仪的《军都述怀（辛亥九日）》诗写道："露下丛菊黄，霜清柿叶赤。长年逢岁暮，旅人念故宅。山郭见秋成，禾黍满阡陌。此邦经五霜，厌作军都客。岂谓翻云鹊，亦知惜羽翮。且任造物推，不堪思凤昔。昔者奉使来，鞅掌劳簿籍。巡历动经年，海滨逐棨戟。是时吏事急，举刻常接迹。监司与守令，亦必慎剖析。贤愚难诬人，谁为辨白黑。上官有所击，失意并迁斥。升沉有定数，何必长太息。圣人慎行藏，达士识损益。飘泊三辅间，帝京实咫尺。不敢诉当时，闭门自省责。故乡不可归，天涯何所适。去住两无策，牢落头尽白。"辛亥年为 1731 年。清朝没有军都这个地名，倒是汉代有军都县，其辖地大约在清朝昌平州。清代文人为求雅致，常不直称地名，而以古地名代之。昌平正是霸昌道的驻地，所以温仪很可能虽不再任霸昌道道台但仍住昌平。观此诗，温仪此时仕途甚不得意，字里行间流露出对现状的不满和对命运的无奈、悲愤，全诗感情沉重郁结。从"此邦经五霜，厌作军都客"可看出，温仪已在此地为官五年。从 1731 年往前推五年为 1726 年，温仪正好是在这一年任霸昌道。诗中又有"上官有所击，失意并迁斥。升沉有定数，何必长太息"之句，很明显地道出自己受到冤枉并被贬斥。这样看来，《国朝画征录》中温仪被处分、官职连降三级的记载是很有可能的。又《军都杂咏》诗首联："门掩山城静不哗，咫尺帝京渺天涯。"昌平境内有军都山，称此地为"山城"是合情理的，且昌平离京城不到 50 公里，可谓咫尺之间。又《上谷寓中（壬子五月）》诗中写道："八年游迹傍京华。"壬子年为 1732年，温仪于 1725 年升任保定知府时入京畿，至此确已有八年了，而这八年间温仪未能再次入京为官。合而观之，温仪当是在霸昌道任上时因过失被降职，此后便一直在当地做小官。至于具体官职是什么，因资料有限，不敢妄断。

《都门留别吴镏阁（乙卯八月，并小序）》诗序中提到："乙卯夏，余以年老罢废。"又有《乙卯九月归家二首》。由此可知，温仪是于乙卯年（1735）结束了自己的仕宦生涯，回到家乡三原。据（乾隆）《三原县志》，温仪回乡后开馆讲学，教授诸生举业。《秋感五首（其五）》便是对这种"退休"生活的写照："讲授清流傍户庭，廿年尘梦已全醒。半生事业虚三策，垂老生涯剩一经。露下菊英绕舍紫，雨余山色到门青。只应料理闲中课，双牖时时玩二铭。"此时温仪寄情于传道授业的闲适生活，颇有几分超然，但在该诗中还是流露出壮志未酬、身已先老的遗憾与失落。

---

①　张庚：《国朝画征录》卷下，浙江人民美术出版社 2011 年版，第 101 页。

三、作为画家的温仪

温仪是清代中期较有名气的摹古画家。《〈纪堂遗稿〉序》："先生精绘事，且工书，而世顾独重其画，谓可与三王侔。"清代画史上将王原祁、王时敏、王鉴、王翚合称"四王"；除"职业画家"身份的王翚外，把王时敏、王鉴称为"二王"；又把王时敏、王鉴与王原祁称为"娄东三王"。他们是中国文人画在清代前中期达到顶峰时的主要代表人物。温良儒所言固然有为先人美言而夸大的成分，但温仪在当时画界的确占有一席之地。

《国朝画征录》是一部仿《史记》体例编纂的断代画史著作，成书于康熙六十一年（1722）至雍正十三年（1735），收录了清代画家 450 余人的传记。书中有温仪小传：

> 温仪，字可象，号纪堂，三原人。康熙壬辰进士，受业于王少司农，谨守其法，用笔沉实，绰有师风，而冲瀜骀宕之妙尚未及也。仪少嗜画，见解独超，每恨西陲无宗法，窃慕司农而未得其因。后以计偕入都，即获隽，乃谒司农，数月以画学请，司农笑曰："子亦志画耶？"已而命进几席，俾观用笔起止、浓淡先后，又授以古图缩本，于是遂大进。尝述其师训曰："勾勒处笔锋须若触透纸背者，则骨干坚凝；皴擦处须多用干笔，然后以墨水晕之，则厚而有神。"又曰："用墨如设色，则姿态生；设色如用墨，则古韵出。画家习不扫自除矣。"署中洁小斋为画室，绢素纵横，笔墨淋漓，公暇入此室处，点染不辍，曰："吾非好劳，恐荆棘生手耳。"初仕进贤县，卓异，入都授保定府，迁霸昌道，罣误镌三级，旋复。[①]

王少司农即王原祁。王原祁（1642—1715），字茂京，号麓台、石师道人，江苏太仓人。官至户部侍郎，人称王司农，以画供奉内廷，深得康熙帝器重。王原祁善画山水，画风承董其昌、王时敏，为娄东派的领军人物。娄东派画风崇古保守，强调根基扎实，注重绘画理论的修养，然而缺乏创新。当时王原祁的追随者很多，弟子遍及朝野，极大地影响了清代文人山水画的发展。

按《国朝画征录》的记载，温仪是在中进士后开始师从王原祁学画的。温仪为 1713 年进士，王原祁卒于 1715 年，则温仪师从王原祁学画的时间不到两年。在王原

---

① 张庚：《国朝画征录》卷下，浙江人民美术出版社 2011 年版，第 101 页。

祁门下，温仪不仅学到了扎实的绘画技巧和系统的绘画理论，也结交了很多或师出同门或志同道合的友人。温仪自小嗜画，又勤于练习，一经点拨，技艺自然突飞猛进。然而他对王原祁的极力摹仿，在画技尚为稚嫩时是他进步的途径，在画技纯熟后又成为他创作道路上的巨大障碍。中国画讲求"神韵"，一幅好的作品要有内在的生命力和韵味。一味地摹仿只能达到形似，永远不可能达到形神合一的境界。清人秦祖永所著《桐阴论画》为一部画家品评著作，全书共三编，分六卷，共录清代画家 400 余人，以"逸、神、妙、能"四品评议画家之法，后附画家小传。秦祖永将温仪列入"逸品"之中，并评价为："温纪堂仪，山水体貌纯摹司农，未免为师法所囿。夫笔墨一道，总须自立门户，先深入六法中，而后超出六法外，乃能法我两忘，自游自止。具此见解，何患不登峰造极哉！"① 此评可谓中肯。

王长启《温仪的山水画》、董洁《摹古画家温仪的山水画》两篇文章共介绍了今藏于陕西省历史博物馆的温仪画作七幅，即《秋色山林飞瀑图》、《林壑山屋图》、《墨笔山林图》、《夏日山林图》、《仿北苑山水图》、《仿巨然秋山图》、《仿一峰老人秋山图》。这些作品的构图相似，大多是远景为高大重叠的山峦，山中林木葱郁，掩映着几楹茅舍，或有山涧飞瀑，或有林间小道；近景为坡石、树木、房屋等。笔法细腻，画面工整清丽，意境幽寂深远，气势宏大。然而这些作品几乎都是摹仿前人而作，缺乏新意和神韵，显得有些呆板凝滞。就温仪生平研究而言，其画作更重要的价值在于画上的题注。《秋色山林飞瀑图》左上角有温仪自题："梅华庵主有溪山无尽、关山秋雾二图，皆称墨宝，余于太仓王夫子缩本中见其临笔，已精妙不可言，此幅摹其梗概，有少分相合否。丙申初夏并识于金台寓斋。三原温仪。"左右两侧又有宋伯鲁跋："……藏有温可象山水一帧，出以见示，峰峦浑厚，结构谨严，深得司农秘妙，纪堂为'王门高弟'，固宜有此……"② 再次印证了温仪为王原祁弟子，且一生创作深受其影响。《夏日山林图》画中左上方题："庚子长至日仿一峰老人笔于京郊之云槐书屋，惇物山人温仪。"③ 庚子年为1720 年，温仪大概在这段时期用过"惇物山人"为号。《仿一峰老人秋山图》左上角自题："乾隆上章涒滩之阳月仿一峰老人笔于二园三多斋，纪堂温仪。"④ 古代用"上章"、"涒滩"以纪年，"上章"指天干中的庚，"涒滩"指地支中的申，即此画创作时间为庚申年（1740）十月，创作地点为二园。值得一提的是，温纯当年辞官回乡后所居宅院即名"二园"。（乾隆）《三原具志》卷1《地理志》载"二园"条："二园，在郭西，一曰井园，中有学一堂，一曰遯园，中有观物堂，温恭毅讲学栖

———————

① 秦祖永：《桐阴论画》卷下，清同治三年刻朱墨套印本，第15页。

② 转引自王长启：《温仪的山水画》，《文博》1989 年第2 期。

③ 转引自董洁：《摹古画家温仪的山水画》，《收藏界》2009 年第11 期。

④ 转引自董洁：《摹古画家温仪的山水画》，《收藏界》2009 年第11 期。

息之所。"① 温纯还著有《二园诗集》二卷，亦由温良儒收入《温氏丛书》中。1740 年温仪已经卸任归乡，那么他作画时所在的二园很有可能便是承先人家业而来。这七幅画中，有三幅是作于 1716—1720 年间，四幅作于 1736—1740 年间。大概温仪在京任纂修时与卸任回乡后这两个阶段是他的创作高峰期。1721—1735 年间正是温仪在地方上做官的时期，或许是因为公务繁忙，潜心作画的时间自然就会少些。温仪从小嗜画，至年老仍点染不辍，可以说，绘画贯穿了他的一生。

四、温仪生卒年推断

从文献资料的记载中，我们只知道温仪活了 73 岁，他的具体生卒年份则不可详考。资料有限，仅能根据现有的信息大致推断。温仪于 1740 年三月和十月分别创作了《墨笔山林图》和《仿一峰老人秋山图》，这是我们目前所知的温仪活动的最晚年份。故温仪的卒年肯定是在 1740 年十月以后。温仪于 1735 年"年老罢废"，清代官员退休年龄无定制，一般是在 60 岁至 70 岁间，品级低的官员要更早一些。假定温仪卸任之年 60 岁，则他出生于 1675 年，卒于 1748 年，中进士时 38 岁，符合情理。由此我们设定温仪生活在 17 世纪 70 年代至 18 世纪 50 年代间，误差应是不大的。

（作者单位：陕西师范大学文学院）

---

① 　刘绍攽：(乾隆)《三原县志》卷 1，影印清乾隆四十八年刻本，第 39 页。

试论《吕氏乡约》对儒家礼教的推进

孙玉茜

《吕氏乡约》是北宋神宗熙宁九年（1076），陕西蓝田吕大钧兄弟订立的、有书记载的最早的乡规民约。《宋史·艺文志》曰："《吕氏乡约仪》一卷，吕大钧撰。"吕大钧兄弟曾师从张载，笃信关中礼学，并以关学为其思想核心。《吕氏乡约》一书反映出宋代理学思想下，儒家伦理道德教化由政府行为向民间基层组织渗透。

一、从先秦儒家到宋代理学

道德伦理教化是儒家思想的重要内容。不同历史时期，儒家的教化方式也不尽相同。张亲霞把儒家教化的发展历程从先秦至两宋以降梳理为三个层面：心性化儒家、制度化儒家和世俗化儒家。她认为"心性化儒学强调个体心性修养，制度化的儒家把儒家的理念通过政治法律制度固定下来，世俗化的儒家则要把儒家的理念和百姓日用密切结合起来，渗透到百姓日用中去"[①]。

儒家创始人孔子是周礼的热烈拥护者与追随者。他对"礼"的推崇就是通过"教化"来实现的。孔子曰："性相近也，习相远也。""习"指的就是后天的习染与学习，这句话充分道明了教化的作用。孟子与荀子虽对于孔子所提出的"性"的本质有"善"、"恶"的不同认识，但是他们同样重视教化的作用。孟子指出通过教化"人皆可以为尧舜"，而荀子则认为人的贵贱、愚智、贫富都在于后天的教育，《荀子·儒效》曰"我欲贱而贵，愚而智，贫而富，可乎？曰：其唯学乎"。在这段历史时期，教化的主要方式：一是通过道德的自修，如孔子言"君子求诸己，小人求诸人"，"克己复

---

① 张亲霞：《关学的历史地位与作用》，《长安大学学报》2008年第2期。

礼为仁"等皆可为证。二是诸子讲学以教化民众。《论语·述而》曰"子以四教：文、行、忠、信"。《史记·孔子世家》亦曰"孔子以诗、书、礼、乐教，弟子盖三千焉"。师从孟子者亦众，《汉书·儒林传·序》也提到"后车数十乘，从者数百人"。先秦儒家重礼重德，其礼"并不是靠一个外在的权力来推行的，而是从教化中养成了个人的敬畏之感，使人服膺；人服礼是主动的"①。

汉代以降，儒家越来越紧密地和封建政权结合在一起，日益官学化。《汉书·董仲舒传》载董仲舒提出"诸不在六艺之科、孔子之术者，皆绝其道，勿使并进。邪辟之说灭息，然后统纪可一而法度可明，民知所从矣"。汉武帝于是"罢黜百家、独尊儒术"，专门设立儒学五经博士，并以经学作为学术考核的唯一标准。"孔子'学而优则仕'的主张，自此以后便作为正式的文官制度确立起来。"②儒家的教化因学与仕的结合具有了官方性、制度化的特点，其社会影响力也日益提高。

及至宋代，儒学思想表现出了"躬行礼教"的笃实性，儒家教化渐益与百姓日常生活联系起来，呈现出世俗化的特点。其代表人物就是吕大钧兄弟的师从对象、关中理学的创始人——张载。张载的思想带有浓厚的经世致用的"礼学"特色。《传家集》卷 63 载司马光在论及张载时曰："窃惟子厚平生用心，欲率今世之人，复三代之礼者也，汉魏以下盖不足法。"《二程遗书》卷 2 上也记载与张载同时期的二程曾说："子厚以礼教学者，最善，使学者先有所据守。"与前人不同的是，张载对于"礼"的推崇是以"躬行"、"务实"、"致用"为宗旨的。"修礼"不仅是张载完善自身道德品质的方法，在《张子全书》卷 14 中也表现为其"为天地立心，为生民立命，为往圣继绝学，为万世开太平"的道德实践。他不仅在理论上提倡儒学礼教，在日常生活中也身体力行，把"知礼"、"学礼"、"持礼"、"守礼"、"行礼"作为一套完整的工夫体系，《礼记说》中认为"惟礼乃实事"。吕大临在《横渠先生行状》中记载了张载在日常社会活动中实践其礼学思想的实际情况："其在云岩，政事大抵以敦本善俗为先。每以月吉，具酒食，召乡人高年会于县庭，亲为劝酬，使人知养老事长之义。"对于当时"祭先之礼，一用流俗节序，燕亵不严"的现状，张载也坚持独守古礼，"始治丧服，轻重如礼，家祭始行四时之荐，曲尽诚洁"。同时代之人"闻者始或疑笑，终乃信而从之，一变从古者甚众"③。张载对"躬行礼教"提倡与实践，形成了关中理学的实学传统，同时对于儒家教化的民间化、世俗化起到了引领作用。《吕氏乡约》的制定与推行就是对"明礼教、敦风俗"的关学礼学思想的具体实践，因而在《宋元学案》卷 31 中，张载赞之曰："秦俗之化，和叔与有力焉。"

---

① 费孝通：《乡土中国·生育制度》，北京大学出版社 1998 年版，第 51 页。
② 冯天瑜等：《中华文化史》，上海人民出版社 2010 年版，第 301 页。
③ 吕大临：《横渠先生行状》，见《张载集》，中华书局 1978 年版。

二、《吕氏乡约》述要

《吕氏乡约》分为"乡约"、"乡仪"两部分内容。"乡约"的约文分为四章，即德业相劝、过失相规、礼俗相交、患难相恤。

约文的第一章，开篇明义，从"德"与"业"两个方面概括了为人处事的各项道德原则，反映了儒家修身治国的道德理想和"事上睦亲"的伦理纲常。约文指出"德谓见善必行，闻过必改。能治其身，能治其家，能事父兄，能教子弟，能御童仆……业谓居家则事父兄，教子弟，待妻妾；在外则事长上、接朋友、教后生、御仆童"。"德"与"业"在内容上的重叠凸显了乡约对儒家道德价值核心意义的秉持。

约文的第二章过失相规，则是基于对德业相劝的反向警示。所谓的过失包括三个方面：犯义之过、犯约之过、不修之过，每项过失之下又细列诸多条目，大到为非害人的斗殴、诬告、凌弱之恶，小到待人接物、衣着装扮皆概而论之。《乡约》对于违反日常道德规范、违反约文条款以及行为不检者提出"每犯皆书于籍，三犯则行罚"的警示。

约文的第三章是礼俗相交，内容涉及婚姻、丧葬、祭祀之礼。这一部分对于何人可参加庆吊以及用于庆吊之事的物品价值都有具体的规定。"所助之事，所遗之物"采取量力而行的原则。而这一部分实施的依据则以礼经为本，"礼经具载，亦当讲求"。

约文的最后一章患难相恤则体现出乡约这一民间基层组织互助互利的特性。乡约中共列举了七类患难之事，即水火、盗贼、疾病、死丧、孤弱、诬枉、贫乏。要求同约者甚至非同约但有所闻者，对于遭遇这七类患难之事的邻里乡亲施以救助，"财物、器用、车马、人仆皆有无相假"。

除上述内容之外，还有罚式、聚会、主事三项制度性的条款。罚式是对有所过失者的惩罚条例；聚会是为了商议、完善约中条款以及实行赏罚之事；主事是为乡约这一基层组织确定责任人、责任范围及其任职期限："约正一人或二人"，"直月一人，同约中不以高下，依长少轮次为之。一月一更，主约中杂事。"

乡仪分为宾仪、吉仪、嘉仪、凶仪四个部分，可视为对《乡约》"礼俗相交"章节的补充和细化。宾仪主要介绍了社会交往中的种种礼数，包括"相见之节、长少之名、往还之数"等十五项内容。吉仪阐述了对祭祀及祈祷水旱的礼的规定，如"旬日具修，三日斋戒，务在躬亲诚洁而已"，"士大夫止当祭五祀耳"等。嘉仪和凶仪则指出近俗之流弊，并列举了婚冠丧葬应遵循的礼节细数，如吊哭时，"与死者、生者皆相识，则既吊且哭。识死者不识生者，则哭而不吊。……不识死者，则吊而不哭"。

《乡约》用通俗的语言将儒家的"修、齐、治、平"思想及其礼治精神落实为日常治家、交友、婚丧等活动中的具体行为规范，为乡民的社会生活树立了共同的道德标准。

三、《吕氏乡约》对儒家礼教的推进

《吕氏乡约》撰写的目的是在乡村中建立一套符合儒家礼教精神、规范村民日常行为、维持邻里关系的基本准则。"它是吕氏兄弟对先秦儒家'先养后教'主张的践履，也是他们对孟子'出入相友，守望相助，疾病相扶持'理想的尝试"[①]，更是他们对张载以礼治政精神的传承与推进。杨开道在《中国乡约制度》中也曾指出《吕氏乡约》的制度推行"使个人行为有所遵守，不致溢出标准范围之外。这种步骤在礼学里面，可以说是到了登峰造极的地位"[②]。

第一，《吕氏乡约》在对村民日常生活内容的道德规范中彰显着对儒家伦理道德及宗法制度的维护。一方面，《乡约》积极倡导儒家的"修德、为仁"的观念，提出了一系列为人处世的道德原则。约文中还特别指出"凡有一善为众所推者，皆书于籍，以为善行"，以此来广示乡里，导人为善。《乡约》中还规定了乡民们有互相救助的义务，在遭遇水火、盗贼等七项天灾人祸时，邻里乡亲应量己之力，施以援救。这可以说是对《礼记》中"讲信修睦"以及"矜、寡、孤、独、废疾者皆有所养"思想的具体实施。另一方面，《乡约》极重视尊老敬老，其目的是维护儒家的宗法伦理制度。如"德业相劝"中对"德"与"业"的界定都把"事父兄"、"事长上"作为一项重要的内容列出；《乡仪》中的众多条目也都表现出了对长幼秩序的重视及对尊长者的敬重。如"宾仪"的"往还之数"中指出"少者于长者，岁首、冬至辞见、谢贺皆行"；"道途相遇"有言曰"若长者徒行，虽已回避，远见之，则先下马前揖，既过，乃上马"；"请召"亦云："请召长者饮食，必亲往面致其意……既赴召，明日亲往拜辱。若专召他客者，不可兼召长者。"《乡约》中的尊老观念是儒家宗法制度在日常社会活动中的体现，也是关中理学所注重和强调的内容。张载《西铭》中就曾说道"尊年高，所以长其长"。

第二，《吕氏乡约》对乡村社会秩序的维护方式是以礼代法，礼大于罚。梁漱溟论及礼俗与法律时指出"礼俗示人以理想所尚，人因之而自勉，以企及于那样；法律

---

① 董建辉：《明清乡约：理论演进与实践发展》，厦门大学出版社 2008 年版，第 61 页。
② 杨开道：《中国乡约制度》，山东省乡村服务人员训练处 1937 年版。

示人以事实确实那样，国家从而督行之，不得有所出入……法律不责人以道德；以道德责人，乃属法律以外之事，然礼俗却正是期望人以道德；道德而通俗化，亦即成了礼俗"①。《乡约》的制定便寄予着宋代乡绅以礼治乡的道德理想。为了使《乡约》更具有约束力，约中也列有罚的内容，如"罚式"曰："犯义之过，其罚五百，轻者或损至四百、三百。不修之过及犯约之过，其罚一百，重者或增至二百、三百。"但是《乡约》中的罚只是手段而不是目的，罚的对象仅是那些规之不听者，而"规之而听及能自举者，止书于籍，皆免罚"。因此可以说，乡约维护乡村秩序、改善乡村鄙陋民风的方式首先是以礼喻之，以礼化之，其次是劝而改之，以上皆不可行，才辅之以"罚"。

　　第三，《吕氏乡约》的出现丰富了儒家礼教的传播途径，其民间自发性的特点大大增强了儒家礼教的世俗影响力。乡约是乡绅士大夫组织发起的非政府性的民间基层组织，组织成员的吸纳采取自愿原则，"其来者亦不拒，去者亦不追"。乡约组织的主事者是以众人推举的形式确立的，"约正一人或二人，众推正直不阿者为之，专主平决赏罚当否"。主事者既是公选而产生的，他的民众影响力无疑会使其在约民中获得较高的心理认同，从而对约民具有一定的道德震慑力。从内容来看，乡约基于乡民的现实生活，关乎民众的道德品行，并与其切身利益密切相关。乡约的制定及其修改、完善也是通过乡民共议的形式来进行的，符合乡间大众的接受心理。正如吕大钧《乡约》中所言"人之所赖于邻里乡党者，犹身有手足、家有兄弟，善恶利害皆与之同，不可一日而无之"。利害与共，正是乡约较之政府行为优越性的体现。乡约将儒家的伦理教化以一种世俗化、日常性的方式渗入到民间村落中，使之在更为广阔的社会层面得以传播和实践，对于由家而乡、由乡而国的儒家礼教的层级构建形成做出了具体的贡献。

　　综上所述，《吕氏乡约》是以儒家的道德教化作为其行为纲领，并融以关中理学"经世致用"的礼学特点，在结合乡村民众的生活实践中为儒家礼教开辟了一条更加亲民的推广之路。《宋元学案·吕范诸儒学案》书中赞曰："横渠之教，以礼为先，先生条为乡约，关中风俗为之一变。"②《吕氏乡约》的出现，对后世亦产生了巨大的影响。朱熹曾对《吕氏乡约》加以增损修订。及至明代，乡约的形式被国家加以利用，明成祖曾"取蓝田《吕氏乡约》列于性理成书，颁降天下，使诵行焉"③，推动了乡约的进一步发展与兴盛。

（作者单位：西安交通大学国际教育学院）

---

① 梁漱溟：《梁漱溟全集》（第 3 卷），山东人民出版社 1990 年版，第 121 页。
② 黄宗羲、全祖望：《宋元学案》，中华书局 1986 年版，第 1067 页。
③ 王樵：《金坛县保甲乡约记》，见《古今图书集成·明伦汇编·交谊典》卷 28。

朱象先及其《古楼观紫云衍庆集》考论

王　璐

　　《古楼观紫云衍庆集》，共上中下三卷，收录于明《正统道藏》洞神部记传类川字部第六、七、八卷，题曰"句曲朱象先集"，是一部收录了唐、元两代高道名士所撰之有关楼观的碑文及唐代至元代名贤题咏的诗文集。

　　朱象先的生平事迹，王士伟在其《楼观道源流考》一书中有十分详细的考证。朱象先生于1229年以前，江苏人（句曲是茅山古名，在今江苏省），道号"一虚子"，50岁后自号"一虚叟"。朱象先早年在茅山修习茅山道，后来曾到蒙古杭爱山和北京长春宫云游访道。1279年，年近半百的朱象先来到向往已久的终南山古楼观，并留住下来，且在楼观担任道职，直至羽化，后被安葬在元代楼观的仙蜕园。其卒年约在元至大元年（1308）到至大四年（1311）之间。朱象先在这长达30余年的楼观定居生涯中，精心研究楼观道史，先节录《楼观内传》编成《终南山说经台历代真仙碑记》，后又集录楼观中的重要碑文及有关题咏诗词，编成《古楼观紫云衍庆集》。据《大元重修古楼观宗圣宫记》记载，元代重修宗圣宫时曾建有紫云衍庆、景阳、宝章三楼，紫云衍庆之题名，或直接源于此。[①]

　　《古楼观紫云衍庆集》除被《正统道藏》全文收录外，仅《天一阁书目》对其有所著录，曰："《古楼观紫云衍庆集》二卷，刊本，句曲朱象先著。"从卷册的差异来看，大概和《正统道藏》所收入者为两个不同的版本。其他道藏类目录如明代白云霁《道藏目录详注》、今人任继愈主编《道藏提要》等所著录的《古楼观紫云衍庆集》皆为三卷本。

　　全书共收录楼观碑文13篇，名贤题咏95首，名贤题咏部分另有宋代薛绍彭题玉真公主祠堂一篇。其中有碑文4篇、诗2首为朱象先自己的作品。所收碑石的刻立时

---

①　范邦甸等撰：《天一阁书目》卷4之二集部，上海古籍出版社2010年版。

间，上起唐武德九年（《大唐宗圣观记》），下至元至大元年（《玉华观碑》）。其内容多数为修建楼观殿宇的记事，如《大唐宗圣观记》、《大唐圣祖玄元皇帝灵应碑》、《大元重修古楼观宗圣宫记》、《终南山古楼观宗圣宫图跋文》、《古楼观系牛柏记》、《终南山重建会灵观记》、《文仙谷纯阳洞演化庵记》、《玉华观碑》、《大宗圣宫重建文始殿记》9 篇。另有 3 篇为楼观道士的传记，即《大唐宗圣观主银青光禄大夫天水尹尊师碑》、《大元清和大宗师尹真人道行碑》、《大元宗圣宫主李尊师道行碑》。还有 1 篇朱象先所撰的《终南山古楼观刊关尹子后序》，记述了《关尹子》一书"重出"和刊行的过程。

书中所集录的 13 篇碑文，尚有 10 篇之碑石今存，其余 3 篇《终南山古楼观刊关尹子后序》、《文仙谷纯阳洞演化庵记》及《玉华观碑》惜佚。

对于碑石尚存的碑文，通过与原碑石拓片图版的比对，我们发现《正统道藏》本《古楼观紫云衍庆集》所集录之碑文与原碑石之碑文存在较多差异。如首篇《大唐宗盛观记》末尾所记建碑的时间，《正统道藏》本中作"武德八年二月十五日建"，原碑拓片之图版则作"武德九年二月十五日建"。《大唐宗圣观主银青光禄大夫天水尹尊师碑》中"由是奉敕修《玄元皇帝圣纪》一部，凡十卷，总百十篇"之"百十篇"，原碑拓片之图版作"百廿篇"；"粤以长寿四年四月十四日，迁兆于终南文仙谷"之"十四日"，原碑拓片之图版作"十二日"。《大元重修古楼观宗圣宫记》中"初隐于仙翁、广阳两山十年"之"十年"，原碑拓片之图版作"十有二年"。《终南山重建会灵观记》中"至元庚午，宫之耆德以门下何公志远桢干可委，畀典观事"中"庚午"，原碑拓片之图版作"丁丑"。

除了这些时间、数字上的异文外，其他方面的异文亦有许多。如《大唐圣祖玄元皇帝灵应碑》中"西亘太白，东连鄠杜"之"太白"，原碑拓片之图版作"太一"，"肇居尹氏，集法侣为道门"之"尹氏"，原碑拓片之图版作"尹喜"。《终南山古楼观宗圣宫图跋文》中"至元二年十月二日石廷玉题"，原碑拓片之图版作"至元二年十月二日住山石庭玉题"。另外，《大唐宗圣观主银青光禄大夫天水尹尊师碑》一篇中，《正统道藏》本有小字注释一句曰"此处缺六字"，据原碑拓片之图版，此为"忽涌圆光去地"六字。《大元宗圣宫主李尊师道行碑》一篇中，比对原碑拓片之图版，《正统道藏》本竟有一处多达 78 字的脱文，篇末的铭中也漏掉一句。凡此种种，不一而足。

朱象先当年集录《古楼观紫云衍庆集》，其人即在楼观修道，楼观中的碑石，自是容易得见，因此集中所录碑石文字，本不当和原碑文有太大差别。大概编辑《正统道藏》时所收集到的书，因为经历了历代人的传抄，鲁鱼亥豕在所难免，因而和原碑文多少有了差别。

另外，值得注意的是，在避讳方面，《正统道藏》本《古楼观紫云衍庆集》对于唐代碑文中的讳字有回改现象。如《大唐宗圣观主银青光禄大夫天水尹尊师碑》中"救世度人，转经行道"之"世"字，在原碑中因避唐太宗李世民讳而作"代"。而陈国符所谓"《正统道藏》所收书籍，多避宋讳"[1]的现象，在此书中亦有所体现。如《终南山重建会灵观记》中"厥后住持者徙易不常"，"常"字原碑文作"恒"。然而，陈国符所论"多避宋讳"是由于《正统道藏》的渊源有宋刻《政和道藏》，而此书为元人朱象先所集录，上文更是朱象先自己的作品，此处或是传抄过程中因义同而笔误也未可知。

全书卷下《大宗圣宫重建文始殿记》一文后，收录了唐代至元代文人与道士有关楼观的题咏95首，第一首诗前题有"名贤题咏"四字。这一部分以苏轼的《楼观留题》两首开篇，以元代朱象先的道友杜南谷的《赠别一虚叟》一诗作结。其中专门收录了一组有关玉真公主的诗作，包括宋人苏轼《壬寅二月十八日，游楼观，复过玉真公主祠堂，留诗堂上。时舍弟辙子由在京师，寄令次韵。明年十一月三日再至，因书二诗于碑阴》及苏辙次韵之作、唐人王维的《奉和圣制幸玉真公主山庄因题石壁之作》、储光羲的《玉真公主山居》、卢纶《过玉真公主景殿》、李群玉《玉真观》，并附有宋人薛绍彭《题玉真公主祠堂》一篇，说明玉真公主与楼观之因缘，并由其中"因尽录唐人题咏刻之词"可知，上述数首唐人诗作，当是原刻于此玉真公主祠堂的。薛绍彭是北宋著名的书法家，根据《楼观台道教碑石》一书所录碑刻拓片图版可知，还有不少碑文都出自薛绍彭的手笔。如薛绍彭叔父薛周所作《留题楼观》一诗，亦由薛绍彭书写，至今石面完好，字迹清楚。而此诗也被《古楼观紫云衍庆集》所收。

集中有一首题为王禹偁所作《楼观留题》，诗曰："罢归关令存遗宅，羽驾真人有旧丘。水石自舍仙气爽，烟云常许世人游。悠悠天道推终始，扰扰尘缨滞去留。君看一官容易舍，老来栖止占山陬。"据《楼观台道教碑石》一书所录碑刻拓片图版，此诗原题作"王工部诗"，且另有一首刻于其右，曰："常恨闲行少，匆匆忽解鞍。秋风尹家宅，更得暂盘桓。"是书按语指出，此"王工部"世传乃北宋诗人王禹偁，但根据碑刻上"常恨闲行少"一诗下"右元丰四年七月二十五日题"及"罢归关令存遗宅"一诗下"右十二月十二日至楼观作"，元丰四年已是王禹偁卒后八十年了。因此，这个王工部当另有其人。[2]由以上叙述还可以知道，朱象先在收录此"名贤题咏"时，并非将其所能见到的有关楼观的诗词尽数收入，而是经过了一定取舍的。

集中另有一诗题为王良臣所作《楼观怀古》，曰："紫云楼阁面山嵬，霜叶零风满绿苔。矮柏系牛人不见，杖藜寻遍说经台。"据《楼观台道教碑石》一书所录碑刻拓片图版，此诗原作者题作"王正臣"。且原碑原诗下另有郭起甫所作的一篇跋文，曰："事非诗不足以记其事，诗非事不足以声其诗。且楼观经台圣迹，虽历变更，未当湮

① 陈国符：《道藏源流考》，中华书局1963年版，第187页。
② 王忠信编：《楼观台道教碑石》，三秦出版社1995年版，第11页。

绝。宣差郎中王公，良月荐香，跻攀胜概，信而好古，援笔成章，有曰：矮柏系牛人不见，杖藜寻遍说经台。可谓意尽言止。况尹仙故宅，子瞻佳句，已勒珉于曩时，惟老君揽驾之所，吉人品题，实增光于今日。吁，昔睹甘棠而思召伯，公睹矮柏而慕玄元，其诚未易量哉。宫宰郭志宁命工刊石，丐予为跋以美之。强圉协洽，真元日汾阳郭起甫谨书。"①此碑虽已佚失，幸而有原碑拓片尚在，且字迹清晰，可供我们一窥碑石原貌。

"名贤题咏"部分所收录的作品，以元代为最多。其中比较重要的如清和真人尹志平所作《说经台十诗》，以及秦彦容、黄道朴《和清和真人经台十诗》各10首，披云真人宋德方《说经台》，诚明真人张志敬《从大宗师游楼观登经台留题》，李道谦《和义卿大师游楼观诗韵》等，另有朱象先自己所作的两首诗，即《登经台》和《世传〈玄元出关图〉像仪失实，因稽古订正，命姚安仁写之琬琰，传示诸方，嘉其笔力精峭，为作山偈以赠之》。以上诸人皆为元初全真道的著名高道，他们的楼观题诗可谓充分反映了楼观在当时道教中的崇高地位。而朱象先自己的诗作及最末一首其道友杜南谷的《赠别一虚叟》一诗，则为我们了解朱象先生平提供了十分重要的参考依据。②

《古楼观紫云衍庆集》中所集录的不论是碑文或题咏，都具有很高的史料价值，为后人研究唐代至元初楼观道史保留了许多原始资料，其中还有一些是不见于他书的稀见材料。如《终南山重建会灵观记》中对于楼观改奉全真过程中风波曲折的透露，《文仙谷纯阳洞演化庵记》中李志柔任宗圣宫主后，门人弟子从各地纷纷云集楼观，对于楼观复兴的作用，等等。③除此之外，对于那些现今已被历史湮灭的楼观碑石，朱象先当时的集录工作，自然显得尤为重要。例如上文已经提及的《终南山古楼观刊关尹子后序》、《文仙谷纯阳洞演化庵记》及《玉华观碑》三篇文字，若不是被《古楼观紫云衍庆集》全文收录，恐怕我们今天已经无法得知其内容了。

当然，《古楼观紫云衍庆集》也有让人觉得遗憾的地方。例如，还有一些十分有价值的楼观碑石或题咏并未被是书收录，特别是碑文部分只涉及唐、元两代，对于宋立碑石之碑文竟一篇不及。而宋代皇佑元年的《楼观改名顺天兴国观牒刻石》以及宋大观二年的《奉圣旨给地公据碑》等也有较高的史料价值。而在"名贤题咏"部分，朱象先仅是集录了诗词，因此一些原碑刻中与诗词有关的其他文字就没有得到很好的保留。

（作者单位：陕西师范大学文学院）

---

① 王忠信编：《楼观台道教碑石》，第43页。
② 王士伟在其《楼观道源流考》一书中对此已有详细叙述，详见王士伟：《楼观道源流考》，三秦出版社2007年版，第23页。
③ 关于《古楼观紫云衍庆集》的史料价值，王士伟亦有详细论述，详见王士伟：《楼观道源流考》，第27—29页。

马自强年谱

邢　宽

马自强，字体乾，号乾庵。

申时行《墓表》："公讳自强，字体乾，别号乾庵，士大夫称乾庵先生。"

《明史》卷 219："马自强，字体乾。"

张四维《条麓堂集》卷 26《光禄大夫太子太保礼部尚书兼文渊阁大学士赠少保谥文庄乾庵马公墓志铭》（以下简称《墓志铭》）："公姓马氏，名自强，字体乾，别号乾庵。"

陕西同州（今陕西省渭南市大荔县）人。

马自强籍贯，从历史沿革上分析是无争议的。《墓表》谓其："陕西同州人。"《御批通鉴辑览》卷 110 亦称其"同州人"。《御定资治通鉴纲目三编》卷 26、王世贞《弇山堂别集》卷 42、《陕西通志》卷 31 等与前所载相同。按，《明史》卷 43 所述，同州隶属于西安府，"北有商原，南有渭水，西南有沮水，一名洛水"。

父珍，字廷聘。

《诰赠通议大夫詹事府詹事兼翰林院侍读学士先考南野公暨妣李淑人继张氏行状》云："先公最少，讳珍，字廷聘，南野其别号也……公在太学，日与海内士究四方之宜，谈当世之务，意恢恢大也，而恺悌忠诚溢于言表，士之得与纳交者若饮醇醪，久而弥笃。后十余年而为宛平县丞，廉而惠，事至迎刃解之，僚长无弗重公者。"

《墓志铭》云："公美姿容，殊髯丰顺，眉目秀伟，正视不见耳，肤理白腻若玉人，望之知敬。其气量豁达，不设城府，即之者又未尝不亲也。"

母李氏。

《墓志铭》云："淑人家为左辅望族，父某，母乞氏。性婉慧，凡女红潆濊，咸不假师授而能。禀赋刚正，不妄笑语，远识敏断，不类闺阁中人。"

妻李氏。

《墓志铭》云："公配李氏，累封一品夫人。"

有一姊，适张拱极。

《诰赠通议大夫詹事府詹事兼翰林院侍读学士先考南野公暨妣李淑人继张氏行状》云："女一，即育兄璠者，适张拱极，生子举人薇。"

有二子，怡、憬。

《墓表》云："进士怡，兵部主事憬。《传》曰："公二子，怡、憬，并以文行能世。"

有《马文庄公文集选》。

《千顷堂书目》卷 24 谓："马自强《马文庄公集》二十卷。"

明徐象橒刻本《国史经籍志》卷 5 云："马自强文庄集二十卷。"

其十一世孙马先登（1807—1876）著《关西马氏丛书》，为同治光绪间马氏敦伦堂刻本，该书中收录《马文庄公文集选》15 卷，《马自强撰附叙述》1 卷，共 16 卷。本谱所引诗文，均为同治庚午镌，敦伦堂藏版《马文庄公文集选》，为省便，以下简称"本集"某卷。

武宗正德八年（1513），体乾一岁。

是年，体乾生。

本集王锡爵撰《神道碑铭》云："先生生正德癸酉十一月初二日。"

"正德癸酉年"为正德八年。本集《行状》有："及万历六年十月十三日遘疾薨于位，距生正德癸酉十一月初二日，寿六十有六岁耳。"

可知其生年在 1513 年。

世宗嘉靖元年（1522），体乾十岁。

能文。

本集《墓志铭》云："幼警悟自知学，授章句即解其大义，十岁能文。"

世宗嘉靖五年（1526），体乾十四岁。

补诸生。

本集《传》有："十四岁工属文，补郡学弟子，声藉甚。"

《行状》亦云："公生而岐嶷，稍长辄才悟，年十四补诸生。"

世宗嘉靖十五年（1536），体乾二十三岁。

是年三月，丁母忧。

本集卷 8《诰赠通议大夫詹事府詹事兼翰林院侍读学士先考南野公暨妣李淑人继妣张氏行状》云："淑人生成化十八年十二月十四日，寿仅五十有五。"

《墓志铭》亦云："淑人生成化壬寅十二月十四日，卒嘉靖丙申三月十六日，享年五十有五。"

世宗嘉靖十九年（1540），体乾二十七岁。

乡试第一。

本集《墓志铭》谓："嘉靖庚子举陕西乡试第一，声名籍甚。"

《墓表》云："嘉靖庚子举乡试第一。"

另《陕西通志》卷31《嘉靖十九年庚子科》也有类似的记载。

世宗嘉靖三十二年（1553），体乾四十岁。

三月十五日，参加殿试。

《明世宗实录》卷395：嘉靖三十二年三月，"辛卯，策士天下举人。"

《嘉靖三十二年登科录·玉音》："嘉靖三十二年三月初九日，礼部尚书兼翰林院学士臣欧阳德等于奉天门奏为科举事。会试天下举人，取中四百名，本年三月十五日殿试。"

三月十八日，赐进士。

《嘉靖三十二年进士登科录》云："第三甲，二百九十五名，赐同身进士出身。马自强，贯陕西西安府同州……陕西乡试第一名，会试第二百九十二名。"

《嘉靖三十二年进士登科录·恩荣次第》有："是日，锦衣卫设卤簿于丹陛丹墀内，上御奉天殿，鸿胪寺官传制唱名，礼部官捧皇榜，鼓乐导引出长安左门外。"

五月，选为翰林院庶吉士。

《国榷》卷60云："选翰林苑庶吉士万浩、姚弘谟、李贵……马自强……王文炳、晁东吴、王咏。"

王世贞《弇山堂别集》卷83《科试考三》亦有："三十二年癸丑……改进士张四维、王希烈、姜宝……马自强……李蓘、蒋淳、王咏为庶吉士。"

世宗嘉靖三十四年（1555），体乾四十二岁。

十月，授检讨。

《明世宗实录》卷427有："己巳，授庶吉士李贵、吕旻、万浩……马自强俱检讨。"

本集《传》曰："被选为翰林庶吉士，满三岁以高第授检讨。"

本集《墓志铭》亦有："乙卯授翰林院检讨。"

按，《明史·职官二》卷73有："检讨，从七品。"

十二月，有五言律诗《地震》五首。

本集卷13有五言律《地震》（其一）："势似千江浪，声如百辆车。人间浑簸荡，地下总空虚。吾土今仍此，何方可卜居。考灵犹在室，心折五更初。"

按，本集卷2《送王蔚洲序》有："乙卯冬，秦晋之交地大震，同州城郭庐舍荡然一倾压者殆万人，震且不止。"另《国榷》卷61："（嘉靖三十四年十二月）壬寅，山西、陕西、河南地大震，声如雷，鸡犬鸣吠，渭南、朝邑、三原、华蒲尤甚。"

世宗嘉靖三十六年（1557），体乾四十四岁。

是年一月，有《元旦贺表》。

本集卷 5 有《元旦贺表》："伏以苍陆回寅万宇，仰履端之庆，青阳启祚九重，膺献岁之祥……开八荒之寿域，允乎登庶类于春台，应妙诚精本三灵之凤契，形和气顺征万福之攸同……伏愿帝算绵长天麻滋至，体乾元之不息，德懋渊微，保泰运于已成，治崇悠久，兼皇王而有秩，斯祜轶今古而莫之与京。"

按，该表中曰："兹者岁启昌辰，节逢元日，阳回双阙，显生生化化之仁；光映千门，蔼郁郁葱葱之气。"

世宗嘉靖三十七年（1558），体乾四十五岁。

是年四月，作有《送郭时望谏议使琉球》。

本集卷 14《送郭时望谏议使琉球》："万里颁封下紫宸，壮游真羡琐闱臣。虞廷舞羽元无外，汉使乘槎合有人。彩鹢辉生联带玉，沧溟浪静映袍麟。遥知极目扶桑地，圣泽汪洋赖尔新。"

按，《国朝列卿记》卷 94 载："郭汝霖，字时望，江西永丰县人，嘉靖癸丑进士。"《使琉球录》卷上有："嘉靖三十四年六月，琉球国中山王尚清薨。三十七年正月，世子尚元差正议大夫长史等官到京，请乞袭封王爵，礼部以请堪……而吴君有戎事，汝霖乃同李君承乏焉。四月初二也，部中监前畏避之嫌，促日起程，霖等亦以重命不可再缓，遂请诏书。"明谢杰撰《使琉球录》卷下《重刻使琉球录叙》中亦有："嘉靖戊午，世子尚元乞封，于是上命汝霖与李君际春往。"

世宗嘉靖三十九年（1560），体乾四十七岁。

一月，出使蜀地。

本集《传》有："己未分试礼部，庚申使蜀。"

另本集卷 13《褒城道中》有："衔命过三辅，趋程向七盘。辞家方腊候，入蜀已春端。草树连云起，梅花带雪残。山光萦绿水，到处是奇观。"

据《元和郡县志》卷 25 载："本汉褒中县，属汉中郡，都尉理之，古褒国也，当大路。晋义熙末，朱龄石平蜀，梁州刺史理此，仍改褒中县，魏又于此置褒中郡。隋开皇元年以避庙讳改为褒内县，仁寿元年改为褒城。"

即在今陕西省汉中市勉县以东，从诗中"辞家方腊候，入蜀已春端"句可知入蜀时间为一月前后。

一月十四日，有《正月十四日夜行中江道中》。

本集卷 13《正月十四日夜行中江道中》："地主留欢久，山程向夕遥。林疏时见火，谷暗不闻樵。笼烛盈途烂，鸣铙带月饶。辉煌三十里，应不负灯宵。"

一月十五日，有《上元段中江宴余宁国寺》。

本集卷 13《上元段中江宴余宁国寺》："使君怜令节，邀客道禅林。灯影摇空界，乐声杂梵音。车缘新岁驻，杯向故人深。万里十年好，今朝喜得寻。"

据《明一统志》卷 71 记载："宁国寺在中江县治东。"

《舆地纪胜》卷第 154 有："宁国寺，在中江县，寺壁画仙官。抚琴拍手则壁中有声。"

《蜀中广记》卷 160 亦有类似记载。

二月，有《春寒中江盐亭道中作》之作。

本集卷 13 有《春寒中江盐亭道中作》："谁言蜀地暖，二月尚重绵。阴霭连山结，春风吹盖偏。线摇疏密柳，波动浅深田。隔水孤茅屋，寥寥起白烟。"

按，《大明清类天文分野之书》卷 14 有："中江县，三国蜀立五城县，属广汉郡。后周置玄武郡，隋开皇初罢，改县名玄武。仁寿初置开州，大业初州罢，属蜀郡。唐武德三年属梓州，宋改中江县。元属潼川府，本朝因之。"此书该卷对"盐亭县"亦有记载，曰："汉为广汉县地，梁于此置北宕渠郡及盐亭县。后魏改为盐亭，西魏置盐亭郡，隋开皇间罢郡。唐隶梓州，宋因之。元至元二十年并东关，及永泰入焉，属潼川府，本朝因之。"可知，中江、盐亭两县都隶属于潼川府（四川行省）。

途中亦有《朝天岭》、《入栈有感太白蜀道难之作》等作。

本集卷 13《朝天岭》："层空插绝壁，仰视不敢跻。岭凿曲盘道，石悬巉峭梯。澄江深涧底，落日下山西。倦客堪垂泪，无劳杜宇啼。"

按，（嘉靖）《钦州志》卷 1："朝天岭在县治北三十里大禄都，发脉自龙池山，其岭高峭，故名。"

《入栈有感太白蜀道难之作》："策马益门入，千山夹岵奇。云崖桥宛转，鸟道石参差。林密虎窥径，松高猿啸枝。艰危不可极，三叹谪仙诗。"

《登锦屏山》："楼阁凌空出，云霞拂槛平。林回迷去路，水曲抱孤城。花拥酬无暇，樽移兴转清。悠然尘世外，真觉到蓬瀛。"

按，《舆地纪胜》卷 185 云："锦屏山在阆中之南三里。"也称"宝鞍山"。据《明一统志》卷 19 记载："在交城县西北五里，红涯绿若锦屏然。"

三月，有《寿大宗伯孙公六十序》。

本集卷 2《寿大宗伯孙公六十序》云："今天下尊显之士多矣，其论忠孝世德先后辉映，为世所响慕者必首称余姚孙氏。云余姚孙氏者，今南礼部大宗伯孙公家也。公为忠烈公季子，举乙未进士及第，累至今官。"

按，《本朝分省人物考》卷 51 有："孙升，字志高，余姚人，忠烈公第三子，自幼颖特不凡。"《国朝列卿记》卷 42 载："孙升，浙江余姚人，嘉靖乙未进士，三十六年任，三十九年卒于官。"有《文恪集》二十卷。《续文献通考》卷 151 谥法考云："南礼部尚书赠太子少保孙升，浙江余姚人，燧子，嘉靖末谥文恪。"从以上材料可断定"大宗伯孙公"为孙升。《两朝宪章录》卷 14 云："（嘉靖三十九年六月）乙卯，南京礼部侍郎孙升卒。升，余姚人，前死节都御史燧子。"可知，孙公卒于 1560 年 6 月。《国榷》卷 63 云："升，字志高，余姚人，嘉靖乙未进士及第。授编修，迁右中允，历祭酒礼部侍郎。孝友长厚，父燧死宁庶人之难，终身不书宁字，亦不寿人文。被服雅素，盖笃行君子也。年六十，赠太子少保，谥文恪。"《寿大宗伯孙公六十序》载"今岁三月二十六日为公六十诞辰"可知该序作于嘉靖三十九年三月。

世宗嘉靖四十三年（1564），体乾五十一岁。

十月，升修撰。

《明世宗实录》卷 427 有："己巳，授庶吉士李贵、吕旻、万浩……马自强俱检讨。"

可知体乾授检讨之时为嘉靖三十四年十月，本集《神道碑铭》有："癸丑成进士，选翰林庶吉士，授检讨，满九岁升修撰。"

另本集《传》亦有："甲子用九载绩擢修撰。"

照此推算，体乾升修撰应为其四十三岁之时，即嘉靖四十三年。

世宗嘉靖四十四年（1565），体乾五十二岁。

九月，作有《贺爱荆王公暨配五十双寿》。

本集卷 12 有七言古诗《贺爱荆王公暨配五十双寿》："姑苏诸岭郁崔嵬，遥有五湖相连开。山回泽绕灵气合，中间往往生殊才。近来太仓有王氏，德门余庆发令子。北来作赋献长杨，一日芳名满人耳。王公夫妇鹿门贤，过庭教子传丹铅。吴中山水佳且丽，不肯相从到日边。麻姑载酒朱明候，萱花簇簇北堂茂。椿庭秋色近重阳，东篱晚菊纷如绣。菊萱两度华筵启，五袠同登寿伊始。牛车紫气自何来，更有青鸟凌空止。吴山竹笋常茁吴，江鱼脍如雪仙郎。东观瞻云频遥寄，宫醪自双阙，况兹岁更甲子起。从今再历几甲子，终始循环祇计年，绛人论日未足侈。采桑母、黄眉翁，依稀又是此生同。他年若到鸿蒙泽，会逢方朔应自白。"

《太仓州儒学志》卷 3 有："序班封詹事赠大学士爱荆王公梦祥，锡爵父。

按，《南雍志》："王锡爵，元驭，直隶太仓州人。嘉靖壬戌进士第二人，授翰林院编修，隆庆三年五月升任，四年三月改北监。"《明三元考》卷 11 载："会元王锡爵，直隶太仓人，字符驭，号荆石，治春秋。年二十九戊午乡试第四名，廷试一甲第二名……"

该诗作于明嘉靖四十四年九月（1565）。

另有与王元驭七言律之作。

本集卷 14 有《送王元驭翰编奉使赵藩便且归觐兼忆乃弟举人》："玉阶仙仗颁封日，

轮拥旌飞出禁初。驿路篇章留白雪，邺城冠盖拜丹书。漳河腊送三吴棹，锦里春回驷马车。暂与惠连同戏彩，君家双璧有谁如。"

按前揭，王元驭即为王锡爵，据《王文肃公文集》卷55之焦竑撰《光禄大夫少保兼太子太保吏部尚书建极殿大学士赠太保谥文肃荆石先生行状》载："乙丑满三岁考，封二亲归觐，丁卯还朝充经筵讲官。"

世宗嘉靖四十五年（1566），体乾五十三岁。

八月，丁父忧。

本集《传》曰："丙寅，丁宛平公忧。"

张四维《条麓堂集》卷26《赠通议大夫詹事府詹事兼翰林院侍读学士南野马公暨配李淑人张氏合葬墓志铭》有："公生成化己亥十二月七日，卒嘉靖丙寅八月二十日，享寿八十有八。"

本集卷8《诰赠通议大夫詹事府詹事兼翰林院侍读学士先考南野公暨妣李淑人继张氏行状》亦有："按公生成化十五年十二月七日，寿八十有八。"

十一月，作《祭先考百日文》。

本集卷9《祭先考百日文》："于维我考，德纯仁厚，福备康宁。人情共拟，百岁可登，云何一疾，溘焉见背，守者心裂，仕者肝碎。八十有八，寿岂不崇，龙章显被，名岂不荣。哀哀诸孤，寸心无穷，归来数旬，奄及百日。追慕音容，无从一即。哭号朝夕，徙倚枢傍，痛深胸臆，不任摧伤。谨以刚鬣柔毛，粢盛庶品，哀荐几筵。惟我显妣封孺人，李氏游灵相依，并此穗帷，劬劳在念，久近同悲。"

穆宗隆庆元年（1567），体乾五十四岁。

四月，为侍读。

《国榷》卷65有："修撰马自强、编修陶大临并侍读。"

本集《传》云："其明年为隆庆丁卯，《永乐大典》成，以纂修劳，从忧中进侍读。"

《墓表》亦曰："公丧解职，寻以大典录成进侍读。"

《墓志铭》亦有："丁卯以重录《大典》，书成加侍读。"

穆宗隆庆二年（1568），体乾五十五岁。

是年，有《礼科都给事中吕先生墓碑》之作。

本集卷8《墓碑》之《礼科都给事中吕先生墓碑》曰："龙山吕先生，泾阳谷口人也。泾阳魏中丞与余善，为余数称吕先生，又数称其冢子潜，余重之。嘉靖甲子十二月五日，吕先生卒，乙丑春，潜自为状，不远二千余里，特走京请中丞志其墓，以墓碑属余。时中丞即应去，余不幸闻先人讣归，越三载乃始为作碑。"

另《国朝献征录》卷86马自强撰有《礼科都给事中吕先生应祥墓碑》云："龙山

吕先生，泾阳谷口人也。先生讳应祥，字子和，号龙山。"

可知"吕先生"为吕应祥。按，《本朝分省人物考》卷104《吕应祥》谓其"字子和，号泾阳，西安人"。"嘉靖甲子"为嘉靖四十三年，即1564年，"乙丑春"为次年，即1565年春，自强因父亲去世之事而归，从"越三载"中可推断出该墓碑作于1568年。

穆宗隆庆三年（1569），体乾五十六岁。

三月，为司经局洗马。

《国榷》卷66云："翰林院侍读马自强为司经局洗马，署国子监司业。"

本集《墓志铭》曰："己巳服阕，起司经局洗马，管国子监司业事。"本集《传》亦曰："己巳三月，即家拜司经局洗马，领国子监司业事。"

穆宗隆庆四年（1570），体乾五十七岁。

一月，兼侍讲，纂修《实录》。

《国榷》卷66云："洗马署国子司业马自强兼侍讲，还司经局，纂修《实录》。"

本集《墓志铭》亦有："庚午回局，兼翰林院侍讲，充经筵讲官，纂修《肃皇帝实录》。"

七月，主试应天。

据《国榷》卷66载："司经局洗马马自强、翰林侍读陶大临主试应天。"

本集《传》："其秋出典南畿试。"

本集《墓志铭》亦载："是秋典应天府乡试。"

本集卷1《应天府乡试录序》有："隆庆庚午秋，天下复当乡试。应天府臣预疏请，上命臣马自强、臣大临往典试事。"

王世贞《弇山堂别集》卷83《科试考三》亦有："司经局洗马兼翰林院侍讲马自强、翰林院侍读陶大临主试应天。"

九月，升国子祭酒。

本集《墓志铭》有："是秋典应天府乡试，公品校精审，凡三为会试同考官。及是榜所录士咸称得人，升国子监祭酒。"

《传》曰："其秋出典南畿试，甫竣事而道迁国子监祭酒。"

另据《明穆宗实录》卷49记载："丁亥，升吏部左侍郎王本固为南京吏部尚书，升司经局洗马马自强为国子祭酒。"

穆宗隆庆五年（1571），体乾五十八岁。

是年九月，为詹事府少詹事兼翰林院侍读学士。

《明穆宗实录》卷61云："己丑，升国子监祭酒马自强、南京国子监祭酒陶大临俱为詹事府少詹事兼翰林院侍读学士。"

穆宗隆庆六年（1572），体乾五十八岁。

二月，为东宫讲读。

据《国榷》卷 67 载："选东宫辅导，太子太保、礼部尚书兼翰林学士高仪，吏部左侍郎兼学士张四维……少詹事兼翰林侍读学士马自强、陶大临，翰林编修陈经邦、何洛文、检讨沈鲤、张秩直讲读。"

《国朝典汇》卷 8《朝端大政》亦有："以东宫出阁讲学，命礼部尚书高仪、吏部左侍郎张四维、司经局洗马余有丁、右赞善陈栋充侍班官，少詹事马自强、陶大儒，编修陈经邦、何洛文，检讨沈鲤、张秩充讲读官。"

另《续文献通考》卷 96《职官考》亦有类似记载。

四月，为詹事。

《明穆宗实录》卷 69 云："己卯，命吏部左侍郎兼翰林院学士、协理詹事府事张四维掌府事。升少詹事兼翰林院侍读学士掌院事马自强为詹事，仍兼侍读学士，协理府事，同教习庶吉士。"

本集《传》亦云："壬申，进詹事兼教习庶吉士。"

九月，升为左侍郎。

《国榷》卷 68 有："吏部右侍郎兼翰林院侍读学士马自强为左侍郎，仍管詹事府事。"

十月，丁继母张氏忧。

本集卷 8《诰赠通议大夫詹事府詹事兼翰林院侍读学士先考南野公暨妣李淑人继张氏行状》："张生弘治十二年十月十七日，寿七十有四。"

张四维《条麓堂集》卷 26《赠通议大夫詹事府詹事兼翰林院侍读学士南野马公暨配李淑人张氏合葬墓志铭》亦有："公继配张氏者，朝邑县之杨村人，亦能总理内政……生弘治己未十月十七日，卒隆庆壬申十月二十八日，享寿七十有四。"

十二月，有《寿少司高公六十序》之作。

本集卷 2《寿少司高公六十序》："今上御极之五载，道化旁治，民物康阜，四海清而九夷通，道浸浸然与古昔盛代比隆矣。于时以元老赞大政者为新郑高公……"

《国朝列卿记》卷 9 有："高拱，河南新郑人，嘉靖辛丑进士，四十五年以礼部尚书兼文渊阁大学士入阁，进少傅兼太子太傅、武英殿大学士，隆庆元年养病。"

《广舆记》卷 6 云："高拱，字肃卿，新郑人。穆宗在东邸，拱为讲官，深器重之。"

《弇山堂别集》卷 45 载："高拱，字肃卿，新郑人……卒年六十七。"

可知"少司高公"为高拱，据史料记载，高拱生于明武宗正德七年（1512），卒于明神宗万历七年（1579），另《寿少司高公六十序》有："今季冬十有三日，公岳降辰也，九卿百执事皆欲至期前为寿……"

按，"季冬"为冬季最后一个月，即农历十二月。据此推断，该序作于明穆宗隆庆六年（1572）。

神宗万历元年（1573），体乾六十岁。

是年，作有《诰赠通议大夫詹事府詹事兼翰林院侍读学士先考南野公暨妣李淑人继张氏行状》。

本集卷8《诰赠通议大夫詹事府詹事兼翰林院侍读学士先考南野公暨妣李淑人继张氏行状》有："呜呼！自强死罪死罪，余先大夫南野公之殁于今八年矣，而初未克葬也，余先母李淑人之葬于今三十有八年矣，而初未克铭也。"

张四维《条麓堂集》卷26《赠通议大夫詹事府詹事兼翰林院侍读学士南野马公暨配李淑人张氏合葬墓志铭》有："公生成化己亥十二月七日，卒嘉靖丙寅八月二十日，享寿八十有八。"

淑人生成化十八年十二月十四日，寿仅五十有五。

从中可知此行状作于该年，即神宗万历元年（1573）。

神宗万历三年（1575），体乾六十二岁。

二月，嫂孺人杨氏卒。

本集卷7《杨孺人墓志铭》云："而嫂孺人病，无何遂卒，伤哉！盖万历三年二月二十八日也。"

另外，本集卷8《诰赠通议大夫詹事府詹事兼翰林院侍读学士先考南野公暨妣李淑人继张氏行状》："公四子，俱淑人出，伯自勉，国子监助教，娶杨氏；仲即自强，礼部左侍郎兼翰林院侍读学士，娶李氏封淑人。"

七月，升吏部左侍郎。

据《国榷》卷69云："礼部右侍郎兼翰林院侍读学士马自强为吏部左侍郎。"

本集《墓表》曰："丁继母忧，服阕，以原官召起，改吏部左侍郎，日讲如故。"

九月，为礼部尚书兼翰林院学士。

据《国榷》卷69记载："甲子，日讲官、吏部左侍郎兼翰林院侍读学士马自强为礼部尚书兼翰林院学士，太仆寺卿胡执礼为光禄寺卿。"

十二月，有《杨孺人墓志铭》之作。

本集卷7《杨孺人墓志铭》曰："而嫂孺人病，无何遂卒，伤哉！盖万历三年二月二十八日也。越六月，余奉召起家，伯氏助教公亦以例赴部，不得俟孺人葬，命诸子以今年十二月二十一日，窆孺人詹事府君墓域之次。期且至犹，子协持状泣请曰：'协等不肖，不能早致青云以显吾母。今求所以释此憾者，必得叔父铭'，而伯氏助教公亦曰：'非弟其谁铭？'余曰：'方共恨远羁天涯，不能效执绋矣，忍不铭？'于是掇状中语，及吾所闻见而操觚焉。"

神宗万历四年（1576），体乾六十三岁。

六月，充《会典》纂修官。

《国榷》卷69有："乙酉，礼部尚书兼翰林院学士马自强，礼部左右侍郎兼侍读学士汪镗、林士章、少詹事兼侍读学士申时行、王锡爵充副总裁……检讨刘克正、刘初先、王祖嫡、赵用贤充会典纂修官。"

是年，亦作有《祭宗伯陶文僖公文》。

《皇明续纪三朝法传全录》卷1《神宗显皇帝纪》云："十月，吏部侍郎陶大临卒，赠礼部尚书，谥文僖。"

陶文僖公卒于万历甲戌年十月。本集卷9《祭宗伯陶文僖公文》云："越明年乙亥秋，起家入京，又明年丙子，且图戒仆会先生伯氏宪副公使使来京，遂具奠缄词托致会稽……"

知该祭文作于文僖公卒后两年，即万历四年。

神宗万历五年（1577），体乾六十四岁。

是年，有寿其姊之诗作。

本集卷15《余姊今年七十有一矣，昨岁里中诸亲为古稀之贺，余不及诗，兹仲子张甥国采拜令荥阳，且迎养至也，诗以寿之二十二韵》："金母来西极，银辉照北堂。书随修羽近，歌逐彩云长。驾鹿身常健，丸熊志已偿。庭闱开昼锦，瀹藻藉恩光。忆昨丙子岁，春正廿一良。九华伫绿蕚，七帙景青阳。盘荐琼英液，筵当玉女乡。填门宾杂沓，绕栋乐铿锵。嗟我前年夏，起家再北翔。薄游依日月，远别阻岩廊。进履知豚辈，升堂兼雁行。毛生今捧檄，闵颂正如冈。不但潘舆稳，犹兼曾釜香。问平知内德，却寄想前方。竹帛真堪纪，冰霜信可方。垂帷无饰佩，题柱有仙郎。鹤发仍清胜，龙章讵杳茫。低佪思夙昔，感激重彷徨。抱弟读曾听，先姑礼未将。惟余诚懒慢，忻姊属康强。遐祝深川岳，微言代筐筥。倘随双舄入，还献九霞觞。"

据该诗"忆昨丙子岁，春正廿一良"之句，可知"丙子岁"为明万历四年（1576），由此推断出本诗作于次年，即万历五年。

并有送张甥国采之诗作。

本集卷13《送张甥国采令荥阳》云："凤鸣当日拟，鸡割此相劳。河柳英征盖，堤莺绕佩刀。泽随双舄远，辉动列星高。振翮期霄汉，棘栖爱羽毛。"

按，国采为自强姊之仲子。

神宗万历六年（1578），体乾六十五岁。

三月，升文渊阁大学士。

本集《墓志铭》有："戊寅三月，进太子太保文渊阁大学士，入阁办事。《明鉴纲目》卷 7 曰：纲：三月，以礼部尚书马自强（字体乾，同州人）兼文渊阁大学士，吏部侍郎申时行（字汝默，长洲人）兼东阁大学士，并预机务。"

本集《传》有："戊寅，特简拜公太子太保、礼部尚书兼文渊阁大学士，入赞机务，疏辞，上优诏褒答，所以用公益甚。"

该集《墓表》亦载："戊寅三月，以太子太保兼大学士直文渊阁。"

《皇明从信录》卷 34《戊寅万历六年》云："马自强进为文渊阁大学士，申时行进为东阁大学士。"

《弇州史料》后集卷 31 亦曰："太子少保礼部尚书马自强升太子太保文渊阁大学士，尚书如故。"

《国榷》卷 70 亦有类似记载。

十月，病卒。

本集王锡爵撰《神道碑铭》云："先生生正德癸酉十一月初二日，薨万历戊寅十月十三日，得寿六十有六。"

《墓志铭》曰："戊寅三月，进太子太保、文渊阁大学士，入阁办事……会夏秋之交暑雨，偶感泻痢，疾久不愈，竟以十月十三日卒，距其生正德癸酉十一月初二，得寿六十有六耳。"

《明史》卷 19 本纪十九亦曰："冬十月辛卯，马自强卒。"

张四维《条麓堂集》卷 31 有《祭乾庵马公文》谓其曰："公有宏雅之猷而未竟其用，公有淳仁之度而未究其施……公得天之茂，神英气厚，完粹淳庞，终鲜疾疢。"

其墓在"同州城之北廿里许"，另（嘉庆）《大清一统志》卷 244 云："马自强墓在华州北二十里□山麓。"

（雍正）《陕西通志》曰："马文庄公祠在州治西巷，祀明万历初少保马自强。贾《志》：祠即马氏家庙。"

（作者单位：西北大学文学院）

明代杨斛山学术思想略论

陈战峰

杨爵（1493—1549），字伯修（一作伯珍），号斛山，谥忠介，陕西富平人，明代关中著名儒者，以操守节气著称，被尊作"关西夫子"。

嘉靖二十年（1541）春，斛山以监察御史上封事，《杨忠介集》卷3《周主事传》有载"谓雪雨不可为祥瑞而颂之，谓权奸不可为忠信而迩之，谓土木之工不可不止，谓朝讲之礼不可不修，谓邪说之妨政害治者不可不斥，谓谠言之益国与民者不可不听"，极论五事，械系下狱，备极拷掠，桎梏梐锁，昼夜困苦。嘉靖二十四年（1545）放释，至家甫十日，旋即复逮。三年后，始归故里。前后八年，讲学撰著不辍，备尝牢狱辛厄，但赤心耿耿，持守始终如一。

斛山流传下来的代表性著作主要包括《周易辨录》、《杨忠介集》等。另据《明史》本传及《艺文志》等，斛山当还著有《中庸解》等，今本《杨忠介集》卷6《语录》、《关中四先生语要》中则有存留。《千顷堂书目》记载斛山著作共四部（含与他人合撰一部），分别是"杨爵《周易辨录》四卷"、"杨爵《中庸解》一卷"、"杨爵《槲山逸稿》五卷"（原注：《明史·艺文志》"槲"作"斛"）、"杨爵、孙继鲁《破碗集》"（原注：狱中倡和，以毁磁书之壁，故名破碗。原补注：卢校无"破碗"二字，别本"碗"下有"继鲁字道甫，钱塘人，嘉靖癸丑进士，谥清愍"）。[1]

斛山生平事迹、学术思想详见《明史》本传、《关学编》、《明儒学案》等。

---

[1]　黄虞稷撰，瞿凤起、潘景郑整理：《千顷堂书目》（附索引），上海古籍出版社2001年版，第5、42、572、772页。

一、斛山与明代关中学术

《四库全书总目》在评价杨斛山时，称其为明代关中道学开创者，云："爵则以躬行实践为先，关西道学之传，爵实开之迹。"这显示了斛山学术重"躬行实践"的基本品格，它也是自张载以来关学的重要特色之一。当然，关学在明代已经有了新的变化，斛山思想学术的丰富性与这种学术背景密切相关。

明代关中儒学，无疑是以朱子学与阳明学的传播与融会为主调的，并且遥承横渠学说，重视躬行实践，出现了一批重视气节和操守的学者。从这个意义上说，将斛山视为关西道学的开创者是不无道理的。这也是黄宗羲在《明儒学案》卷9《三原学案》中极重视斛山的原因。斛山曾师从韩邦奇，《关学编》卷4《苑洛韩先生》中提到苑洛"论道体乃独取张横渠。少负气节，既乃不欲为奇节异行，而识度汪然，涵养宏深，持守坚定，躬行心得，中正明达"，斛山气节操守与苑洛近似，亦同气相求耳。

明代嘉靖时期阳明学说对关中儒学的影响亦值得注意。当时比较著名的儒学学者多与阳明或阳明后学有密切交往，如南大吉（字符善，号瑞泉，陕西渭南人）即师从阳明，为阳明高足，参与编选《传习录》，于嘉靖三年（1524）撰写《传习录序》，强调"勿以《录》求《录》也，而以我求《录》也，则吾心之本体自见，而凡斯《录》之言，皆其心之所固有，而无复可疑者矣"[1]。瑞泉本"豪旷不拘小节"[2]，为学"以致良知为宗旨，以慎独改过为致知工夫，饬躬励行，惇伦叙理"，被阳明誉为"关中自横渠后，今实自南元善始"[3]。阳明在《送南元善入觐序》中更反复申述南大吉"持之弥坚，行之弥决"的治学与处世特点。[4] 瑞泉归陕弘扬"致良知之学"，建酒西书院，"前访周公迹，后窃横渠芳"[5]，也是以阳明学作为基础兼摄横渠学说。

马理（字伯循，号溪田，陕西三原人）与聂豹（字文蔚，号双江，江西吉安人）有诗歌唱和[6]，吕柟（字仲木，号泾野，陕西高陵人）也有鲜明的心学倾向。

① 王守仁：《王阳明全集》卷41《序说序跋》，上海古籍出版社2009年版，第1582页。
② 冯从吾：《关学编》卷4《瑞泉南先生》，陈俊民、徐兴海点校，中华书局1987年版，第51页。
③ 同上书，第52页。
④ 王守仁：《王阳明全集》卷22《外集四》，第882页。
⑤ 冯从吾：《关学编》卷4《瑞泉南先生》，第52页。
⑥ 吴可为编校整理：《聂豹集》，凤凰出版社2007年版，第508—509页。

邹守益（字谦之，号东廓子，江西安福人）《赠溪田马子西归》①，即与吕柟等人唱和赋归，送别马理，"与泾野吕子、约斋刘子、西皋方子，属和而盈卷焉"②。该文重申横渠"知礼成性、变化气质之道，学必如圣人而后已"③的思想，并对马理寄予厚望，希望其继承弘扬横渠遗教，"续而章之，将不在吾溪田乎？溪田志确而学笃，介然有尚友千载之兴，固吾所望以药吾阙者也"④。《酬马溪田春初对雪》（二首）便有"一尘无处着，万象自清新"的理趣。⑤

东廓在《简吕泾野宗伯》中阐述自己的学术心得⑥，认为"圣门之教，只在修己以敬。敬也者，良知之精明而不杂以私欲也"⑦，该简也可反映当时关中学者常南下交流。《东园同泾野诸君赋》（三首）⑧、《赠泾野宗伯北上》"耿中天兮月色，尚千里兮辉辉"⑨、《岁除饮吕泾野客舍》"欲识乾坤真意味，小瓶分插一枝梅"⑩、《酬吕泾野》"扫雪焚香案几幽，梦回书卷静相求"⑪也能反映这种情况。吕柟曾在《别东廓子邹氏序》中比较集中简约地论述自己与东廓的交往与学术分歧，这种分歧主要聚集在关于知行的关系上。吕柟在该文中说："予与东廓邹氏之在南都也，三年矣。每以居室之远，会不能数，然会必讲学，讲必各执所见，十二三不合焉。"吕氏主张"行必由知而入，知至必能行耳"，与东廓"知即是行，人能致良知焉，则非义袭而取也"⑫不同，显示了二人在知行关系问题上的分歧，而吕柟的警觉正是阳明所重视的，也为阳明后学束书不观、游谈无根、以知代行的弊端所印证。泾野南都讲学的盛况，在《别东廓子邹氏序》叙述颇谦抑，但欧阳德《泾野吕先生考绩序》则明确地记述了当时的情景，"比至南都，四方就学者日益众。僚友朋俦相与考德而问业，上公巨卿时就而咨谋焉"⑬。

欧阳德（字崇一，号南野，江西泰和人）与吕柟也有交往。南野在寄吕泾野中说："君志定而天下之治成，念之悚然。微执事，复谁望也？"⑭南野在《泾野吕先生考绩序》中对泾野学行赞誉不绝。⑮在诗歌《赠泾野吕先生赴召大司成》（二首），即有

---

① 董平编校整理：《邹守益集》，凤凰出版社 2007 年版，第 189—190 页。
② 同上书，第 189 页。
③ 同上。
④ 同上书，第 190 页。
⑤ 同上书，第 1180 页。
⑥ 同上书，第 515 页。
⑦ 同上。
⑧ 同上书，第 1145 页。
⑨ 同上书，第 1235 页。
⑩ 同上书，第 1283 页。
⑪ 同上书，第 1328 页。
⑫ 同上书，第 1407 页。
⑬ 陈永革编校整理：《欧阳德集》，凤凰出版社 2007 年版，第 451 页。
⑭ 同上书，第 63 页。
⑮ 同上书，第 450—451 页。

"忠直平生符两字，江湖廊庙总悠然"① 的称赞。南野与苑洛后人也有来往，曾撰《送韩苑洛庶子谪南太仆寺丞》②。

　　通过关中学人与阳明及其后学的交往，可管窥明代嘉靖年间关学的具体面貌。斛山与阳明的高足钱德洪（本名宽，字洪甫，号绪山，浙江余饶人）交往甚密，并且在送钱氏出狱时请益，绪山教以静中涵养，《杨忠介集·附录》卷 3 中，绪山的《复杨斛山书》比较集中地阐述了阳明学的基本思想，特别是关于"无善无恶心之体"与良知说的关系等问题。斛山也曾经夜梦阳明探访。他与阳明弟子刘魁（号晴川）、周怡（号讷溪）更是患难与共的生死之交，交谊非寻常可论。与罗洪先、聂豹、邹守益等也有往还。其中晴川学术亦有可观之处，据欧阳德《送刘晴川北上序》"阳明先生倡学虔台之岁，某从晴川子日受业焉。……去今余二十年，山颓梁坏，朋侣离索，晴川子既卓然有立矣"可见一斑。③ 具体则如南野《祭刘晴川》所载"忠信笃敬之学，孝友仁让之行，正直謇谔之节，循良恺悌之政，默而成之，不言而信"，并称"忆昔与兄师门共学，接席连床，动逾数月，语焉而不厌其聒，默焉而不疑其秘。相观相砥之益，惟予与兄自知之，而朋侪或未尽知也"④，侧面也透露出欧阳德对刘魁评价的可信性。罗洪先（字达夫，号念庵，江西吉水人）《访刘晴川公云津次白沙韵》有"试问狱中事，何如岭表心？道南闻已久，君是指南针"的诗句，也可略窥晴川"一生无妄语"的人格。⑤

　　讷溪也是阳明学阵营的人物，罗洪先曾有《答周讷溪》，对周氏"闲中安乐境界，有如唐虞洙泗，非有福德者，不得居此，何羡于天宫"的体悟多有肯定，认为它较好地表达了"澄湛浑全，发于喜怒哀乐，一以贯之，坦然无复起止"的修养境界。文末也透露出讷溪对困厄处境的不同认识，"时事未忍更述，相语有知，'宁为太平犬，莫作乱离人'，不亲罹此境，断不能作此语，亦不能闻此语而酸鼻刺心"⑥，与《杨忠介集》中的若干记述可以相互印证。讷溪的温和宽容、坚忍不拔也可略窥。

　　斛山、晴川、讷溪三人狱中的生活，《杨忠介集》中有直接与间接的表述，比较简明可靠。罗洪先在《刘晴川公六十序》中也有一番写照："嘉靖二十年，工部虞衡员外晴川刘君焕吾上封事，下诏狱。是时，上亲览章奏，明察幽隐，谓君之言和而有体，又不越他人职事，故不深罪，第欲稍留之以观其诚。遂与富平杨伯修、姑孰周顺之留狱中者六年。上复遣伺三人动语食息何似，有所异否。闻其食乏衣穿，色不沮，言不恧，而讲论终岁不辍，则又时时给食食之。既久，而三人之诚愈著。一旦不待有司之

①　陈永革编校整理：《欧阳德集》，第 807 页。
②　同上书，第 779 页。
③　同上书，第 233 页。
④　同上书，第 762 页。
⑤　徐儒宗编校整理：《罗洪先集》，凤凰出版社 2007 年版，第 1183 页。
⑥　同上书，第 345 页。

请，释归故乡，天下之人莫不感圣天子之仁，庆三人之遭。"①这段文字虽然风格温和儒雅，但百般卫护，字词突兀中也能显示无奈与委婉。所以，了解三人在狱中前后八年遭遇的非人折磨，当以斛山耿介的文字为准。

在当时整体的学术思潮影响下，因为种种具体的机缘，斛山也具有浓郁的心学倾向，这成为其融会横渠、程朱思想的学术基础。

二、斛山的学术思想

如果要具体描述斛山的思想学术品格，还需要结合他的诗文和经解来进行。在《周易辨录》中，斛山虽受《彖辞》、大小《象辞》的影响较大，但他能够将《四书》中的《大学》、《中庸》抽绎出来注解周易的卦爻辞，并结合君臣关系阐述政治伦理与道德规范，虽基本是以《四书》解《周易》，但他注意到《周易》卦爻辞与象的特点，所以多有个人心得和发明，在今天依然可以给人以启发。整体看，正如《大学问》在阳明学中占有重要的地位一样，斛山重视《大学》、《中庸》、《孟子》，自有其深刻的思想根源。

通过研究《周易》经传，总结历史发展规律，探讨君主与天下的关联，是斛山《易》学中颇有新意的内容，且有深远的历史影响。《周易辨录》卷1《比》提出："天之立君，以一人治天下而劳之，非以天下奉一人而逸之也。君人者，顷刻谨畏之不存，则怠忽之所自起；毫发几微之不察，则祸患之所自生。"《周易辨录》卷4《革》："天之立君所以为民，欲以一人理天下而劳之，非以天下奉一人而逸之矣。"《周易辨录》卷4《既济》："天下，势而已。势轻势重，当于其几而图之。"固当发黄宗羲《明夷待访录·原君》、顾炎武《天下郡国利病书》、王夫之《宋论》之先声矣。

关注天道与人道的关系，特别突出人道的意义与价值，也是斛山《易》学思想的重要方面。《周易辨录》卷2《离》："天地人之道，中而已，易之全体大用可识矣"。《周易辨录》卷2《泰》："所以主之者，必有其人，岂可尽归于天运哉？"《周易辨录》卷2《蛊》："人谋之与天运未尝不相为流通者也"。《周易辨录》卷2《贲》："'天文'，天之道也；'人文'，人之道也。人道本于天道，而天道所以为人道也"。《周易辨录》卷4《中孚》："'中孚以利贞'，道始合于天矣。人道必本于天道，天道之外无所谓人道也。'率性之谓道'，而性则命于天，天人合一之理也"。重视人事，而反对笃信天命，亦是难能可贵的思想。《周易辨录》卷4《既济》："盖天之所佑者，德也；人之所归者，亦

---

① 徐儒宗编校整理：《罗洪先集》，第608页。按："姑孰"疑为"姑苏"。

德也"。

在德行修养上，重视"明心"、"力行"，强调"自养"与"所养"的内外统一，是斛山《易》学思想的特色。《周易辨录》卷2《大畜》："'天在山中'，有大畜之象。'多识前言往行，以畜其德'，君子所以大畜也。前言往行之理，即吾心之理也。多识之，所以畜吾心之德也。多识而不畜德，则所识者资口耳之陋而无实用矣，故非多识不足以畜德，而多识者又不可以不畜德也。先明诸心，知所往，然后力行以求至焉。格物、致知、诚意、正心、修身，以为齐家、治国、平天下之本，圣学功用之全，即此一言尽之矣。"以《四书》中的《大学》解《周易》。又如《周易辨录》卷2《颐》："'观颐'，观其所养。所养必以王道，则所养为得正矣。'自求口实'，观其自养。自养必以天德，则自养为得正矣。如分人以财，教人以善，为天下得人，皆所养之道，自小德之谨，至大德不逾闲，皆为自养也。以《大学》之《序》言之，'自养'为格物、致知、诚意、正心、修身，而'所养'则齐家、治国、平天下之谓也。内圣外王之学，'观颐，自求口实'尽之矣。"《周易辨录》卷3《家人》："家固国与天下之本，而身又为家之本也。"《周易辨录》卷3《损》："君子损益，非有意也，循天理而已矣。'惩忿窒欲'，谓之损可也，谓之益亦可也。圣人特以克己而言，则理之复者非益乎？消一分人欲，则长一分天理。"《周易辨录》卷4《艮》："恶知有己，恶知有人，'时止则止、时行则行，动静不失其时'，即'艮其背'之义，其道纯乎义理而光明矣。"《周易辨录》卷4《渐》："寇者，切害之名，指人之私欲而言。私欲者，心德之害也，故以为寇。"《周易辨录》卷4《中孚》："或人所当亲，或道所当学。信其所当亲，则终身资之以为宗；信其所当学，则终身用之而不穷。反是，则非自安之道也。所谓自安，非但安身，亦安其心而已矣。"虽沿袭了人欲（特别突出私欲）与天理之辨，但主张"安心"，心学气息也很浓郁。

斛山融合张载、程朱、阳明学术的地方很多。在《杨忠介集》中，斛山的学术思想面貌呈现的比较明显，特别是他的心学因素，在诗文中也不时有所流露。《杨忠介集》卷9《题云津书屋》："人心原是书之本，会寻真趣便能虚。心书与道相忘处，身居天下之广居。"《杨忠介集》卷10《次绪山韵五首》："隐显从心无上下，险夷信步有西东。"《杨忠介集》卷10《初夏二首次韵》："不教闲虑在胸中，便与长天一样空。信步踏来皆乐地，开襟满抱是熏风。庭前柏色拂云绿，墙角葵心向日红。更有一般好景象，应时黄鸟啭幽丛。"《杨忠介集》卷10《遣怀二首用杜工部韵》："月朗风清皆自得，鸢飞鱼跃在其间。"均具有鲜明的心学气象。斛山与钱德洪诗歌唱和表达得尤为显豁，如《杨忠介集》卷11《七言律诗二·次绪山韵三首》："从来克己最为难，克去超过人鬼关。""正见胸中好景象，天光云影半空闲。"《杨忠介集》卷8《五言古风·四丁宁赠钱员外绪山》："留心剪枝叶，枝叶更秾鲜。努力勤于末，共耕方寸田。""心能乐取善，善自我心全。""荆榛不自剪，令我此心迷。洞识虚明体，超然即在兹。"

当然，斛山的个人节操、耿介气概，字里行间，不胜枚举。他在书信中多次重申自己的人生观，如《杨忠介集》卷4《与纪中夫书》中有"吾人处世，安乐则心存于安乐，患难则心存于患难，有何不自得而戚戚于心耶？于今日之幽囚而安顺之，亦吾百年中所作之一事也"。即使在去世前自己书写的墓志铭中，也以"做天下第一等人"、"干天下第一等事"自我期许和勉励家人。《杨忠介集》卷6《语录》载在与周怡、刘魁讨论一人因狂病迷谬、立御座上而拟重狱的案例，斛山条分缕析，义正词严，毫不含糊，云："此皆论利害，未说到义理处。若论义理则当为即为，当止即止，岂计得罪？"振聋发聩，犹然在耳。清大学士张廷玉等奉敕修明史，在《明史》卷226《海瑞传》中云："自杨最、杨爵得罪后，无敢言时政者四十五年。"更见其难能可贵，斛山气节彪炳史册，令志士扼腕。

除思想价值外，《杨忠介集》也具有历史、政治、文学的多重价值，其中文学作品《杨忠介集》卷3《传》所载《孤麋传》、《杨忠介集》卷7《杂著》所载《香灰解》、《杨忠介集》卷8《赋》所载《梦游山赋》等构思新颖，笔调柔婉深沉，物我合一，具有极高的思想性和艺术性。斛山律诗绝句，虽然《四库全书总目》委婉地指出："所作诗文，大都直抒胸臆，虽似伤平易，然有本之言不由雕绘，其可传者正不在词采间矣。"但也颇有脍炙人口，语调流利，有生活趣味的篇目，特别是五绝、七绝作品。

（作者单位：西北大学中国思想文化研究所）

王杰传略

孙　靖

一

据宋郑樵《通志》卷28"氏族略第四"所论，王姓一氏，溯源可至黄帝，出自姬姓。琅琊、太原之王，则曰周灵王太子晋，以直谏废为庶人，其子宗恭为司徒时，人号曰王家。京兆、河间之王，则曰周文王第十五子毕公高之后。毕万封魏，后分晋为诸侯，至王假为秦所灭，子孙分散，时人号曰王家。此皆山西王姓始祖，王杰一系所出于史无证。

又《明太祖实录》、清张廷玉《明史》所载，明初山西向外移民盛行，洪武年间十次，永乐年间八次。其中缘由，主要因元末兵燹影响，民不聊生，加之明初的靖难之役，导致中原荒芜，政府需要借其他地区人民予以充实。杰先祖自山西洪洞移至陕西韩城，即属于此次移民潮中。

清钱坫（乾隆）《韩城县志》卷3及卷6记载，王杰曾祖父王养元，以杰赠光禄大夫；祖父王家檀，以杰赠光禄大夫；父王廷诏，浙江杭州石门主簿，以杰赠光禄大夫。王廷诏墓在韩城县东南仁和寨，翰林孙景烈志其墓。廷诏三子，长浚，次澈，杰为其三子。

王杰字伟人[①]，号惺园，又号畏掌[②]，陕西韩城人。生于雍正三年（1725）十月二十七日寅时，终于嘉庆十年（1805）正月十日子时[③]，卒后入贤良祠[④]。四岁随父至浙，八岁能书大字，十八岁入学，从武功孙酉峰游，闻关闽之学。乾隆十八年，拔贡，以

---

① 文中所涉及王杰生平履历及家族名录，多参考《葆淳阁集》前附阮元《王文端公年谱》，不一一注明。
② 姜亮夫：《历代人物年里碑传综表》，云南人民出版社2002年版，第602页。
③ 朱珪：《王文端公墓志铭》，见钱仪吉：《碑传集》卷28，清道光刻本。
④ 穆彰阿：（嘉庆）《大清一统志》卷2，《四部丛刊》续编影旧抄本。

教职用，继丁父忧。尹继善制两江，聘入幕。后入陈宏谋幕府，闻性命躬行之说。乾隆二十六年（1761），殿试第一。乾隆二十七（1762）年，充湖南乡试副考官。乾隆二十九年，督学福建。乾隆三十二年（1767），擢侍读。乾隆三十三年（1768）六月，晋右庶子。十月，擢侍讲学士。乾隆三十四年（1769），迁少詹士，充武会试主考官。乾隆三十六年（1771），充日讲起居注官，直南书房，晋内阁学士，兼礼部侍郎，充江西乡试正考官，旋督学政。乾隆三十九年（1774），署工部右侍郎，十二月，转授刑部右侍郎。乾隆四十年（1775），充会试副总裁。乾隆四十一年（1776），再视浙学。乾隆四十二年（1777），回京，署礼部右侍郎，转吏部右侍郎，仍兼署礼部右侍郎，充四库、三通、国史诸馆副总裁。乾隆四十三年（1778），充会试副总裁。乾隆四十四年（1779）二月，转吏部左侍郎。五月，阅《大清一统志》。八月，典浙江乡试。十二月，充武英殿总裁，同办明史，充国史馆副总裁。乾隆四十五年（1780），授左都御史，旋回京，充四库全书馆副总裁。乾隆四十八年（1783），丁母忧。乾隆四十九年（1784）三月，即家擢兵部尚书。乾隆五十年（1785）八月，服阕进京，充三通馆总裁。十一月，充经筵讲官。乾隆五十一年（1786），正月，赐紫禁城骑马。四月，充尚书房总师傅。十二月，直军机。乾隆五十二年（1787），正月，拜东阁大学士，总理礼部。三月，充会试正总裁。乾隆五十三年（1788），台湾平，图形紫光阁。乾隆五十四年（1789）三月，充会试正总裁。平廓尔喀，再图形阁中。十一月，罢尚书房行走。乾隆五十五年（1790）三月，充会试正总裁。十一月，加太子太保。乾隆五十六年（1791），仍充上书房总师傅。嘉庆元年（1796），以足疾辞退两书房、军机、礼部事。嘉庆三年（1798），仍直军机处。嘉庆四年（1799）正月，高宗升遐，仁宗亲政，命总理丧仪。二月，充实录馆正总裁。嘉庆六年（1801），充顺天乡试正考官。嘉庆七年（1802），以疾辞官，在家食俸，加太子太傅。嘉庆九年（1804），入京谢恩，薨于京邸。奉敕编有《钦定秘殿珠林续编》8 卷、《钦定石渠宝笈续编》88 卷[1]、《钦定西清续鉴》甲编20卷附录一卷[2]、《钦定西清续鉴》甲编20卷[3]、《高宗纯皇帝圣制诗五集》一部 100 卷[4]。

　　杰有《葆淳阁集》24 卷传世。卷 1 为赋、颂，卷 2、卷 3 为跋，卷 4 为序，卷 5 为赞、议、志铭，卷 6 为传、记，卷 7 为恭贺诗作，卷 8 亦为诗，多自作，卷 9 至卷 18 为《赓扬集》十卷，均为恭贺应制之诗，卷 19、卷 20 为《芸馆集》两卷，均为赋，卷 21 至卷 24 为奏折四卷。《葆淳阁集》由公门生阮元编辑刊刻。阮元《擘经室集》三

① 　胡敬：《胡氏书画考三种》卷 1，清嘉庆刻本。
② 　刘锦藻：《清续文献通考》卷 274《经籍考》18，民国影十通本。
③ 　王杰等：《西清续鉴乙编》，续修《四库全书》本（1108 册—1109 册）。
④ 　庆桂：《国朝宫史续编》卷 76，清嘉庆十一年内府抄本。

集卷 5 "王文端公文集校本跋" 条曰："王文端师诗文不自以为重，盖公所重在立朝风节也。公薨后，公子埁时收罗杂稿寄至江西，属元编刻之，元乃手编为《葆淳堂集》若干卷，又订成年谱一卷，付之梓。梓成，元匆匆移河南，爰以板寄闽，是时公子已出守闽郡矣。板中误字颇多，同门友李许斋赓芸手校一过①，改补之，此李公手校本也，故跋之。"阮谱有"嘉庆二十年受业扬州阮元谨编"之语，可知阮谱编于嘉庆二十年（1815）。再检《阮元年谱》，嘉庆十九年（1814），阮元 51 岁，"七月初七日，……渡江，由金陵陆路至芜湖、池州、安庆，复乘船至九江，陆行入南昌"。嘉庆二十一年（1816），阮元 53 岁，"闰六月十九日，调补河南巡抚，时新抚未至，仍留江西"。而"八月十七日，至开封府到任"。可知，埁时将杂稿寄于阮元当在嘉庆十九年七月至嘉庆二十年之间，初版刊刻完毕之日当在阮元改任河南巡抚之前，即嘉庆二十一年八月十七日之前。

为官之余，王杰亦有文人之雅兴。好藏书，于四库馆征书时献其所藏《张邱建算经》三卷和唐王孝通撰《缉古算经》一卷，两书均收入《四库全书》，此在杰任吏部侍郎时。杰又藏有清姚际恒撰《诗经通论》17 卷，据清吴振棫《养吉斋丛录》卷 7 载，《诗经通论》世无传者，唯王杰家藏有抄本，由其孙王笃刊于蜀。

王杰精书法，传世墨宝多种。苏州市博物馆藏有其楷书七言十四句扇页，字体秀丽端正。陕西安康历史博物馆藏有其书行书一卷，河南民俗博物馆藏有其所书"连步"匾。福建泉州东北的清源山有其与马负书诗摩崖一通，有叙述作诗缘由之题曰："丙戌中夏，温陵试竣，太守严湖陈君、大令牧村方君邀同易斋马提帅同游赐恩岩，即此原韵。"可知此诗当是乾隆三十一年（1766），王杰督学福建时所作。诗曰："兹山生面为谁开？喜属高车际晓来。海上晴云蒸浃溆，人间佳气转恢台。争奇岩岫当轩立，渐老松杉记手培。自是雄城资保障，尘襟批豁一登台。"书法刚健苍劲，自成一体。

王杰亦颇好治墨。中国历史博物馆藏有其进呈五色凤池云墨，同式两锭，墨面为翔云漫天，凤飞空中，小桥流水环绕。墨背有"五色凤池云"篆书及"臣王杰"印。

王杰妻程氏，诰封一品夫人，另有侧室姚氏、黄氏。有子四人：子埮时，乾隆十一年（1746）生，员外郎职衔；埩时，乾隆十六年（1751）生，监生；埁时，乾隆二十二年（1757）生，嘉庆元年（1796），恩荫生，嘉庆四年（1799），掣签兵部武选司员外郎，嘉庆十年（1805），因丁忧回籍，嘉庆十三年（1808）二月起复部，嘉庆十四年（1809）五月补兵部员外郎，保送御史，嘉庆十六年（1811）二月任兵部郎中，九月补江南道检查御史，嘉庆二十年（1815）掣签任福建建宁府知府，仕至广东肇罗

---

① 李赓芸，字郿斋，江苏嘉定人。少受学于同县钱大昕，通六书、《苍》、《雅》、《三礼》。官至福建布政使，《清史稿》将其列入"循吏"。笔者点校《葆淳阁集》，即觉此书校勘质量颇高，十几万言几鲜有讹误。

道[1]；墌时，乾隆四十七年（1782）生，廪生，选授宝鸡教谕。

有女二：长适举人、批验所大使同县刘栋，次适朱文正公子、恩荫刑部广西司员外郎、太仆寺少卿大兴朱赐经。

有孙九人：駉，墌时子，乾隆四十四年（1779）八月生；駉，埍时子，乾隆四十八年（1783）八月生；隽，埁时子，乾隆五十五年（1790）二月生；骕，埍时子，乾隆五十六年（1791）九月生；笃，埁时子，乾隆五十六年（1791）十月生，嘉庆己卯（1819）举人；駋，墌时子，乾隆五十八年（1793）六月生；骞，埁时子，乾隆六十年（1795）二月生；驰，墌时子，嘉庆五年（1800）二月生；驯，墌时子，嘉庆五年十一月生。

二

王杰少时师从清代著名学者孙景烈学于关中书院，后入名臣陈宏谋之幕，自言受二位先生影响至深。孙景烈秉承自张载以来的关学传统，崇气学，尚礼教，常以天下为己任，重视道德修养，强调躬行实践。陈宏谋也对关学十分尊崇，以之为毕生信仰。纵观陈宏谋的一生，为人正直，为官清廉，无时无刻不在实际行动中贯彻张载所倡导的关学核心思想，他本人对孙景烈的礼遇也是很好的证明。观王杰一生事迹，亦是在二位先生的教诲和影响下，继承了具有强烈知识分子气息的关学传统。故欲探究王杰之思想，必先知其渊源。

孙景烈，生于康熙四十七年（1708）七月二十六日，卒于乾隆四十五年（1780）正月十二日。[2] 早岁举于乡，为商州教官，勤于课士，不受诸生一钱。雍正年间，巡抚蒲阪崔公以贤良方正荐授六品衔。乾隆十五年（1750），陈宏谋抚陕，奉旨举经明行修之儒，将以景烈名入告。先是，景烈成进士，后授检讨，以言事忤旨放归。景烈深自韬晦，因而固辞。后主讲关中书院、兰山书院，教生徒以克己复礼。平居，虽盛暑必肃衣冠。王杰为入室弟子，尝语人曰："先生冬不炉、夏不扇如邵康节，学行如薛文清。"又曰："先生归籍三十年，虽不废讲学，独绝声气之交，为关中学者宗，有自来矣。"[3] 陕西理学，至乾隆间，武功孙景烈亦能接关中学者之传。[4] 景烈孝友端方，研穷

① 黄叔璥：《国朝御史题名》"嘉庆十七年"条，清光绪刻本。
② 张洲：《征仕郎翰林院检讨孙先生景烈行状》，见钱仪吉：《碑传集》卷49。
③ 江藩撰，钟哲点校：《国朝宋学渊源记》卷下，中华书局1983年版，第164页。
④ 赵尔巽等：《清史稿》卷480《儒林一·孙景烈传》，中华书局1977年版，第13127页。

经史，讲求实学。① 刻有明康海《对山集》十卷，以所藏张太微本，又加删削而刊刻。② 孙景烈有其学生张洲为其所做行状，当为可见最为完整丰富之数据。

　　王杰的另一位师长则是陈宏谋。审杰之行实，无不充盈孟轲之"浩然之气"，而此种气度之形成，实受陈宏谋影响甚深，且王杰修齐治平之方法，亦与陈宏谋如出一辙。故不知陈宏谋，无以知王杰。综合来看，陈宏谋集理学家、政治家、教育家多重身份于一身，这一多重身份造就了他巨大而深远的影响力。将理学家身份作为陈宏谋的第一特征，是因为生存在华夏大地的知识分子，在某种程度上始终带有挥之不去的儒家烙印，深刻入心。此种影响不仅是学术思想上的，更延及实践之中，小至言行举止，大至齐家治国。对于陈宏谋而言，这一点尤为突出。陈宏谋深受清初以来张履祥、陆世仪和陆陇其等人影响，宗程朱、排陆王的同时，也将经世致用之思想秉而持之、一以贯之。他在接受清代理学影响的同时，也成为清中期官方理学家的卓越代表。作为政治家，陈宏谋在 1733 年到 1763 年的三十年时间内，历任十余省道台、巡抚、总督等职，其任巡抚时间之长、范围之广，有清一代无人可望其项背。陈宏谋以"格致诚正修齐治平"为核心理念，并以之为信仰而躬行，自身清正廉洁、奉公守法，为官又勤政爱民，所到之处无不澄清吏治、兴利除弊，堪称清乾隆时期的循吏。而称陈宏谋为教育家，则在于他不仅在任内大力推进教育发展，建校兴学并亲自授课，还十分重视教育理论的建设，辑纂大量的教育典籍，《五种遗规》便是代表。是书分《养正遗规》、《教女遗规》、《训俗遗规》、《从政遗规》和《在官法戒录》五种，后来作为清代社会教育和蒙童教育教材以及清末中学堂修身科教材，流传甚广，影响极深极远。

　　除此之外，陈宏谋在为政之余，还编写大量著述。从广西省乡贤遗著编印委员会将陈宏谋部分著述编辑而成的《陈榕门先生遗书》来看，其著述可大致分为撰著、评辑和校订三个方面。国内关于陈宏谋的相关研究，近年来虽逐渐增多，但多局限在对其本人著作的整理和生平事迹的梳理方面，对其个人学术、政治思想，乃至由此而申发的对于陈宏谋所处的时代，即清中期的知识分子研究，仍旧处在一个程度相对较低的层次，而国外学者在这一方面却有相当的突破。美国学者罗威廉所著《救世：陈宏谋与十八世纪中国的精英意识》即是代表。罗威廉认为陈宏谋是清朝 18 世纪最有影响的汉族官员，进而认为如果力图观察雍正乾隆时期的盛世，了解造成这种盛世局面的因素，特别是探索正统精英的思想状况，陈宏谋便是当仁不让的最好选择。这样一种认识无疑将陈宏谋定位于雍乾时期中国传统知识分子的典型代表，陈宏谋的重要意义

---

① 　法式善：《槐厅载笔》卷 9《掌故二》，清嘉庆刻本。

② 　永瑢等：《四库全书总目》卷 171 集部二十四，中华书局 1965 年版，第 1499 页。

显而易见。

　　王杰在陈府中供职多年，除陈宏谋外恐怕再无二人对王杰影响如此之深之远。在这样一位同时在思想上和实践上都达到相当高度的精英影响下，王杰在某种程度上，可以说是陈宏谋思想理念的又一践行者。纵观公生平所行，以理学为养身之基础、思想之源泉，讲求诚心正意，不自欺亦不欺人，因而成就了近乎完美的高尚人格。当然，杰并未止步于此。在崇奉关学、深研学理的同时，杰秉持儒家惯有的经世致用之风，学以致用，为官一处无不尽忠职守、造福一方。

　　王杰执掌文衡多年，所拔俊杰无数。除此之外，公亦奖掖后学，唯才是举：

　　汪照，初名景龙，字翌青，廪贡生。少能诗，通经义，覃心金石之学，注《大戴礼》数万言，又纂集齐、鲁、韩三家《诗》说，凡见于唐以前书者，片字必录，人服其博赡。性情安雅，与物无忤。王杰任浙江学政时，礼部侍郎沈初任福建学政，皆属以衡文。继从杰游西安，历主有莘、横渠两书院山长。照又工隶书，如《临潼横渠张子祠堂记》、《崇福寺罗汉堂记》皆其所书。归未几，年五十八，病殁。①

　　朱文藻，字映漘，仁和诸生，少居东园，既而吴颖芳割宅居之，又馆汪氏振绮堂，勘校群籍，见闻日广。时开四库馆，杰延文藻至都，佐编校之役，考异订讹，多成善本。晚年为阮元辑《輶轩录》，为王昶辑《藏经提要》、《西湖志》、《金石萃编》，订正之力居多。②

　　官献瑶，字瑜卿。后官至洗马，任陕甘学政时，识得杰，于诸生中以为大器。治经不主一家，于《易》主李光地，于《尚书》主蔡沈、金履祥，于《周礼》主方苞，于《仪礼》主郑康成、敖继公、吴绂，六经三礼咸有撰著。③

　　俞廷抡，字杉舟，余杭人。乾隆辛丑进士，官云南昭通知府。少以优行贡成均，文名噪甚，和相欲罗致门下，拒弗往，杰雅重之。旋由编修出守昭通，洁己爱民，免郡中值日之役，禁官买器物之弊。④

　　单照，少失学，年十九始读书。王杰督浙学，爱其才，将贡之成均，以不就试而罢。诗文力追古人，顾不轻与人交。其论艺多否少可，里中后生亦鲜与洽者。诗宗少陵，榜其斋曰：杜可。五十后逃于禅，尽焚所作文字。足不出户限者逾二十年。⑤

　　吕迪，字长吉，余姚诸生。天姿英敏，弱冠受知杰。诸生性耽吟咏，客游金陵，北立河洛燕晋，所过胜迹纪之以诗。诗境得江山之助，益豪迈苍浑。书法尤卓绝，道

————————

① 王昶：（嘉庆）《直隶太仓州志》卷38"人物"条，清嘉庆七年刻本。
② 李格：（民国）《杭州府志》卷145，民国十一年本。
③ 陈康祺：《郎潜纪闻初笔二笔三笔》，《郎潜纪闻二笔》卷9，中华书局1984年版，第205页。
④ 潘衍桐：《两浙輶轩续录》卷13，清光绪刻本。
⑤ 潘衍桐：《两浙輶轩续录》卷7。

州何绍基见其墨迹，以为足与石庵覃溪抗行。著《屐山山房诗稿》七卷。①

杨棨，初名枝，字戟辕，号吉园，会稽人，年十四，受知杰，补诸生。中年又见赏学使窦东皋、吴蓉塘两先生。嘉庆元年（1796）举孝廉方正，力辞不赴。年八十有三，制行端严，为越士钦瞩，以儒术名越郡。工书法，教授里门卖字以老画得元人旨趣，然不轻作。②

杨知新，字符鼎，一字拙园，浙江归安人。生而聪慧，九岁赋《月华诗》，有千卫瞻锦绣，万国仰文明之句，见者奇之。年十七，补县学附生，旋食廪饩，岁科试屡冠军。先后受知于王文端公、朱文正公、窦东皋、阮芸台、潘芝轩、刘金门、李芝龄诸先生。③

潘有为，字卓臣，号毅堂。广东番禺人，乾隆三十五年举人。先生受知于杰，又为翁覃溪先生入室弟子，性落落不事权贵，官至中书，十余年不迁，丁外艰归，不复出。④

众人之中，又以阮元、洪亮吉、江藩和孙星衍为最著。四人皆有盛名，各有传记可参，不予详述，此处仅就其与王杰交往之证据做论列。阮元和孙星衍同为杰门生，二人在为官时，均极受杰赏识称赞。关于洪亮吉，据清李元度《国朝先正事略》卷35所载，洪亮吉"生六岁而孤，家贫，以副贡客公卿间。朱学士筠督学安徽，先生从游最久，旋客浙江学使王文端杰幕中"。关于江藩，清伊秉绶《留春草堂诗钞》卷7《赠江郑堂藩》诗中注文"郑堂馆韩城王文端公邸第二十年"，可知交往。

其中亦有公欲提拔而为拒者，王鼎是也。据赵尔巽等《清史稿》卷363《王鼎传》所载："王鼎，字定九，陕西蒲城人。少贫，力学，尚气节。赴礼部试至京，与王杰同族，杰欲致之，不就。杰曰：'观子品概，他日名位必继吾后。'曾历任翰林院庶吉士、编修、侍讲学士、侍读学士，礼、户、吏、工、刑等部侍郎，户部尚书，河南巡抚，直隶总督，至军机大臣、东阁大学士。一生刚正不阿，政绩颇著。"

其他交往者，如彭光斗（《葆淳阁集》卷3《跋彭贲园同年兰亭帖》）、袁枚之弟袁鉴（《葆淳阁集》卷3《朱子论语集注手稿真迹跋》）、胡季堂（《葆淳阁集》卷3《跋胡云坡司寇石刻后》）、游酢九世孙游端栢（见《葆淳阁集》卷4《游廌山先生文集序》）、吴峻明（《葆淳阁集》卷4《建安吴生峻明学庸贯一序》）、汪蘅圃（《葆淳阁集》卷4《海阳汪君征拙堂集序》）、钱塘吴敬斋（《葆淳阁集》卷4《吴敬斋书塾课存序》）、金华映峯黄使君（《葆淳阁集》卷4《金华诗录序》）、施子（《葆淳阁集》卷4《释耒小草序》）、

---

① 潘衍桐：《两浙輶轩续录》卷18。
② 潘衍桐：《两浙輶轩续录》卷27。
③ 张维屏：《国朝诗人征略二编》卷56，清道光二十二年刻本。
④ 张维屏：《国朝诗人征略二编》卷40。

宝冈大司寇（《葆淳阁集》卷 4《余宝冈大司寇八十寿序》）、张会九（《葆淳阁集》卷 4
《寿张太翁七十序》）、李天秀（《葆淳阁集》卷 5《焦娄李公墓志铭》）、师彦公（《葆淳
阁集》卷 6《师氏祖祠记》）等。

三

  王杰主要活动在清乾隆、嘉庆两朝。关于乾嘉时期的学术主流的认识，虽然有
诸多存在差异甚至互相对立的观点，但无论从乾嘉时学人自己对学术倾向的论述来
看，还是从后世对于当时学术思想的分析来说，以语言文字为传统的朴学或是汉学
始终是这一时期的学术主流，这是毋庸置疑的。无论是刻意贬低朴学及朴学家影响
范围、影响时间和影响程度的做法，还是有意扩大义理之学影响力的说法，都是站
不住脚的。因此，鉴于乾嘉时主流学术倾向的事实，尊尚义理之学的王杰虽然在科
考中表现突出，但是却始终难以进入当时主流学术圈。作为学者的王杰，毫不忌讳
地说，在学术成果和影响上颇有局限。纵然《清儒学案》和《清代学者像传》等不
少学术史著作均将杰纳入其中，但这仅仅是对其学者身份的肯定。所以，相较于学
术，王杰在思想上的造诣和贡献似乎更值得说道。王杰少时就读于关中书院，受业
多时，影响甚深。

  作为明清两代陕西最高学府，关中书院一向被认为是西北书院之冠。据（乾隆）
《西安府志》卷 19 记载：书院于明万历三十七年（1609），布政使汪可受、按察使
李天麟等人为冯从吾讲学而建。明末清初，又有大儒李颙主讲关中书院，力倡关学。
又，关中理学源自张载，讲求"太虚无形，气之本体"[①]，倡导"由穷理而尽性"的
"自明诚"方法[②]，开关学"崇儒"与"实学"之风。继有吕柟，糅合关学之笃实实践
与心学心性修养，启明中期关学"兼收"与"并蓄"之新气象。其后，又有冯从吾
（1557—1627）倡导"以心性为本体，以诚敬为功夫"[③]，敦本尚实，以纠当世浮夸学
风。再有李颙（1627—1705）兼采朱陆，倡"悔过自新"[④]、"明体适用"[⑤]说。而素有
宗旨"学以致用"、"躬行实践"则贯穿整个关学学术发展，未曾有过间断。作为明
清两代关学重镇的关中书院，虽几经起伏，但始终秉承关学宗旨，实为弘扬关学的

---

① 王夫之：《张子正蒙注》卷 1《太和篇》，中华书局 1975 年版，第 3 页。
② 同上书，第 96 页。
③ 冯从吾：《少墟集》卷 15，《影印文渊阁四库全书》本，第 1293 册。
④ 李颙：《二曲集》卷 1《悔过自新说》，清康熙三十三年刻本。
⑤ 李颙：《二曲集》卷 24《鳌峰答问引》。

重地。

王杰著有《葆淳阁集》24 卷。书名来源，难以详究。不过欲求其寓意，倒可从字面予以窥测。"葆"，《说文》："草盛貌。"《段注》："师古曰：草丛生曰葆，引伸为羽葆幢之葆。史记以为宝字。"而"葆"字又通"保"，当为假借。"淳"，《说文》："渌也。""渌"即"水清"之义，后又引申为"纯洁"、"醇厚"。故所谓"葆淳"者，保持自身天生纯洁醇厚之本质，而不为外界所污染也。王杰一生行事之准则，由此可见一斑。

王杰身份多样，这种多样性在书中有着完整的体现。在《葆淳阁集》中，恭和之作占据了相当大的比重。王杰状元出身，又履任朝廷要职，位极人臣。故这种比重既是王杰作为皇帝身边重要政治人物使然，也直接体现其特殊身份和创作倾向。恭和之作虽为应制而生，但在奉旨而作之时，也体现出其作为思想家和政治家的价值取向和精神寄托。如《恭跋〈御制君子小人论〉》行文伊始，便引《尚书·洪范》论证离析小人君子的重要性，《恭跋〈御制劝农诗〉》虽篇幅不长，但先引《尚书》、《诗经》，又引《左传》、《周礼》、《孟子》等经典，借以强调农业的重要意义。可以看到，王杰在歌颂帝王功绩的同时，也时时劝讽，表达其忧国忧民的高尚情操。强调作品的政治教化和社会意义，是《葆淳阁集》的重要特色之一。此外，作为饱学之士的王杰，在遣词造句方面很明显下过一番苦功，其辞藻之绚烂、字句之典雅，不愧状元美誉。

纵观全书内容，颇具学术性的数篇序跋可窥测杰学术思想。王杰于万斯同颇为推崇，《葆淳阁集》卷 4 有为万斯同名作《群书疑辨》与《纪元汇考》两书所做序文。万斯同作为清代讲求专家的浙东学术，尤其是浙东史学的代表人物，在继承其师黄宗羲史学一脉的基础上，将清代史学研究推向更高境界。王杰以为《群书疑辨》"其于群书之疑，如攻坚木，如解乱绳，略无穿凿支离之弊。俾读者人人发其覆而通其蔽，有相说以解之趣"，而对于考证之功用，又认为"然五礼六礼之殊伦，五音七音之易位，用绵蕝以易三朝之仪，因同宰而紊都宫之制。乡饮之不修，冠礼之不讲，论钟律则铢黍既差，均节何有，五量三统因之无所适主。此则有志于兴礼乐以正人心隆世教，亦不可谓非节目之大者也"[①]。可见，考证最后仍旧落在了教化之用上。王杰又以为《纪元汇考》"上溯陶唐迄于胜国之季，四千余年，年经代纬，纪号无遗。凡禅继正闰，及割据僭伪，与夫世系之久，近时地之纷更，按图摘例，灿如列眉。虽卷帙不多，而上下千古，绳贯丝联，不至泛而无所稽洵，读史家案头必置之册"[②]。对于此种纯学术考证型著

---

①　王杰：《葆淳阁集》卷 4，清嘉庆二十年刻本。

②　同上。

作，杰亦不吝其赞美之词。

王杰在师长的影响下，一生清廉，躬行实践，求真务实，继承关学的传统，是关学思想的又一实践者。这种实践精神、务实质量不仅体现于《葆淳阁集》的诸多篇章，尤其是其所作传记、墓志及奏折之中，更是王杰一生的真实写照。

（作者单位：南京大学文学院）

马汝骥交游考

潘晓玲

马汝骥（1493—1543），字仲房，号西玄，绥德州（今陕西绥德）人，明中期关陇作家群成员之一。明孝宗弘治六年（1493）生于山西夏县，后随父归籍绥德。武宗正德五年（1510）举乡试，正德十二年（1517）举进士，寻为庶吉士，历任泽州知州、翰林院编修、修撰、南京国子监司业、北监司业、南京通政司、国子监祭酒、礼部右侍郎、翰林院侍读学士。嘉靖二十二年（1543）卒于任上，追赠礼部尚书，谥号"文简"。有《西玄集》十卷传世，其诗刻意熔炼，务求典实，折射出明代中期诗歌的复古趋向，也体现了关陇文人的特定风貌。生平资料主要见于《明史》卷 179、明焦竑编《国朝献征录》卷 35 王维桢《赠礼部尚书谥文简侍郎西玄先生马公汝骥行状》、过庭训《本朝分省人物考》卷 106、《元明事类钞》卷 11、凌迪知《万姓统谱》、俞汝楫《礼部志稿》卷 56 等。马汝骥生平交游颇广，对其交游群体进行考证，即可借以对其思想性格有更深的了解，亦可蠡测当时之士风趋向。本文就其《西玄集》诗文及相关资料，将其交游对象大致分为同乡、同年、同僚、文友后进等几个群体来考察，从而大致展示马汝骥一生的历程。

一、同乡

关陇作家群形成于明代中叶，地跨关中、天水、庆阳、汉中、宁夏、陕北、兰州等地群，以李梦阳、康海为核心。时"前七子"崛起于文坛，来自关陇的李梦阳、康海、王九思作为"前七子"的主将 [1]，力倡复古，一矫台阁流弊，开启文坛新风。关陇

---

① 李梦阳为庆阳府安化县（今甘肃庆城县）人，11 岁随父迁居开封。

之士，翕然以之为宗，形成了世人瞩目的文学群体，"一时号为极盛"。① 明人胡缵宗在《西玄集序》中曾列出其中一些成员的名单：

> 明兴，雍当西徼，先进尚质。……时则有若王太史九思、张民部凤翔、苏司寇民、段翰检炅、马太卿理、管中丞楫、吕宗伯柟、韩中丞邦奇、参伯邦靖、王宪使九峰、王翰检元正、南郡守大吉、刘宪使储秀、马太史汝骥、许中丞宗鲁、王金宪讴、何中丞栋、张比部治道、李金宪宗枢、王宫谕用宾、吕郡守顒、胡鸿胪侍、赵兵部时春、孙羽士一元，实与李、康同趣。虽言人心殊，而其归则太史公与工部也。②

这些人多在朝为官，他们以"秦人"自称，因地域文化渊源和生活习俗相近，经常在一起结社聚会，诗酒酬和，与其他文人集团相比，其创作具有更浓郁的地方色彩，时称"雍音"、③"雍风"、"雍雅"。当时的文化中心北京和南京，均有他们的身影，如北京有李梦阳、康海、张凤翔、王九思、许宗鲁、刘储秀、杨武、马公顺、荀文瑞、王仁瑞等人，南京有马理、吕柟、赵时春、胡缵宗等。马汝骥先后任职于两京，交游颇广，与同乡亦多有酬和。

吕柟（1479—1542）　字仲木，号泾野，今陕西西安人。正德三年（1508）状元，授翰林修撰。与马理、康海皆有名关中。因宦官刘瑾窃政，引疾返乡，筑东郭别墅、东林书屋，以会四方学者。后复官，入史馆纂修《正德实录》。嘉靖三年（1524），以议大礼，又贬山西解州判官，居解梁书院从事讲学，吴、楚、闽、越之士从者百余人。嘉靖六年（1527）升南京吏部考功郎中、尚宝司卿，后历任南京太常寺少卿、国子监祭酒、礼部侍郎，孜孜于讲学，天下士人从之者甚众。十八年（1539）致仕返乡。

吕柟与马汝骥"并有文学，负时望"④。《西玄集》中有《送吕泾野谪解州二首》（卷1）、《十四夜吕泾野留集大兴隆寺玩月》（卷5）。嘉靖二十一年（1542），吕柟卒，马汝骥为之撰《通议大夫南京礼部右侍郎泾野吕公柟行状》。⑤

胡缵宗（1480—1560）　字孝思，后更世甫，号可泉，又别号鸟鼠山人，巩昌府秦

① 万斯同：《明史》卷388，上海古籍出版社2002年版，《续修四库全书》影印本，第172页。

② 马汝骥：《西玄诗集》，见《四库全书存目丛书》集部73册，齐鲁书社1997年版，影印明嘉靖十七年刊本，第691页上。此文亦见于《四库全书存目丛书》集部第62册明嘉靖年间刻胡缵宗《鸟鼠山人小集》卷12（第330页），但文字有出入，且无苏民、管楫、王九峰、胡侍。按：本文所引《西玄集》中诗文，为嘉靖四十二年十卷本，凡后文所用只注明卷数。另有嘉靖十七年本。

③ 胡缵宗：《雍音四卷·雍音序》，见《四库全书存目丛书》集部292册，齐鲁书社1997年版，影印明嘉靖二十七年清渭草堂刻修本，第232页。

④ 项笃寿：《今献备遗》卷28，台湾商务印书馆1983年版，《影印文渊阁四库全书》本。

⑤ 焦竑：《国朝献征录》卷37，上海古籍出版社2002年版，《续修四库全书》影印明万历四十四年刻本。

州人。武宗正德三年（1508）进士，殿试策对拟一甲，大学士焦芳私庇其子，遂抑胡为三甲一名。阁臣试官李东阳怜其才，奏请特授翰林院检讨。事见（乾隆）《直隶秦州新志》、（道光）《秦安县志》、明《胡氏家谱》、《明史》等。后累迁至山东、河南巡抚，右副都御史，官阶正三品。后为仇家陷害，革职归乡，筑可泉寺著书。嘉靖三十三年（1554）在鸟鼠山房刻版印书，是甘肃见于记载的最早私家印书者。《明史·艺文志》著录胡缵宗《鸟鼠山人集》18卷，《拟古乐府》4卷，《诗》7卷。另编著有《拟汉乐府》、《潼川州志》、《苏州府志》、《羲台志》、《愿学编》、《近取编》、《读子录》、《汉音》、《魏音》、《雍音》、《唐雅》等。

　　胡缵宗曾先后受知于杨一清与李东阳，并结识李梦阳、何景明、康海、王九思、吕柟、马理、马汝骥、许伯诚等诗友、学友，交往频繁。《西玄集》嘉靖十七年刻本中，胡缵宗撰《西玄诗集叙》，评价马汝骥诗文"风格韵致要不出于少陵，自为秦中一诗品焉"，"雍雅"。

　　常伦（1492—1525）　字明卿，号楼居子，山西沁水人。少以才名，受李梦阳、何景明等人赏识。正德六年（1511）举进士，授大理寺评事，后因其恃才傲物贬为外补，告病而归。世宗即位后，被重新起用，补寿州判官，迁宁羌知州。后辞官家居，纵声色自放，饮酒作曲，悲壮艳丽。诗名颇著，与李梦阳、何景明相颉颃，有《写情集》、《常评事集》传世。马汝骥《西玄集》中与其酬和之作颇多，如《酬常明亭评事》（卷1）、《与常子述别一首》（卷1）、《送常评事入京四首》（卷1）、《酬明卿见迟之作》（卷1）、《楼居行赠常明卿》（卷2）、《常评事席上醉歌》（卷2）、《明卿见过留酌》（卷3）、《赠常子》（卷5）、《送明卿》（卷10）。常伦亦有《宿太行寄忆马仲房》等诗作。①

　　许宗鲁（1490—1559）　字伯诚，一字东侯，号少华山人，陕西咸宁人。正德十二年举进士，改庶吉士，历任监察御史、湖广学政、右佥都御史。嘉靖三十一年（1552），被劾致仕归乡。许宗鲁在诗文、刻书等方面均有杰出造诣。所刻书籍《国语》、《尔雅》等，版刻精良，为明代陕西私刻书的知名人物。著有《许少华集》、《辽海集》、《归田集》、《左传》、《玉坡奏议》、《少华山人诗文集》等。

　　许宗鲁与马汝骥同年举进士，交往甚密，常一起游历名胜，马汝骥有《同曹仲礼王稚钦访许伯诚隆福寺游览》（卷3）、《岁除前一夕同许子访阆保定寺中作》（卷7）等诗作。《西玄集》中有《许子宅叙别》（卷1）、《送许子九首》（卷1）、《答许中丞寒衣见怀效何水部》（卷1）、《送许子赴湖南视学歌》（卷2）、《镜光阁许中丞别歌》（卷2）、《新寺访伯诚》（卷3）、《土城寺送伯诚二首》（卷3）、《寄答许子二首》（卷3）、《送伯

---

①　《山西通志》卷221，台湾商务印书馆1983年版，《影印文渊阁四库全书》本。

诚归关中四十韵》（卷 7）、《出塞曲十首赠许侍御伯诚》（卷 10）等。马汝骥因谏武宗南巡而被谪知泽州，许伯诚为赋《送曹仲礼、王稚钦、汪子宿、马仲房、江景孚五君子谪宦五首》。①

南大吉　字符善，号瑞泉，陕西渭南人。正德六年（1511）进士，任户部主事员外郎、郎中。嘉靖二年（1523），出任绍兴府知府，锄奸兴利，大兴文教，泽被一方。后遭豪强报复，罢官归乡，建湭西草堂以教四方来学之士。编撰渭南第一部县志《渭南志》，另著《绍兴志》、《少陵纯音》、《瑞泉集》等，"五言诗颇稳帖，无秦人忨厉之气"②。嘉靖二十年（1541）卒。马汝骥与其友善，在南大吉自绍兴归乡前，写《送南绍兴罢归三首》（卷 1）以慰之，南大吉亦有《和马仲房雨》等诗作存世。③

王讴　字舜夫，白水人。正德十二年，与马汝骥同年举进士，累官至按察司佥事，后以疾归卒，"有高才而无贵仕"④。有诗集《彭衙集》四卷。《陕西通志》卷 75 评价其"五言隐秀，时可寻味；七言专力学杜；古体多率易而乖音节；今体每缠绵而乏神理。然视关中同时许伯诚、马仲房之伦，则已超乘而上矣"。马汝骥有《送王舜卿谪茂州》（卷 3）、《夜别王舜夫胡承之》（卷 3）。

吕颛（约 1500—1567）　字幼通，又字梦宾，号定原，陕西宁州人。幼失恃，随伯父吕经读书于京师，嘉靖二年（1523）中进士。授户部主事，改刑部员外郎，历任郎中、易州兵备副使、四川参政、云南左布政使，后以应天府尹辞归。作梦宾书院于州城东郊，家居 21 年，以病去世。著有《仕进录》、《诸子说括》、《定原集》、《世谱增定》等十多部书行于世。其生平资料见于《四库全书总目》卷 90、《四库全书·甘肃通志》卷 33、35 等。

吕颛与胡缵宗、马汝骥等关陇文人交游颇多，《西玄集》嘉靖十七年本刊印时，吕颛为之写《〈西玄诗集〉后叙》、《西玄讲沃著》，盛赞马汝骥诗歌"雅者如汉魏，逸者如太白，雄者如子美"，堪称"雍雅"。⑤

王维桢（1507—1556）　字允宁，号槐野，华州（今华县）人。嘉靖十四年（1535）进士，选授翰林院庶吉士，三年后授翰林院检讨，后累任翰林院修撰、署南京翰林院事、南京国子监祭酒。著《槐野先生存笥稿》、《李律七言颇解》、《杜律七言颇解》等。王维桢博学强记，好古文辞，推举李梦阳，尊崇杜甫、司马迁，在前后七子交替间坚持走复古文学道路。马汝骥逝后，王维桢撰《赠礼部尚书谥文简侍郎西玄先

---

①　王廷陈：《梦泽集》卷 19，台湾商务印书馆 1983 年版，《影印文渊阁四库全书》本。

②　朱彝尊辑：《明诗综》卷 39，台湾商务印书馆 1983 年版，《影印文渊阁四库全书》本。

③　《御选宋金元明四朝诗·御选明诗》卷 55，台湾商务印书馆 1983 年版，《影印文渊阁四库全书》本。

④　刘于义、沈清崖：《陕西通志》卷 63，台湾商务印书馆 1983 年版，《影印文渊阁四库全书》本。

⑤　马汝骥：《西玄诗集》，见《四库全书存目丛书》集部 73 册，齐鲁书社 1997 年版，影印明嘉靖十七年刊本。

生马公汝骥行状》。①

二、同年

马汝骥于正德十二年举进士，同年中舒芬、崔桐、江晖、王廷陈、汪应轸、陈沂、张星、曹嘉、许宗鲁与其交游频繁。

正德十四年（1519），明武宗欲南巡。不少大臣上疏劝阻出游，但均获罪，后无人再敢进谏。马汝骥奋然而起："即畏罪，宁不为宗庙朝廷所乎？"②与翰林院修撰舒芬、编修崔桐、庶吉士汪应轸、曹嘉、王廷陈、江晖联名上疏，直言武宗"不过如秦皇、汉武，侈心为乐而已"，力阻南巡。武宗震怒不已，罚马汝骥等在午门外下跪五日，受杖三十。几人教习期满后，以"出位妄言"罪，罚俸，俱除外任。舒芬谪为福建市舶副提举，江晖被贬至直隶广德州，王廷陈至河南裕州，汪应轸至直隶凤阳府泗州，曹嘉至直隶大名府，马汝骥出为泽州（今山西晋城）知州。事迹具《明史·文苑传》。马汝骥与曹嘉、王廷陈、江晖因擅长诗歌创作并称为"曹王江马"③，知名于当世。

舒芬（1487—1531）　字国裳，号梓溪，南昌进贤人。正德十二年状元，授翰林院修撰。舒芬为宦清正，敢言直谏，以谏武宗南巡事，被贬为福建市舶副提举，马汝骥有《送舒国裳谪闽中三首》。嘉靖间，又因哭谏世宗而入狱，夺俸三月。不久，其母亲病故，扶柩南归，后积郁成疾，逝于嘉靖十年（1531），世人称之为"忠孝状元"。著有《舒文节公全集》（又名《梓溪文钞》）。

王廷陈　字稚钦，号梦泽，黄冈人。正德十二年进士，选庶吉士，赋《乌母谣》讽刺武宗南巡，且与马汝骥、舒芬等疏谏。因此受杖，改吏科给事中，出知裕州。以打骂巡按御史喻茂坚，削籍归。家居二十余年，嗜酒自放。有《梦泽集》23卷行世。

王廷陈与马汝骥为同年同馆选，先后谪外，性情相投，多有酬和之辞。后"稚钦以通倪竟废，仲房终跻尊显"，马汝骥亦有同情、安慰之语。正德十四年，马汝骥与王廷陈、郑善夫同游西山。正德二十年（1525），王廷陈已罢官归乡，马汝骥作《夜月怀旧游》寄怀。《西玄集》中另有《对雪酬仲礼兼简稚钦》、《雨中王稚钦见过》、《短歌送陈殿讲册封之楚兼讯伯诚稚钦》、《同曹仲礼王稚钦访许伯诚隆福寺游览》等诗。王廷

①　焦竑：《国朝献征录》卷 35。
②　钱谦益：《列朝诗集小传》卷 35，上海古籍出版社 2008 年版。
③　过庭训：《本朝分省人物考》卷 43，上海古籍出版社 2002 年版，《续修四库全书》影印明天启刻本，第 148 页。

陈尤工五古、五律，清人吴伟业曾比较王廷陈与马汝骥诗歌特点："稚钦颖悟绝伦，所为诗纵恣诙谲，脱去绳束，以慢侮当世。仲房诗整练有法，步伍秩然，虽才不及稚钦，而用意过之。"[1]

曹嘉　字仲礼，李梦阳之甥。河南扶沟人。正德十二年中进士，改庶吉士。以谏武宗出巡事被贬至直隶大名府。嘉靖元年（1522）擢浙江道监察御史，不久谪知禹城县，降茂州判官，历山西提学副使，终江西右布政使。后任右参政副使、按察使等职，著有《漫山集》。事具《山西通志》卷78。曹嘉与马汝骥、郑善夫、王廷陈等人友善，多有诗文酬和。马汝骥《西玄集》中有《仲礼屡游郊观不见约戏赠》、《元夕仲礼席上作》、《七夕曹侍御余太史集献上人房》、《同曹仲礼王稚钦访许伯诚隆福寺游览》、《林王二子于曹子宅招陪何大复留赠》、《送曹给事中入京》等诗。

陈沂（1469—1538）　字鲁南，号石亭。鄞（今浙江宁波）人，居金陵（今南京）。正德十二年进士，嘉靖中以行太仆卿致仕。少好苏氏学，自号曰小坡。与顾璘、王韦称"金陵三俊"，复称"弘治十才子"。工于书、画，在翰林院时，常与马汝骥、文徵明谈诗论画，来往频繁，时正德十二年入翰林者，"皆有一诨名。如沂唤作陈木匠，……马汝骥唤作马二姐，皆以其状貌相似而言"[2]。马汝骥等五人被贬出知外州，陈沂作《赠同馆五君出为州》以赠之。[3] 马汝骥《西玄集》中有《初至金陵答陈鲁南参政》、《鲁南书报刘薛二郎中出京怅然有怀十韵》、《十六夜同鲁南征仲寺中对月》、《同陈殿讲孟少参游显灵宫》等诗作。

崔桐（1479—？）　字来凤，号东州。通州海门县（今江苏海门）人。正德十二年中进士，授翰林院编修。在翰林院与张邦奇齐名。武宗南巡，崔桐连章谏留，诏跪午门外五日，受廷杖、夺俸，名闻天下。世宗即位，"大礼"议起，又与杨慎等切谏，再遭廷杖并被逮入诏狱，降为湖广参议，提调武当山，累提升为国子监祭酒，终礼部右侍郎。曾自我评价："奉职太愚，自处太高，操持太执，语言太直。"桐著有《东州集》20卷，《东州续集》10卷（《四库全书总目》、《明史·艺文志》作《东洲集》40卷，无续集），行于世。

汪应轸　字子宿，浙江山阴人。正德十二年登进士，改庶吉士。正德十四年，明武宗南巡之争中，反对明武宗，而受杖刑，几乎死去；之后出任泗州知州。嘉靖元年（1522），担任户科给事中。嘉靖三年（1524），出任江西佥事。居二年，辞职归乡。后起用为江西学政。父丧丁忧，回乡病亡。马汝骥有《金陵歌送汪户部》诗。

---

①　吴伟业撰：《梅村集》卷21，台湾商务印书馆1983年版，《影印文渊阁四库全书》本。
②　蒋一葵：《尧山堂外纪》卷95，明刻本。
③　王廷陈：《梦泽集》卷19附录一，台湾商务印书馆1983年版，《影印文渊阁四库全书》本。

江晖　字景孚[①]，一字景旸[②]，浙江仁和人，正德十二年登进士，改庶吉士。正德十四年以谏武宗南巡事被贬至直隶广德州。世宗即位，被召还，授翰林修撰，后擢河南金事。未行，疾作，归卒。与汴人曹嘉、东楚王廷陈、秦马汝骥齐名一时，有"曹王江马"之称。有诗集《亶爰子》四卷。事见《浙江通志》卷158。

张星　字子阳，广西桂林中卫人。正德十二年中进士，改翰林庶吉士。正德十四年，授翰林检讨。嘉靖改元，预修武庙《实录》。嘉靖四年（1525），《武宗实录》编成，升编修，选充经筵讲官。嘉靖九年（1530），擢南京国子监司业，历升太常寺少卿，嘉靖十八年（1539）卒。其生平事迹见马汝骥《太常寺少卿张星墓志铭》。[③]

马士允　字子中，祥符人。正德十二年中进士，文名显著，每有篇翰，即传播京师，"时如信阳何景明、亳州薛蕙、汉东颜木、金陵陈沂、扶台曹嘉、黄冈王廷陈、绥德马汝骥诸子莫不推毂相让，由是名闻海内矣"。[④]

三、同僚

崔铣　字子钟，一字仲凫，号后渠，河南安阳人。弘治十八年（1505）进士，任翰林编修。正德四年（1509），因得罪刘瑾，被外放为南京吏部验封司主事。翌年，刘瑾伏诛，召还北京翰林院史馆。正德十二年，引疾告归。嘉靖二年（1523）擢为南京国子监祭酒。次年，因议"大礼"被罢职返乡，潜心治学。嘉靖十八年（1539），重被起用，任詹事府少詹事兼翰林院侍读学士。后升任南京礼部右侍郎。不久，因病乞归。卒谥"文敏"。著有《洹词》和《彰德府志》。

崔铣为当世知名学者，与名士马理、吕柟、寇天叙辈相期许。与马汝骥先后任礼部右侍郎，马汝骥有《安阳赠崔后渠》、《过崔祭酒后渠书屋》等诗作。

郑善夫　字继之，号少谷，又号少谷子、少谷山人等，福建闽县人。弘治十八年进士，正德六年始授户部主事，愤于刘瑾党羽把持朝政，辞官。后起用为礼部主事，进员外郎，以谏南巡受杖。嘉靖初起为南京吏部郎中。善书画，诗仿杜甫。《明史·文苑传》有传，称"闽中诗文，自林鸿、高棅后，阅百余年，善夫继之"。著有《郑少谷集》、《经世要谈》。

---

① 《浙江通志》卷158，台湾商务印书馆1983年版，《影印文渊阁四库全书》本。
② 焦竑：《国朝献征录》卷92。
③ 汪森编：《粤西诗载·粤西文载》卷70，台湾商务印书馆1983年版，《影印文渊阁四库全书》本。
④ 孙奇逢：《中州人物考》卷5，台湾商务印书馆1983年版，《影印文渊阁四库全书》本。

郑善夫所交尽名士，与曹嘉、王廷陈、马汝骥等私交笃密，《少谷集》卷5有《答曹仲礼见赠》，卷8有《曹仲礼索巾云将归具茨兼柬王稚钦》。马汝骥曾赋《夜月怀旧游》（卷1）、《哭郑少谷》（卷3）、《闻郑少谷谢病归闽中五首》（卷10）等诗。

邹守益（1491—1562）　字谦之，安福人。传王守仁之学。正德六年（1511）中状元，授编修。逾年告归，谒王守仁，讲学于东廓山。朱宸濠反，参守仁军事。世宗即位，始赴官。因直谏谪广德州判官，改建淫祠为书院，与学者讲授其中。累迁南京国子监祭酒，又因谏事落职。邹守益日事讲学，四方从游者踵至，学者称东廓先生。有《东廓集》12卷，《四库全书总目》著录。马汝骥作为当时人望归之的人物，与邹守益等人均有接触，《东廓邹先生文集》中有《赠宗伯西玄马子北上序》，文中赞扬了"西玄子之直"、"西玄子之平"、"西玄子之公"，认为他"直以任天下之重"、"平以息天下之争"、"公以任天下之怨"，评价颇高。

刘天民　字希尹，号幽山，历城人。正德九年（1514）进士，授户部主事，以谏武宗南巡廷杖，改礼部。谏大礼复被廷杖，迁吏部郎中，出知寿州。历官至按察司副使。撰《幽山集》十卷，《四库总目》行于世。《书〈西玄集〉后》一文中，称赞马汝骥诗歌"律比宫谐，景会情饰，意畅神宣，物适天泯"。①

文徵明（1470—1559）　原名壁，字徵明，后更字徵仲，号衡山居士，长州（今江苏苏州）人。嘉靖二年（1523）被举荐入朝，授翰林院待诏。诗文方面，与祝允明、唐寅、徐真卿并称"吴中四才子"。在画史上与沈周、唐寅、仇英合称"吴门四家"。

《文徵明年谱》记载，文徵明刚入翰林时，"一时名士皆为倾倒，比于唐之王维，宋之米芾，户外屡常满"。马汝骥、陈沂等人均为其诗朋艺友，常一起酬唱谈艺。文徵明有《中秋夜同元抑诸君小楼玩月》等诗，《西玄集》嘉靖四十二年本卷1中有《秋夕文内翰宅别卢驾部》、《十四夜对月联句》，卷3有《十四日夜文征仲宅对月次韵》、《十六夜同鲁南征仲寺中对月》等诗。

嘉靖四年（1525）左右，文徵明所交日渐稀落，唯马汝骥、陈沂、黄佐等人仍与其交好。嘉靖四年春，文征明与陈鲁南、马汝骥、王同祖等游西苑，有诗酬之兴。文氏于诗前序中云"嘉靖乙酉春，同官陈侍讲鲁南、马修撰仲房、王编修绳武，偕余为西苑之游。先是，鲁南教内书房，识守苑官王满，是日，实导余四人行，因得尽历诸胜。既归，随所记忆，为诗十首"②。嘉靖五年（1526），文徵明辞官归吴，再未出仕。马汝骥多有送行、寄怀、询问之作，如《寄怀文征仲》（卷4）、《闻征仲阻冻张湾》（卷

①　马汝骥：《西玄诗集》，见《四库全书存目丛书》集部73册，齐鲁书社1997年版，影印明嘉靖十七年刊本。
②　文徵明：《甫田集》，卷10，明刻本。

4)、《次韵答文征仲待制》（卷6）、《送王子美使吴兼讯文待制》（卷6）、《送文内翰致仕归吴九首》（卷10）、《送文待制归吴中三首》（嘉靖十七年本）等。

李开先（1502—1568） 山东章丘人。嘉靖八年（1528）进士，历官户部主事、吏部考功主事、员外郎、郎中，后升提督四夷馆太常寺少卿，后因抨击夏言内阁，被罢官，壮年归田，闲居终老。嘉靖初年，李开先与王慎中、唐顺之、赵时春等并称"八才子"。李开先的文学主张和唐宋派接近，与其交游契合的"六十子"中，即有马汝骥，并为其赋诗《六十子诗•马西玄马汝骥》："行业如圭璋，文辞光琬琰。历官至亚卿，身后不能殓。"①

薛应旂（1500—1575） 字仲常，号方山，常州人。嘉靖十四年（1535）进士，曾任慈溪知县，官南京考功郎中。因对严嵩不满，被贬为建昌通判、浙江提学副使。归居后，专事著述。家富图籍，刻印古籍数十种，如《六朝诗集》24种55卷、《四书人物备考》40卷、《宪章录》46卷等。《方山薛先生全集》中有《送马西玄序》，是为其与马汝骥交往明证。

严嵩（1480—1567） 字惟中，号勉庵、介溪、分宜等，江西分宜人，他是明朝重要权臣，擅专国政达二十年之久，累进吏部尚书，谨身殿大学士，少傅兼太子太师、少师，华盖殿大学士。明代六大奸臣之一。《明史•王世贞传》称其"始与李攀龙狎主文盟，攀龙殁，独操柄二十年。才最高，地望最显，声华意气笼盖海内。一时士大夫及山人、词客、衲子、羽流，莫不奔走门下"。其诗集为《钤山堂集》，清纪昀《四库总目提要》中评价道："嵩虽怙宠擅权，其诗在流辈之中，乃独为迥出。王世贞《乐府变》云：'孔雀虽有毒，不能掩文章。'亦公论也。"

严嵩虽声名不佳，但对马汝骥有提携之恩。嘉靖十九年（1540）九月②，马汝骥升为礼部右侍郎，参与制定礼乐大典。马汝骥博洽多识，通晓古今礼乐知识，"遇可言则问答如流，平居视之，则恂恂若不能者"③。参与制定礼乐大典的大臣们每天聚会讨论，每有不明困惑之处，马汝骥"欠口驳正，斧劈理解"④。严嵩时为礼部尚书，对其"爱重逾等"⑤，颇为赏识。入阁拜相后，便在世宗面前大加举荐。世宗于是又加封马汝骥为翰林侍读学士，对其宠幸有加。

---

① 李开先撰，路工辑校：《李开先集•闲居集》，中华书局1959年版，第223页。
② 说见明人卢上铭撰《辟雍纪事》、明人王世贞撰《弇山堂别集》、明人黄佐撰《翰林记》，一说二十年。
③ 凌迪知：《万姓统谱》卷85，台湾商务印书馆1983年版，《影印文渊阁四库全书》本，第256页。
④ 刘于义、沈清崖：《陕西通志》卷63，台湾商务印书馆1983年版，《影印文渊阁四库全书》本。
⑤ 同上。

四、文友、后进

张诗（1487—1535）　字子言，自号昆仑山人。《四库全书·御选明诗》"姓名爵里三"中言其本姓李，为张氏抱养。宛平人。"初学举子业于吕柟，继学诗文于何景明，声名藉甚"[①]，后绝意不应举。为文雄奇变怪，书放劲惊人。有《昆仑山人集》。

张诗虽无功名，但与翰林诸子交游频繁，与马汝骥、郑善夫等人友善，酬和之作尤多。《西玄集》嘉靖四十二年刻本中存言及张诗者14首，如《酬子言见赠并致椿菜之作》、《停君浊酒卮赠张子言》、《灵岩寺同子言露坐》、《张子言至自泽州赋赠》、《答张子》、《答子言》等。

吴承恩（约1500—1582）　字汝忠，号射阳山人，明代小说家。江苏涟水人，后徙淮安山阳（今江苏淮安）。早年屡试不中，中年以后方补为贡生，任长兴县丞。不久，因"耻折腰"遂拂袖而归，后任荆府纪善。晚年归居乡里，放浪诗酒，贫老以终。其诗文多散佚，有后人辑集的《射阳先生存稿》四卷存世。

吴承恩疏狂自傲，与马汝骥、文征明多有交往。嘉靖十七年（1538）至十九年（1540），马汝骥任南京国子监祭酒，后升礼部侍郎，在此期间与吴承恩相识，对其极为欣赏，特派使者礼聘吴承恩给自己掌书记。但从吴承恩《答西玄公启》一文中得知，吴以"辞出应酬，本无可采；神分习业，未尽其长"十六个字婉拒其请聘。[②]

黄直、欧阳德　江西人黄直、欧阳德均受业于思想家王守仁，服膺于王氏"心学"。嘉靖二年（1523），二人参加会试，主考官在策问中极力诋毁王守仁的学说，黄直与欧阳德不阿附主考官，坚持己说。马汝骥时为编修，"奇之，两人遂中式"[③]。后两人在政坛与文坛上均取得不俗成就。

马汝骥诗文集及相关资料中，还涉及其他关陇作家群成员如胡侍、韩邦奇、韩邦靖、王九峰、管楫、张治道、刘储秀、赵时春等；同年伦以训、黄易、刘世盛、曹怀、储昱、叶桂章、叶式、汪思、王三锡、史于光、邝颢、郑自璧、刘世扬、阎闳、季方、席春、王邦瑞等；同僚孟阳、杭雄、雷仲华、胡承之等。限于笔者所见，与马汝骥交游事微，故从略。

（作者单位：大连工业大学汉语国际教育系）

---

①　《畿辅通志》卷79，台湾商务印书馆1983年版，《影印文渊阁四库全书》本。
②　刘怀玉：《吴承恩诗文集笺校》，上海古籍出版社1991版，第235页。
③　张廷玉：《明史》卷270，中华书局1974年版，第5472页。

叙述性家乘《三原焦吴里梁氏家乘》的特点及价值刍议

杨一铎

　　家乘，通常有两种词意：一指私家笔记或记载家事的笔录。如宋代著名诗人黄庭坚即创制了我国古代首部"成熟、定型的私人日记"《宜州乙酉家乘》[①]，陆游《老学庵笔记》卷 3 对此有所叙述："黄鲁直有日记，谓之《家乘》，至宜州犹不辍书。"罗大经《鹤林玉露》卷 10 亦载："山谷晚年作日录，题曰家乘，取《孟子》'晋之乘'之义。"而现代作家孙犁在《秀露集・耕堂读书记二》中说"日记，如只是给自己看，只是作为家乘，当然就不能饱后人的眼福"，这更为清楚地表明家乘即为私家笔记之意。一指家谱、家史。此意源于春秋时晋国以"乘"名史的方法，以示家乘与国史的区别。如1920 年太原出土的北魏太昌元年（532）石刻家谱《代郡刺史薛孝通历叙世代贻后券》云："河东薛氏，为世大家，汉晋以来，名才秀出，国史家乘，著先光华者历数百年。"而明代高启《梦松轩记》亦云："近代卿相之后有不数传，其谱牒尚明，家乘犹在，而子孙已失其业。"其中"家乘"一词即指过去盛行于世的家谱、家传、家记一类的谱牒著作。[②]

　　作为旧时记载一姓一族的氏系来源、世代系统、重要人物及主要事迹的谱牒著作，家乘最晚在先秦时代就已经出现，并在历史上有多种称谓，"家谱"是其中使用最多、最有代表性的一种。据统计，此种家乘谱牒类文献还曾被称为：谱、谱牒、族谱、族系录、族姓昭穆记、族志、宗谱、宗簿、宗系谱、家牒、家史、家志、家记、百家集谱、世录、世家、世本、世纪、世谱、世传、世系录、世家谱、支谱、本支世系、枝分谱、帝系、玉牒、辨宗录、偕日谱、系谱、图谱、新谱、星源集庆、列姓谱牒、血脉谱、源派谱、系叶谱、述系谱、大同谱、大成谱、氏族要状、中表簿、房从谱、维

---

① 杨庆存：《中国古代传世的第一部私人日记——论黄庭坚〈宜州乙酉家乘〉》，《理论学刊》1991 年第 6 期。
② 杨冬荃：《〈辞海〉"家乘"条补证》，《档案工作》1990 年第 4 期。

城录、谱录、祖谱、联宗谱、真谱、渊源录、家世渊源录、源流考、世典、世牒、世思录、家模汇编、乡贤录、会谱德庆编、私谱、传芳集、本书、系谱、清芬志、家传簿、先德传、续香集、房谱、祠谱、坟谱、近谱、会谱、全谱、合谱、统谱、通谱、统宗谱、宗世谱以及总谱等。[①] 如此繁多的称谓更说明家乘谱牒类文献数量的庞大。对此，上海图书馆经九年编纂，最终于 2009 年 7 月由上海古籍出版社正式出版《中国家谱总目》，首次将全世界范围内的中国家谱汇编成目，全书 1200 万字，共 10 册，收录了中国家谱 52401 种、计 608 个姓氏，是迄今为止收录中国家谱最多、著录内容最为丰富的一部专题性联合目录，较完整地揭示了海内外各地区收藏的中国 58 个民族姓氏家谱的基本情况和存世的中国家谱姓氏状况。[②]

和其他古籍文献不同，家乘体例特殊，一般可分为图表式、叙述式和综合式三种类型。图表式家乘所记载内容极为简略，或以简要文字叙述族内成员姓名；或以错落有致的形式纵横排列本族内成员名字，以标示血统、行辈关系。叙述式家乘不似图表式家乘一目了然，但其资料丰富、内容生动，结构大致包括序文、凡例、题辞、目录、正文、附录以及跋文等，正文记录颇为详尽。综合式家乘则图表、文字叙述兼备，二者相得益彰。[③]

《三原焦吴里梁氏家乘》（以下简称《梁氏家乘》）即为一种叙述式家乘文献。该书属明刻本，由明代陕西三原龙桥镇人梁希赍辑录，现藏于陕西省图书馆。全书共 1 册，约 3 万字，不分卷；书衣深蓝色，书签题"梁氏家乘"；书衣中下方钤有长条形蓝色印章，标有"陕西省图书馆藏书"及"书号 208.8"、"登记号 00400"，印章右上角加钤红色小圆印章，标明"善本"，印章字体皆为简体；装订页以毛笔题"梁氏家乘同治壬戌裔孙经先装订"，原书名页则题"三原焦吴里梁氏家乘不肖希赍谨集刊"。该书四周双边，白口，单黑鱼尾，每半页 9 行，行 18 字；版心依据正文刻有"家乘"及其他文字。该家乘以墓志行状的文字形式记载了明代盐业大贾陕西三原梁氏的世系资料，收有明代陕西及外邑名士大族和梁氏族人为梁家六世到八世祖孙三代人撰写的墓志、铭、赞、跋以及行状等文字 20 篇，包括温纯所撰 2 篇、来复和李维桢各 4 篇以及乔因阜、来俨然、陆君弼、薛大中、王希烈等各 1 篇，另有梁氏族人梁文明所撰 1 篇、梁尔升 3 篇及梁希赍 1 篇。

依据《梁氏家乘》，结合《三原梁氏旧谱》[④]，可知《梁氏家乘》的辑录者梁希赍为梁氏九世孙。据《梁氏家乘》所收来复《明梁母刘太孺人墓志铭》，"希赍，先名应坤，

① 宋春明：《家谱档案探源》，《兰台世界》2009 年第 23 期。
② http://baike.baidu.com/view/938355.htm?fr=aladdin。
③ 卢光绵等：《家乘过眼刍议——〈兼谈韶山毛氏族谱〉》，《图书馆学研究》1990 年第 4 期。
④ 清梁崔等修，清嘉庆九年刻本复制本，一册，现藏陕西省图书馆，为综合式家乘文献。

有孝名"，来俨然《明太学竹亭梁君墓志铭》载，"君中风，诸药莫可疗。男希贽泣而露祷，割骨肉和药以进"。综合以上文献，可简述《梁氏家乘》辑录者梁希贽生平如下：希贽，梁氏九世孙，本名应坤，炜（即关中太学生梁汝实）长子，字君参，号宰玄，廪贡生，授武英殿纂修；配袁氏，继王氏，又继李氏；生有六子，即铉、钺、锜、镪、镰、镡。

《梁氏家乘》所录文字，既有它作为家乘个案的独特之处，更具一般叙述性家乘的共有特点。其独特之处在于善本的完整性、撰述者身份的重要性以及文字史料的珍贵性。本书与其他家乘文献共有的一些基本特点可总述如下：

首先，墓志、行状由谱主同族亲属、朋友或有名望的人士撰述，但具体成文又各有分工。一般来说，谱主生前行状常由其同族同辈或晚辈撰写，所述事迹皆为撰者亲历见闻，因此情真意切、生动形象。而谱主墓志常由其生前朋友或有名望的人士撰述，他们通常依据谱主行状，择要连缀成文，用语力求客观，以成盖棺之论。《梁氏家乘》包括行状类文字6篇，或名为行括、行状、述状，或名为实述、外传，其中4篇为谱主同族晚辈所撰；该家乘另有墓志铭11篇，撰者均为谱主生前好友或当时名士。这些墓志大都是谱主晚辈先致行状，撰者在接到谱主行状后，以行状为基础来勾勒谱主生平。如温纯所撰《明寿官仁庄梁公配王氏继李氏墓志铭》开篇即有交代："公子国子生选梗，持若季父信庄公所为状造温子，挥涕请铭。"来复所撰《明故郿城知县敬甫梁公暨元配乔孺人合葬墓志铭》亦是如此："太翁寓书余巴蜀，弟文学、文焞辑其状，属余铭墓。余辱好公三十余年，申之同社兄弟谊，知公宜铭者莫如余。"

其次，墓志铭包括志与铭两个部分，先志后铭。墓志以散文记叙谱主姓名、字号、籍贯、官阶、世系、功德事迹等；铭则用韵文对墓志进行概括，并对谱主致以悼念、安慰、褒扬之情。《梁氏家乘》所含11篇墓志铭的结构、内容莫不如此。以王希烈所撰《明处士义庄梁公墓志铭》为例，该文开篇先述墓主姓名、字号、籍贯、世系："公姓梁氏，字国用，名一仓，陕西三原人，世居邑之龙桥镇。始祖曰福；高曰惟让；曾曰瓒；祖曰志廷，世有隐德。志廷生汉，号野庵，配马氏，生公。"之后，以主要篇幅叙述墓主的生平事迹："公生而敦敏博大，幼涉乡塾，读书知大义。会野庵举盐筴河东，倦游思归，公遂往，代服贾事……"再后，交代墓主的生卒、婚配、子嗣、葬日及所葬方位："公生弘治癸丑九月初六日，没隆庆辛未三月十一日，享年七十有九。配袁氏，继配周氏。生男七……"最后为铭文："铭曰：汉治京兆，周宅岐丰。民到于今，有古遗风。我闻梁公，先民是则。孝友其行，长厚其德。世儒矜矜，或啬于伦。亦有禄仕，膏泽下屯。公独皇皇，强仁慕义。虽曰未学，展也良士。躬则寿考，后则隆昌。作善者祥，视此铭章。"

最后，墓志、行状内容具有一定的重复性，用语表现出程序化倾向；整体上看，有溢美、夸大、空洞之嫌。因为墓志是在行状的基础上概括而成，有关谱主生平事迹的内容难免重复雷同。又，家乘旨在隐恶扬善、为尊者讳，用语便极易流于粉饰美化，甚至出现不实之词。作为浸淫、产生于传统文化之中的古代典籍，《梁氏家乘》自然不脱窠臼。家乘中凡是同一谱主的墓志、行状的内容，无一例外都高度雷同。如来复所撰《明梁母刘太孺人墓志铭》简直就是梁希贽完成的《先妣刘孺人述状》一文的缩写。而书中各篇用语也溢美夸大、流于俗套，写男则"笃学醇行"、"颖秀沈雅"；写女则"生而婉嬺"、"德容工言"等，这些都影响了家乘的真实性和可读性。

但是，作为构成中华民族历史大厦的三大支柱之一，家乘在其功用从"别选举、定婚姻、明贵贱"到"说世系、序长幼、辨亲疏"，再到"尊祖、敬宗、收族"的转变过程中，它与正史、方志又一起勾勒着一个区域的历史总貌。[①]特别是叙述性家乘，它保存着历代特定地区与世系活动相关的丰富资料，可为历史学、经济学、社会学、教育学、民俗学、人口学等学科研究提供翔实史料，因此极具历史价值和文化意义。《梁氏家乘》作为刊于明代的一种记录当时家族谱系、行状及墓志的文献，当然也具备这方面功用，其历史价值和文化意义主要体现在以下几个方面：

第一，有助于明代陕西商人及地方经济史研究。《梁氏家乘》虽为墓志行状，但近十位撰述者又以眼见身历之实，生动勾勒出明代三原盐业大贾梁氏家族业盐发家的轨迹和事迹，为今天明代陕西商人研究及陕西地方经济史研究提供了珍贵的史料。该家乘的历史学及经济学价值已引起学界的关注，已有人开始对此进行探讨，如陕西省图书馆副研究馆员郎菁即撰文《馆藏善本探秘：明刊〈三原焦吴里梁氏家乘〉及清刊〈三原梁氏旧谱〉记载的一个陕西盐商家族发展史》（《当代图书馆》2008 年第 1 期）。但这方面的研究仍刚起步，有待进一步的深入。

第二，有助于明代陕西作家，特别是三原作家群的研究。《梁氏家乘》所录墓志行状的作者皆堪称名家，如温纯、薛大中、来俨然、来复等都是明代陕西三原名士大族，与梁氏宗族中梁文焕、梁文烨、梁尔升等皆有文名，各有诗文集行世。与之相联系的文学文化事件，包括发起耆英社、共结诗社、编纂明代陕西诗歌总集《周雅续》16 卷等。但有关明代这一时期三原作家群研究的论著至今尚未出现，而上海师范大学杨挺于 2007 年完成的硕士论文《陕西明代作家研究》甚至并未意识到三原作家群的存在。

第三，有助于明代盐商私家教育及科举制度的研究。据嘉庆《两淮盐法志》卷 49

---

① 刘耀国：《家谱的写作》，《应用写作》2013 年第 4 期。

《科举志》统计，陕西人在明代两淮进士中占 30 名，其大部分又为三原泾阳人，包括来俨然、来复父子以及影响较大的王恕、王承裕、温纯等。[①]从《梁氏家乘》可以看出，作为盐商巨贾的梁氏家族对子弟的教育一直非常重视，他们从六世发家，就投资"延师教孙"，八世梁文烨更是广资财而"延名士为师"。对此，梁炜还总结说："吾家自乡饮宾公，世业贾而饰之儒，贾何害儒也！"正是梁家以贾养儒，最终赢得"儒与贾冠秦楚间"。这一个案不仅对我们研究明代盐商私家教育的教育心理及科举制度的影响颇有借鉴意义，更是陕人重视文化教育，讲究耕读传家或致富后重视教育的历史传统的佐证。

第四，有助于明代官商之间以及商人之间联姻交往的社情及民俗的研究。从《梁氏家乘》所述的梁家子弟的婚配世系可以看出，子女的娶嫁极为重视门第相对，作为盐商大贾，他们联姻的对象一般非商即官，尤其是在梁家借业盐发家、子孙读书习儒之后，不大出现结亲于穷门小户的现象。如梁氏七世渭溪公选樆即婚配永兴王宁远县主，又如《明登仕佐郎鸿胪寺序班鹤亭梁公暨元配王孺人墓志铭》所述八世鹤亭公梁烨子女的婚配：

五子：长应奎，辛卯举人第七人，娶贠维新女；次应璧，太学生，娶光禄署丞郭绍善女，继贠维新女，再继太学生贠贲仕女；次应基，甲午举第二人，娶太医院吏目薛缨女；次应坊，郡诸生，娶太学生李集女；次应场，侧室王氏出，娶布政使李承式女，继太医院吏目孙原汉女。

女五：适贠惟聪子诸生文开、袁克孝子儒生凤鸣、光禄署丞高侑子行太仆主簿自道、布政使阎士选子太学生汝魁、礼部郎中张世才子孝廉恭烛。

也就是说，梁烨 10 个子女姻亲在当时非官即儒，都具有一定的社会地位。就连梁烨自己，其孺人亦为明代重臣王恕之五世孙女。如果我们对于这种联姻结盟的社会现象进行深入研究，可以挖掘、辨析明代官商之间互惠互利的社情和民俗背后的社会学动因。

第五，有助于其他一些相关学科的研究。如从《明寿官仁庄梁公配土氏继李氏墓志铭》所涉"输粟甘凉"、"守支两淮"的介绍可以引申当时明代边防军事布局及粮草供应问题的研究；从《征仕郎梁公配李儒人墓志铭》记载的梁选橼业贾淮扬时所做的为众人称道的事迹，可以引申对陕西儒商讲求智仁信义的儒家传统文化的研究；从《梁氏家乘》所录当时名士为人撰写墓志铭的风气，引申对明代文人文化审美、文化心理以及时兴文风的研究等。

---

①　郎菁：《馆藏善本探秘：明刊〈三原焦吴里梁氏家乘〉及清刊〈三原梁氏旧谱〉记载的一个陕西盐商家族发展史》，《当代图书馆》2008 年第 1 期。

总之，《梁氏家乘》作为一种叙述式家乘文献，它具有多方面的史料价值，不仅可以帮助我们从明代陕西三原业盐大贾的代表梁氏家族从发家到衰落的历史来管窥明代陕西商人的经商史，更能为我们对于明代陕西社会文化现象的研究提供多个参考和视角，并开拓新的研究天地。

（作者单位：西北大学外国语学院）

明清陕西三原温氏家族著述考略

周喜存　刘燕歌

明清时期，陕西三原县成为渭北地区著名的商业中心和文化中心，为关中上郡、丝绸之路重镇，素有"小长安"之美誉。这一时期，三原县涌现出众多地方文化家族和商业巨贾，温氏家族即为其中具有代表性的家族之一。三原温氏家族崇儒重教，形成良好的家学传统。自左都御史温纯肇始，先后有六世二十人笔耕不辍，著述达七十余部。本文着重对三原温氏家族的著述进行梳理和考证。

一、三原温氏家族著述概况

南宋年间，温氏先祖由山西洪洞迁至陕西三原，《温氏丛书序言》记载"吾温氏有兴斋公者，南宋之季由洪洞避乱来三原，遂家焉"①。九传至温朝凤（号守庵，晚号筠冈，字鸣岐，温纯之父）开始经商，"往来蜀楚间为中贾"②。因商起家后，温朝凤并没有肆意挥霍，仍然"忍节嗜欲，串淡粗粝，虽潘栏残余，莫之去也"③。温朝凤命其子温纯潜心儒学，考取功名。《扶风温氏先茔记》载"盖自明季来，吾温氏即为三原望族，有声载籍，衣冠相承不坠"④，三原温氏家族先后有两人考中进士，其中温纯为明嘉靖四十四年（1565）乙丑科进士，温仪为清康熙五十二年（1713）癸巳恩科进士⑤，《三原县新志》⑥卷 7 记载，温氏家族另有温日知、温启知、温树珑、温德裕、温德嘉、

---

① 温良儒撰：《温氏丛书序言》，见《温氏丛书》第 1 集，民国二十五年铅印本。
② 温纯：《温恭毅公文集》卷 30，明崇祯刻本。
③ 李维祯：《大泌山房集》卷 70《温太公家传》，《四库全书存目丛书》本。
④ 温良儒撰：《扶风温氏先茔记》，见《温氏丛书》第 4 集，民国铅印本。
⑤ 朱保炯、谢沛霖编：《明清进士题名碑录索引》，上海古籍出版社 1980 年版，第 1162 页。
⑥ 焦云龙、贺瑞麟撰：《三原县新志》，光绪六年刻本。

温蕙考中举人，可谓轩冕相继。三原温氏家族逐渐成为以官、学闻名的关中巨族大姓。

《三原温氏历代先茔志略》载"吾族数百年来诗书及第，文武传家，绍先德而启后昆，奕叶弗替懿与盛矣"①。三原温氏家族崇儒重教，重视文化传承和接续，形成良好的家学传统。明万历年间，温纯出资在三原县城中心修建尊经阁，并捐出大量藏书，又出资修建学一草堂，号召远近名士讲授关闽之学，形成以温纯为中心的学术团体。温氏家族为学讲究躬行义理，注重个人道德践履，为人重气尚礼，刚正不阿，是三原学派的重要力量。温氏父子兄弟间经常切磋学问、互相砥砺，温纯第三子温自知"少即耳濡目染于父兄之教，兼综其家之学"②，有多部著作存世。在温纯的影响下，温氏家族"无知、与恕、孝靖、与乐、纪堂诸公尤能继继承承，代有著述"③，前后时间跨越二百余年，这在明清陕西较为少见。民国时期，温良儒编撰五集《温氏丛书》，亦是对三原温氏家族优良传统的承继和发扬。

笔者以《温氏丛书序言》和《关中温氏族谱》④为基础，广泛查阅现存方志和公私书目，对明清三原温氏家族著述情况进行整理，兹一一胪列如下表。

明清三原温氏家族著述情况统计表

族谱排名	姓名	个人著述	数量
第十世	温纯	《四书评点》、《诗经评点》、《大婚礼汇记》、《学一堂集》、《杜律一得》二卷、《杜律颇解》、《古文选粹》、《汉魏诗选粹》、《唐诗选粹》、《二园诗集》、《二园学集》三卷、《二园续集》、《自省录》、《齐民要书》一卷、《文法品汇》、《诗法品汇》、《督抚奏疏》十一卷⑤、《宝剑鸾刀论》、《文集》三十卷（即《温恭毅公文集》）	19
第十一世	温予知	《无知子集》、《乾坤正气书》	2
第十一世	温日知	《屿浮阁集》十四卷、《艺园图咏》一卷、《瓠中饮雅》、《六貂部类》、《薮泽集》、《绸缪急著》、《曲徙先筹》、《扪虱杂言》	8
第十一世	温自知	《海印楼文集》七卷、《朝那游草》、《秋感倡和草》、《小华游草》、《北游草》、《八行图说》、《悲秋耦吟》、《海印楼志》、《龙桥志》、《三原志料》、《七歌》、《获音》十卷、《获音续集》、《获音遗集》、《获音代集》、《东游二记》一卷⑥、《迪吉摘要》	17
第十一世	温渊知	《春感和熊》、《笑园编年集》	2
第十一世	温溥知	《镂心集》	1
第十一世	温启知	《禹山集》、《温与乐先生诗集》一卷	2

---

① 温良儒辑：《温氏丛书》第 3 集，民国二十七年铅印本。
② 钱陆灿撰：《获音集序》，见《海印楼诗集》二刻，民国二十五年铅印本。
③ 温良儒撰：《温氏丛书序言》，见《温氏丛书》第 1 集。
④ 温良儒辑：《温氏丛书》第 3 集。
⑤ 黄虞稷撰，瞿凤起等整理：《千顷堂书目》，上海古籍出版社 2011 年版，第 741 页。
⑥ 赵力光主编：《陕西古籍总目·西安碑林博物馆分册》，三秦出版社 2013 年版，第 147 页。

族谱排名	姓名	个人著述	数量
第十二世	温树珑	《清湄诗稿》	1
第十二世	温树琴	《梅坞遗稿》、《闲居和鹤稿》、《孝行录》	3
第十三世	温德嘉	《北山集》	1
第十三世	温德裕	《岸先近草》、《哀棣吟》	2
第十三世	温德鳃	《非园集》	1
第十三世	温克	《九嵕小草》	1
第十三世	温度	《南游记略》、《惟庵诗文稿》	2
第十三世	温仪	《栖贤录》、《燕游稿》、《纪堂遗稿》、《四书稿》、《诗赋文集》十二卷①	5
第十四世	温禄绶	《池阳记闻》十卷、《玉屑录》	2
第十四世	温长绶	《周易臆见》四卷	1
第十四世	温廷鸾	《养晦斋文集》	1
第十五世	温曾绪	《默庵诗钞》一卷	1
第十五世	温蕙	《读书一间钞》四卷	1

从上表可以看出，明清三原温氏家族著述达 73 部之多，数量相当可观。这一方面与温氏家族崇尚儒学、勤于著述的家学传统有关，另一方面也与温氏家族重视作品裒辑整理有关，尤其是温自知"身为恭毅公名父之子，其伯仲以文行甲关中，而绪业遗文皆赖先生以传"②，温纯、温予知、温日知的著述皆由其整理刊刻而成。此外，明清时期三原县是关中地区重要的刻书中心，刻书业比较发达，对温氏家族著述的付梓刊印提供了良好条件。

尽管三原温氏家族著述数量颇多，但绝大多数已亡佚不可寻。温良儒感叹"慨念三百年来，世变迭经，先民典章，摧毁略尽，而温氏祖宗遗著散失尤多……然先代著述所录犹不及什一也"③。可见到民国时期，三原温氏家族著述已经亡佚严重，搜集整理极为困难。笔者依据现有材料，对三原温氏家族现存著述进行了认真梳理，尚有《温恭毅公文集》、《二园诗集》、《二园学集》、《屿浮阁诗文集》、《艺园图咏》、《海印楼文集》、《海印楼诗集》、《东游二记》、《温与乐先生诗集》、《纪堂遗稿》、《默庵诗钞》、《读书一间钞》等 12 部著作存世，其中《海印楼文集》、《海印楼诗集》、《东游二记》、

---

① 据温良儒撰《温氏丛书序言》，温仪还有《四书稿》、《诗赋文集》十二卷两部著作。
② 朱廷璟：《获音集序》，见《海印楼诗集》二刻，为《温氏丛书》第 4 集零本，民国三十年铅印本。
③ 温良儒撰：《温氏丛书序言》，见《温氏丛书》第 1 集。

《温与乐先生诗集》等 4 部著作的刻本非常罕见，亟须整理和研究。

二、三原温氏家族七部著述提要

《陕西古代文献集成》（初编）已将三原温氏家族《二园诗集》、《二园学集》、《屿浮阁集》、《艺园图咏》、《海印楼文集》、《海印楼诗集》、《纪堂遗稿》、《默庵诗钞》等 8 部著作纳入整理范围，近年将陆续付梓出版，笔者不再赘述。本文着重对 4 部现存但尚未纳入此次文献整理的著述进行提要，同时将 3 部已经亡佚但其他资料有文字记载的著作一并涉及。

（1）《温恭毅公文集》30 卷，明温纯撰，有明崇祯刻本、清乾隆补明刻本。十行二十字，白口，单鱼尾，左右双边，卷端题"西京温纯希文父撰"。是集卷 1 至卷 6，疏 130 篇；卷 7 至卷 8，序 43 篇；卷 9，记 9 篇；卷 10 至卷 11，墓志铭 32 篇；卷 12，传记 2 篇；卷 13，行略 4 篇；卷 15，杂著 11 篇；卷 16 至卷 17，祭文 24 篇；卷 18 至卷 24，诗歌 226 首；卷 25 至卷 29，尺牍 130 篇；卷 30，理学 61 则。

《四库全书总目》评价此集"其奏疏皆切中情事，字句或失之太质，而明白晓畅，易于观览。盖期于指陈利弊，初不以文字为工。其他序记铭传诸体，则多雅饬可诵。诗凡八卷，大抵沿溯七子之派，而稍失之粗。尺牍五卷，亦多关时政。末一卷为理学六十一则，皆论学语录。大旨以程朱为本，不宗姚江而亦不甚斥姚江"①。整体来看，这个评价较为客观中肯。

温纯，字景文（希文），号一斋，谥恭毅，官至左都御史，《明史》卷 220 有传。温纯学有本原，为有明一代名臣。国家图书馆、北京大学图书馆、上海图书馆、复旦大学图书馆等处收藏此书刻本。此外，还有民国二十五年温氏丛书本、文渊阁四库全书本等，均为习见易得的本子。

（2）《东游二记》一卷，清温自知撰，明崇祯五年（1632）刻本。半叶八行，行十六字，白口，四周单边，无界栏，白棉纸。框高 20 厘米，宽 13.9 厘米。前有陈应元《东游二记序》、刘敕《登岱记序》两篇序文，后有温日知的跋文。此集内容为两篇游记，分别是《登岱记》和《游阙里》。韩诗曾高度赞誉温自知《东游二记》等篇实为"不朽名笔"。温自知，字与亨，号孟侯，又号景亦子，廪监生，私谥孝靖先生。此本公私书目皆未著录，现藏西安碑林博物馆。

---

① 　永瑢等撰：《钦定四库全书总目》，中华书局 1997 年版，第 2329 页。

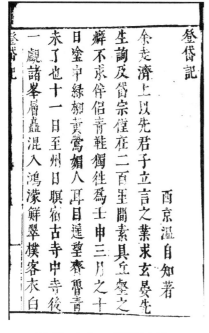 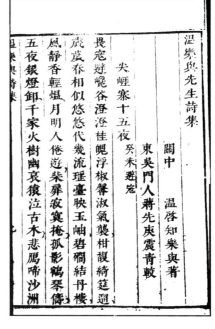

《东游二记》，明崇祯刻本　　　　《温与乐先生诗集》，清刻本

（3）《温与乐先生诗集》一卷，明温启知撰，清刻本。半叶八行，行二十字，白口，四周单边，框高17.9厘米，宽12.9厘米，竹纸。前后均无序跋，目录系后人补抄。卷端题"关中温启知乐与著，东吴门人蒋先庚震青校"。封面钤"有斐斋"、"简□居本"朱印两方。此集共收录温启知诗歌62首，尤以七言律诗、七言绝句、五言律诗数量居多，内容多唱酬、游记、感怀等。七言绝句《燕城中秋》（六首）为述怀之作，具有一定文学价值。

温启知，字与乐，号禹嗣，明崇祯庚午科举人，历任南阳、汉阳同知，杭州知府。《太守公家传》谓其"生而清慧，端凝不苟言笑，喜读书不作儿戏，授一卷辄捧持玩视不他及"[1]。此本较为罕见，公私书目未见著录，现藏陕西省图书馆。

刻本中有一个非常明显的错误，即将"温与乐"误作"温乐与"，全书共出现二十处之多。按：《关中温氏族谱》"温启知，字与乐"，温德骧《太守公家传》"太守公讳启知，字与乐，号禹嗣"，温自知《海印楼诗集》二刻卷4有《寄与乐三兄燕市》、温曰知《屿浮阁集》卷7《京邸数同诸公小集留春送别从兄与乐西还》，可知温启知字与乐，而非乐与。

（4）《读书一间钞》四卷，清温蕙撰，《温氏丛书》第二集收录。多为作者读书期

---

① 永瑢等撰：《钦定四库全书总目》，第2329页。

间随手所记文字，内容多涉及理学、文学等。篇幅短小精悍，文辞雅洁，寥寥数语，将作者感悟形于笔端，思想不落窠臼，颇多见地。李僎《温秀崖先生〈读书一间钞〉序》评其"深识伟论，往往发前人之所未发"①。

温蕙，字颖兰，号秀崖，一号兰谷学人。《温秀崖先生》载其"生平嗜读书，博极群籍"、"读书乐道，品端行优，邑之人至今敬慕之"②。据李僎《温秀崖先生〈读书一间钞〉序》记载，道光八年温氏后人温茂才"欲梓其太翁秀崖先生《读书一间钞》，问序于余"③，是否刊刻不详。今有民国二十五年铅印本，存《温氏丛书》第二集中，为常见本。

（5）《杜律一得》二卷，明温纯撰，万历三十二年刻本，今已亡佚。孙殿起《贩书偶记（附续编）》著录："《杜律一得》二卷，明关中温纯解，万历甲辰（1604）刊。"④可知民国年间，尚有此书刻本流传。《明儒言行录续编》⑤著录书名作《杜诗一得》，其他公私书目皆未著录。

文在兹《杜律一得序》："大中丞一斋温先生所手自注释有《杜律一得》一编，伏而诵之，大抵先标其因时感事、爱君忧国之大体，而次其风骨格韵、联络照应之精意。其论数篇之相成，如草木之疏柯布节皆所必然。一篇之相成，如流水之湍泗激洑，有不得不然者。于是或题数字以明指归，或举单词以视条理，而提挈纲领，指点血脉，辞简而识大，文约而意明，令读者不复可置疑焉。"⑥可知该书是温纯对杜甫诗歌的注释，颇有创见，非"粗心浮气及偏见异说者"⑦。

（6）《齐民要书》一卷，明温纯撰，原书已佚。《明史·艺文志·右杂家类》著录："温纯，《齐民要书》一卷。"⑧《千顷堂书目》⑨亦著录，但将此书列入农家类书籍，显误。

据温纯撰《刻齐民要书引》所称，编著此书是通过"道之以德，齐之以礼"的方式，实现治国安民的目的。"故遵圣谕，衍通俗歌，附诸贤关风化诗文并世传《八行图》、《家礼节要》，庶几易晓，而以劝农桑终焉。"⑩由此可见，本书旨在解说传统礼教，劝化"穷乡委巷、黄童野叟"，是所谓"治民必用之书"。

（7）《三原志料》，此集为温自知晚年所撰。《三原县新志》记："康熙元年，知县

①　温良儒辑：《温氏丛书》第2集，民国二十五年铅印本。

②　同上。

③　同上。

④　孙殿起撰：《贩书偶记（附续编）》，上海古籍出版社1999年版，第318页。

⑤　沈佳撰：《明儒言行录续编》卷2，《影印文渊阁四库全书》本。

⑥　温良儒辑：《温氏丛书》第5集存稿，民国二十五年铅印本。

⑦　同上。

⑧　《明史》卷98，中华书局1974年版，第2432页。

⑨　黄虞稷撰，瞿凤起、潘景郑整理：《千顷堂书目》，上海古籍出版社2011年版，第331页。

⑩　温纯：《温恭毅公文集》卷30。

林逊开志馆，延自知纂修，稿未及半而卒。"①刘绍攽《三原县志》记载"《三原志料》，温自知著"②。此书为温自知拟纂修《三原县志》时撰写的原始材料。贺瑞麟编纂《三原县新志》时，在卷6中引用了《三原志料》十条资料，可窥原书一斑。其内容多为记录明代三原县人物传记，涉及贤能、隐逸、孝义等类，文辞典雅，简洁明快。

三、从"地域—家族"视角研究明清陕西文学的思考

笔者粗略统计，若以两个或两个以上的人数为标准，明清陕西文学家族达到二十多个，尤以三原县、大荔县最具代表性，其文学创作在当时文坛占据重要份量。三原县以温氏家族（温纯、温予知、温日知、温自知、温渊知、温溥知、温仪、温树琴、温度）、王氏家族（王恕、王承裕、王宏祚）、马氏家族（马理、马贵、马江、郝马氏）、来氏家族（来聘、来复、来临、来黄氏）等为代表；大荔县以韩氏家族（韩邦奇、韩邦靖、屈淑）、李氏家族（李楷、李建、李元春、李来南）、马氏家族（马自强、马憼、马朴、马嗣煜）等为代表。其他地区也出现不少文学家族，如旬邑文氏家族（文在中、文翔凤、文毓凤、葛文氏）、华阴王氏家族（王之良、王宏学、王宏嘉、王庭撰、王宏撰、王宜辅、王宜亨）、户县王氏家族（王九思、王九峰、王心敬）等。以家族的形式组团亮相是明清陕西文坛一个亮点，具有浓烈的地域特色。文学家族的涌现，引领和带动了明清陕西文坛的整体风貌，有效促进了明清陕西文学审美趣尚的形成。

近年来，家族文学研究成为古代文学研究一个新的增长点，主要是以人地关系理论为前提，从"地域—家族"研究视角切入，对本地域文学典籍和相关历史事实进行整理和研究，并对本地域文学进行较为客观准确的定位。从目前研究情况来看，以"地域—家族"相结合的视角研究明清陕西文学尚处于起步阶段，具有较大的研究价值和开拓空间。

研究方法方面，采取宏观和微观、整体和个案相结合的方法，在家族著述整理和个案研究的基础上，将文学家族置于经济、政治、文化、历史、哲学等大的背景中，关注文学家族形成的细节和过程，关注家族的兴衰、发展、成员之间的相互比较等，全面展示文学家族在社会、文化、文学等发展脉络，深入分析明清陕西地区的文学生态以及家族文学创作活动的规律和特点，对明清家族文学创作的成就及其对陕西文坛

---

① 焦云龙、贺瑞麟撰：《三原县新志》卷6，光绪六年刻本。
② 刘绍攽撰：《三原县志》卷18，乾隆四十八年刻本。

乃至主流文坛的影响进行总体性描述，深层次揭示明清陕西文学家族对陕西文学发展的影响，全方位展示以家族文人群体为核心的明清陕西文学的风貌，并在此基础上为明清陕西文学进行重新阐释和定位。

宋代以降，曾为"十三朝古都"所在地的陕西逐渐被边缘化。长期以来，学界形成一种比较固定的思维惯性，认为明清陕西文学价值不高，地位较低。这种情况与陕西文化相对保守、典籍整理研究不足有很大关系。笔者以为，当前的首要任务是对陕西现存文学著述进行系统整理和深度研究，挖掘和保护陕西丰富的历史文化遗产，使之化身千万嘉惠学林。在此基础上，进一步提炼挖掘明清陕西文学新的文化价值和内涵。运用"地域—家族"研究方法，是一个较好的切入角度，应该能够取得一些有价值的研究成果。

明清时期，尽管陕西地处西北偏僻之域，但文学仍然在默默积蓄力量，顽强发展，并结出累累硕果，沉寂多时的陕西文学重新焕发勃勃生机。这种积淀一直影响到当代的"文学陕军"。此外，明清关学的盛行赋予陕西文学鲜明的地域特色，这一点也是值得关注的。

（作者单位：周喜存，西北大学文学院；

刘燕歌，西安邮电大学人文社科学院）

从《思庵野录》看渭南薛敬之的读书观

朱成华

薛敬之（1435—1508），字显思，号思庵，渭南人，明代中期陕西著名的理学家，其在关中学者的学术往来交流基础上，结合关中风土人情及时代风气，将关中理学思想推向新的阶段。

薛敬之在年幼的时候就很聪慧，五岁时就酷爱读书，十一岁时能作文赋诗。其作秀才时，居止端严，不同于流俗，但在科场方面却很不利，屡试不中。成化二年（1466）时，薛敬之以积廪充贡入太学，当时江门心学的开创人陈献章也在太学，二人并称，名闻于京师。成化二十二年（1486），其出任山西应州知州。在任期间，体恤民情，尤其重视百姓生计，经常到田野中巡察，劝导百姓努力耕稼纺绩。在播种期间，向贫困户提供耕牛和种子，并且"买牲畜数十，给之茕民，令孳息为养"[1]。对于那些无力交纳地租的贫困农民以及无力婚娶、丧葬的，都给予一些资助。在平常年份，他注意积蓄粮食和干菜等，以至于在三四年间，就积累了粮食四万余石，干菜几万斤。后来遇到灾荒，就用平常年月积累的粮食干菜救济灾民，帮助他们度过荒年。有本已经逃荒在外的三百余家，听到这个消息，全都回归家园，薛敬之给予他们衣食，还帮助他们修葺住房，使得百姓安居乐业，免死于饥馑。薛敬之在担任知州期间，很重视学校教育，多次到州学学舍巡视，宣讲孔孟之道，传播理学思想，"由是应人士始知身心性命之学"[2]。后以"奏课第一"，于弘治九年（1496）升任浙江金华府同知，在任两年后辞官。

就其学派而言，薛敬之师从甘肃兰州周蕙，颇受其师艰苦力学的影响。薛敬之平生好为人讲说道学，又好静坐思索，酷爱读圣贤之书，读书若有所得，必记之于笔记，

---

① 冯从吾：《关学编》卷3。
② 同上。

并阐发自己心得，形成著述。一生著述颇多，盖有《思庵野录》、《心说》、《性说》、《定心》、《定性》、《道学基统》、《洙泗言学录》、《尔雅便音》、《田畴集》、《百咏集》、《归来稿》、《礼记通考》、《易簀》、《金华乡贤祠志》等，但因历经多次地震，其著述大都佚失，现仅存的有《思庵野录》三卷及几首诗文。

从存稿《思庵野录》可大致考察薛敬之理学思想的主旨，从而揭示自河东薛瑄之学至薛敬之这一思想发展的内在理路，以凸显薛敬之在明代关学史上的地位与意义。而从《思庵野录》亦可管窥理学家薛敬之的读书观，这主要是因为《思庵野录》本身就是薛敬之阅读前人圣贤之论著有所得而形成的读书笔记。

一、为治贵读书

薛敬之本人自幼爱读书，能文善诗，称古则贤，《思庵野录》云："五岁爱读书，十一岁解属文赋诗，稍长言动必称古道则先贤。"又，"景泰七年，为渭南学生。自为学生，居止端严，不同乎流俗，乡闾惊骇，或且以为迂怪。善为文章，说理而华"。可见薛敬之因读书而才华出众，惊骇乡里，且擅长作文。

在薛敬之看来，读书意义重大。一个人不读书，就无见识，更不能成就大事，正所谓"器识不远"，则"不能成大事"。一个人若想要治理好政务，那更需要认真读书，即其所言"为治贵读书"，若不读书就无法明理，即文中所云"不读书无以明理"。其以北宋著名哲学家、理学派开山鼻祖周敦颐为例，云"周濂溪决南康事，日如流，非读书明理不能也"。

二、读圣贤言语

关于读书的选择，薛敬之认为，不能随便乱读，应读圣贤书，即该"读圣贤言语"，而"圣贤分明别是一段问学"。并且读圣贤言语之后，才能"见圣贤底分量"。比如，薛敬之赞同读儒家经典《论语》，他说"读《乡党》一遍"，则能"重见圣人一番"。并且要常读《论语》，"学者不可一日不读《论语》"，一旦读了《论语》，其结果就如其所云"一读之便消融多少渣滓"。而"读《孟子》之书"，"自觉底胸次与天地一般气象"，因为他认为"孟子是胸次大底人"，而对于孟子本人来说，"其发言自不觉其廓大"，读者只有亲自读了《孟子》，才能感觉其胸襟宽广。一人想要成为圣人，成为贤人，那就要读书，可以读《礼记》中的《大学》，这正如其言"学之成圣成贤，只好一部《大学》便了"。

薛敬之还鼓励读朱子之书，"不读《朱子全集》，无以知此老在当时为道扶持之艰难"。而"不读《朱子四书》，又无以知此老为天下立教见道之精粹"。读后，其大赞朱子"真孔孟后一大成之儒"。他还认为，"为学而不本诸尧、舜、周、孔，则非究心本领之学矣"。并且告诫读者"学者须知所学为何事"，这样"然后知所向慕"，结果"则其趋自不差谬"。否则的话，正如其言，"不然，学其学而非圣贤之学，不过成一鹘突人耳"。而且要注意，"凡读圣贤书，不可以俗心窥伺圣人大度"。

三、学应本诸道

作为理学家，薛敬之认为读书还应学道，才能提升个人水平，才能学有所获，若"学不本诸道"，"则所就终无过人之事"。并且，"言学不志于道"，则"不知所学者何事"。

至于学道，还得有所选择，要避俗就雅，学习圣人之道。薛敬之认为："学者之造道，须掘得源头活水，然后流脉无穷，否则终为俗学而陷于汉唐陋习，其与圣贤立言教人何如哉？"并且认为："有宋以来，学者入道，莫勇于吴草庐。朱子之后，一人而已。"

读书学道不在追求物质上的吃穿和美貌打扮，而在追求儒家之道，即薛敬之所云，"嗜学者，自不知隆外貌。苟言貌一饰，则放僻邪侈，无所不至，何足言学仲尼谓'志于道，而耻恶衣恶食者'"。

四、读书贵在自得

薛敬之认为，对于读书务求必得，否则不如不读书，难以知书中之境界。《思庵野录》云："读书而不自得，终为皮肤之学，是犹及宫墙而不入，未知百官宗庙之富且美也。"而对书中之道，不读书自然无法了解，而读书不得其中之义，终究索然无味，即其所言"凡义理不自得，虽读书终无味，眼虽见口虽言，终为外物"。

因当时有学者觉得读书无味，自然无法有所得，更无法得圣人思想。正所谓"如今学者读书咀嚼无味，只是不曾有自得"。

读书不自得，只是当作说话而已，最终是一无所获。有的学者对于"得力处凡于圣贤所言或是非处"，"亦不曾见得善恶或利害处也"，更"不曾见得死活"，大概"泛泛只做场话说，终不亲切"。做学者应"须把圣贤言语在一边，声乐在一边，于其中见得个轻重，方为亲切有味，心自不能不然"。若"仰面顾鸟，回头应人"，虽"名曰读书"，最终"不知充腹者几希"。

五、读书贵在知要力行

《思庵野录》云："读书不在多，贵在知要。"又曰："知要不在言，要在力行。"由此可知，薛敬之认为读书并不在于读很多书，但一定要知道书之要害及道之关键，而且这些读来的道之要旨不在于嘴上宣传，要身体力行。正所谓"学不难，力行惟难"！反之，若"行之不力"，"则学亦不坚"。

为了能读书自得及知要力行，还得进行自身质量的修养，也就是对阅读素质的培养，才能在读书过程中"知要"，正如薛敬之所云，"学者读书知得涵养工夫，方见得学力有进处"。

六、读书须节气

在薛敬之看来，读书要培养气质之一便是要"节气"，正如其所云"学者切须要节气"，若"气但不节"，"则近名外慕之心生"，最终导致"流荡忘返，无所存主"，那么"其何以读天下之书，论天下之事，而欲有以达古人之地哉"。

只要"学者到心洪大处，即是气质变"，这样之后，"气质变方可言学"。

因以为"志动气，气动志"，从学者读书实际看来，"而今人读书数日，为事所扰，便有数日收拾不上来，亦是动之也"。故而学者要"节气"。因此，薛敬之劝告"学者切患气易盈"，因为"志易满也"，也要防止"气易盈"，因为会导致"慕外之心重"，而"志易满"，则会"为己之心轻"。解决办法也是有的，薛敬之认为，"人之气量根于性，唯问学然后可充之"，而"人之骄吝乃气浮使然，知道者自无此状"。

七、读书可疗疾

由于学者读圣贤之书，能知其要旨而有所得，同时锻炼了读书涵养功夫，培养了"节气"能力，故这样的读书对人体本身也有益处，甚至能够治病。这正如《思庵野录》云："读书亦可疗疾。"又云读书能"平其心，易其气"，自然就"无邪僻之干"。因此，薛敬之认为，为了要把书读好，用心是必要的，这对身体有好处，对所学道也是必须的，故曰，"学者第一要心存"，"心一有不存，便与道畔"。又说，"为人之学放心也，为己之学存心也，心存则不知外之显晦，心放则不知内之轻重"。

在关学的发展历程中，薛敬之是个承上启下极其重要的人物，他与时代精神相一致，融汇理学各派思想，为关学的发展提供了新思路。在《思庵野录》中，我们可以看到，无论是宇宙论、本体论，还是道德修养论，薛敬之都是在先儒的基础上发展而来，并融汇自己的心得而生发独到之处。书中也涉及薛敬之的读书理念，如为治贵读书、读圣贤言语、读书贵在自得、读书可疗疾等，在当今应试教育、功利教育大行其道，学风浮躁的背景下，仍具有重要的启示意义。

（作者单位：渭南师范学院人文与社会发展学院）

《周雅续》的文献价值述略

赵金丹

　　《周雅续》是明代陕西的一部诗歌总集，收录了明代陕西82位诗人的作品。此书的编定者之一文翔凤在序言中，阐述了此书的命名之由。"周"者，选编者认为关中乃周之旧地；"雅"者，即《诗经》"风雅颂"之"雅"，寓意所选诗歌皆秉承"大雅"、"小雅"之雅正诗风。选编者认为，从前文中子续《诗》，仅历经六代便不再流传，原因在于"不雅"也。今所编之书，不曰"续雅"而曰"雅续"，"盖云其诗之为周之旧，若雅音之自续云尔"。可见编者对"周雅"的推崇和所选诗作的高度肯定。本文主要谈谈《周雅续》的成书过程和它的文献价值。

一、《周雅续》的成书过程

　　从署名和文翔凤的序言可以看出，《周雅续》所收诗歌的选辑工作由贾鸿洙完成，裁定工作由文翔凤完成，孙三杰做了参阅工作。除文翔凤外，另外二人在正史上均无传，通过解读文翔凤的序言和考察地方志等相关资料，大致可以推知三人的关系和编写此书的缘起。

　　文翔凤，字太青，陕西三水（今旬邑）人，万历三十八年（1610）进士，曾先后任山东莱阳，河南伊县、洛阳等地知县，为官清明，以才德信服于民。后以副使提学山西，"晋之人文一变"，继擢光禄少卿，不赴，卒于家。据《三水县志》记载："其论学以事天为，极力排西来之教，著《太微》以翼《易》，谓《太玄》潜虚未窥其藩。以辞赋为专门绝业，覃思腐毫，必欲追配古人，作《金陵六赋》以当京都。其为诗离奇崛兀，不经绳削，驰骋其才力，可与唐之刘叉、马异角奇斗险。晚作《嘉莲诗》，七言近体至四百余首，亦古所未有也。"

　　贾鸿洙，字孔澜，清苑人。万历四十四年（1616）进士，授户部主事。历任至河南布政使，以疾卒于官。鸿洙学识渊邃，器气硕整。性孝，父殁，构思成堂于墓侧，居其中者三年。分守怀庆，以不即建魏忠贤生祠，几为所倾。提学陕西，有"关西夫子"之称。莅官三十年，两举卓异，召见赐宴。居家让产于异母弟，人咸称之。所著有《鸣鹤堂四书圣谛测》38卷，纂辑《周雅续》1部，校定《太微经》1部。①

　　孙三杰，字景濂，号松石，乐安（山东博兴）人，天启五年（1625）进士，知宝鸡县。据《青州府志》记载，曾招降叛官王老虎，后移知长安。组建书院，与文翔凤一起讲圣贤性命之学。擢兵科给事中，连疏劾权相，群小忌之。后迁太仆寺丞，卒于官。

　　从仕宦经历来看，三人都是进士，为官清正，注重文教。文翔凤是陕西有名的文士，其家族在当地也是文化世家，另外二人都曾经在陕西做官，并均与文翔凤有所交往。贾鸿洙曾为文翔凤的《太微经》作序，孙三杰曾在长安建书院，与文翔凤一起讲学。从文翔凤的序言来看，《周雅续》为贾鸿洙提学陕西时开始着手编订，序言中称："贾子《齐》、《鲁》、《毛》、《韩》之学以世丞，其教我邦士，既以《鹤鸣》诗意翼《三百》，而又欲以关中之诗教教之，搜二百六十年往者之文献为之表学编一，政编一，诗、文编各一，此其知道者之教与！欲全而出之，而先有事于诗、文，命门人探百三十国之书，得六十五家。以观余。"可知，贾鸿洙对齐、鲁、毛、韩四家诗都有研究，他在担任陕西提学之时，很注重以"诗"来兴文教。原计划把有明以来关中的文献做全面整理，从学、政、诗、文四个方面各编一部书，先搜集整理出来的是与诗文相关的，拿来请文翔凤裁定。但由于当时文翔凤正提学山西，收集资料不便，加之生病等原因，此事便一直耽搁下来，"余奉教于启行之濒，其所汰之什，既不暇复求散帙，其所遗，又不可立得之郡县。且病慵，遂经岁阁置"。后来，贾鸿洙调任河南布政使，得以亲自游历李梦阳生活过的地方，感慨倍增，"而贾子方以新命观察汴，又游李子振大雅之乡矣。惜其教之不卒其行，又感殒珠之痛，仓皇驾厥，雅志之不获申"。于是又写信敦促此事，"庚午秋冬之交，贾子勒书汴，督之再，其勒书赤令孙淑房氏，督之者亦再。……雅哉！贾子之不忘我关中之旧也。而淑房又将以讨北，则人迫，遂缮以十手，梓手又六倍之，而待工于三旬之间。文编不及理，独理诗"。一方面贾鸿洙再三催促，一方面孙椒房又要北上，时间比较仓促，故请来书手10人，梓手60人，于一月之内完成了此书。关于文的那部分尚未及收录，仅收录了诗歌部分，于是便形成了这部《周雅续》。可见，这部书的编著是由曾任陕西提学的贾鸿洙所倡导的，并由其完成了初稿材料的收集与初选；最终所收录诗人的裁定、增补及作品筛选的工作，主要由文翔凤来完成；文字的润色，修订完善等工作由孙三杰完成，即"孙氏又追琢其

---

① 参见《保定县志》。

章而布之兹行"。

　　本书在《明史·艺文志》、《千顷堂书目》、《四库全书总目》中均没有著录，《保定府志》中有著录。根据《中国古籍善本书目》著录，此书有西北大学图书馆和北京大学图书馆两处藏本，据馆藏目录记载，皆为崇祯年间刻本。西北大学图书馆列其为珍贵善本，难得一见。现据北京大学图书馆藏本来看：全书共 16 卷，每卷的页数 37 至 56 不等。正文每半页 9 行，每行 20 字。单边，白口，单鱼尾。书中没有明确标明刻书的时间，但据书前文翔凤序言，可推知此书当刻于崇祯庚午年，即 1630 年。全书无目录，共收录 82 位诗人，每位诗人之下附有 20 字左右的小传。不同作者所收录的诗歌数量不一，少则一二首，多则数百首。收录的诗歌众体皆备，有四言、五言、六言、七言及杂言，有古体、近体及歌行体、乐府体。除诗歌外，也收录了赋。

二、《周雅续》的文献价值

　　《周雅续》是明代的一部陕西诗歌总集，收录了几乎涵盖明代各阶段有代表性的 82 位陕西籍作家，无论对于陕西地方文献的编撰还是古代陕西诗歌的研究都具有不容忽视的价值。

　　第一，它是研究明代陕西诗歌发展史不可多得的参考书。纵观明代的陕西文坛，弘治以前颇为"寂寥"，百余年间，史籍有载的诗人仅张纮、陈汝言、王恕等人，可谓碧天微云。弘治、正德年间，陕西文坛出现了李梦阳、康海、王九思这样的天才作家，开文学复古之先河，他们与稍后正德间登上文坛的许宗鲁、胡缵宗、韩邦奇、韩邦靖、马汝骥、张治道、胡侍、刘储秀等文学家们一起，将陕西文学推上了时代的高峰。嘉靖之后的陕西文学家，依然在复古的文学道路上一路前行，其中虽不乏成就斐然者，如王维桢、乔世宁、赵时春等，但与同时代的其他地区相比，陕西文学已经走向了低潮。而隆庆至崇祯年间的王庭谟、三原来氏父子及文翔凤，则是明代陕西文坛的最后代表人物。他们或依然在复古的道路上蹒跚而行，或有意识地跳出复古的圈子，尝试向更广阔的领域迈进。遗憾的是这种尝试并没有成功，最终淹没在明王朝覆灭的历史大潮中。《周雅续》收录的作者，从时间上看，涵盖明初至崇祯之前的各阶段，编者文翔凤自言："其自国初，至弘治前空同子者 ①，止二家，诗数首，寥阒不可冠断之。曰我朝之自空同子而始有诗，宜自其集始，于是选其千八百篇者，以五百六十为

---

① 　空同子，李梦阳号。

四卷，弁冕之，表一代之正宗。其自鹦庵至可泉八家为一卷 ①，自苑洛至西陂九家为一卷 ②，太微太白西玄三家为一卷 ③，自蒙溪至白屿六家为一卷 ④，自定原至芹谷十三家为一卷 ⑤，自薇田至凤冈十四家为一卷 ⑥……"可见其收录作者囊括了明代绝大多数有一定影响的陕西文人；从地域分布来看，以关中地区为主，但也收录了今甘肃籍、宁夏籍的诗人，甘肃、宁夏在明代属陕西布政使司（省）。虽然不是全集，但所选作品有代表性，且所收作者皆附以小传，对宏观考察明代陕西作家的创作情况，梳理明代陕西文学的发展脉络有重要的参考价值。

第二，可以为陕西作家基础资料的搜集和陕西地方文献的全面整理提供宝贵资料。明代的部分陕西作家，地方志和历代书目中有其著作存目，但现存文献中既无传世别集存留，也无相关总集收录其作品，给研究者带来一定困难。比如，据《三水县志》载，文在中的著作有很多，今所见除《三水县志》所收录的一两篇诗文外，其他皆无迹可寻。所幸在《周雅续》一书中保留了其三卷著作，其中诗数百首，赋三万余字，具有很重要的文献价值。还有一些作家，不但其作品没有文献存留，其生平资料也未见地方志记载，如宁州武用望，而《周雅续》中收录作品和人物生平小传，恰好可以弥补这一不足。通过对这些作品的筛选和整理，可以填补陕西乃至整个明代文学史的空白。

第三，《周雅续》一书还具有校勘价值。该书所收录的一些作家，如当时颇具代表性的诗人李梦阳、王九思、康海、孙一元等，多有别集传世，或在其他文献中也有作品收录。在流传过程中，不同版本所记载的文字往往略有差异。《周雅续》作为一部本朝人编订的选集，编者和其中的一些作者及其后人，或有往来，或亲见其流传的手稿，因此，在文字校勘上，《周雅续》有时也可以作为辅助的参考资料。而对于一些只有一种版本传世的作品来说，《周雅续》则是必要的校勘参考资料。

综上，《周雅续》一书不论对明代陕西地方文献研究，还是对明代诗歌发展史的研究，都具有重要的资料价值。一直以来，它未能引起学界的关注。笔者认为，一方面与其版本的稀少有关，另一方面则与宋代之后文化中心转移，明代陕西文学在文学史上地位不高有关。宋以前，陕西文化成就一直处于全国前列，故而研究者的研究方向绝大部分集中于宋以前时期。而宋以后，随着政治经济状况的变迁，陕西在文学史上的作用和影响逐渐削弱，只有最著名的文学家和学者才被纳入研究者的视野，如北

---

① 鹦庵，张𬭚号。可泉，胡缵宗号。
② 苑洛，韩邦奇号。西陂，刘储秀号。
③ 太微，张治道号。太白，孙一元号。西玄，马汝骥号。
④ 蒙溪，胡侍号。白屿，金銮号。
⑤ 定原，吕颛号。芹谷，吕颢号。
⑥ 薇田，王鹤号。凤冈，盛讷号。

宋的张载，明代的李梦阳、康海等。一些影响力不太突出的作家就没有引起广泛关注。正因此，在一些相关的工具书或著作中，难免出现一些错误。如《明清进士录》中，将文翔凤籍贯写作"广东三水"。[①]其实，这里的"三水"当是陕西三水（今旬邑）。文翔凤的籍贯是陕西三水，除地方志上明确记载外，《周雅续》一书也为这一问题提供了佐证。总之，这是一部具有较高文献价值的陕西诗歌总集，是研究明代陕西地方文献不容忽视的参考资料。

（作者单位：陕西师范大学文学院）

---

① 潘荣盛：《明清进士录》，中华书局 2006 年版。

台阁体流行时间的重新检视

师海军

自 20 世纪初以来，关于明代台阁体研究的相关成果，累积了相当丰厚的数量，具体研究状况可参看史小军、张红花的《20 世纪以来明代台阁体研究述评》[①] 和汤志波的《台阁体研究现状补述及反思》[②]，两文从学术史的角度均对台阁体研究进行了详尽的总结，于推动台阁体的相关研究可谓功莫大焉。但检视百年来的台阁体研究，其相关的一些基本概念仍未梳理清楚，如关于流行的时间，仍混沌不清。《20 世纪以来明代台阁体研究述评》一文总结认为"对明代台阁体兴衰起止时间及其流行范围的研究，一直以来都是不可回避的一项研究内容。就台阁体的兴衰起止时间而言，目前学界大致有 5 种界定"，分别是"永乐至正德（1403—1521）的百年之说"、"永乐至成化（1403—1487）的 80 年之说"、"永乐至天顺（1403—1464）的 60 年之说"、"永乐至正统（1403—1449）的半个世纪之说"、"台阁体就指仁、宣两朝的文学"，汤志波《台阁体研究现状补述及反思》一文中在"研究现状反思"中的"基本概念仍未统一，接受时需辨别对待"提出了"什么样的作家才算是台阁作家？台阁体退出主流文坛的时间，有天顺、成化、弘治、正德等多种说法，不同学者之间观点多有抵牾，尚需深入探讨"的问题，木文尝试以明代中期的政治生态为切入点，从台阁体的得名缘由、台阁体的文学活动传统、台阁体的具体特点等方面入手，对台阁体的流行时间的做一重新检视。

---

① 史小军、张红花：《20 世纪以来明代台阁体研究评述》，《南阳师范学院学报》（社会科学版）2006 年第 2 期。
② 汤志波：《台阁体研究现状补述及反思》，《洛阳师范学院学报》2012 年第 4 期。

一、从台阁体的得名缘由来看

　　"台阁"首先是作为"山林"的对比面而出现的，明代大儒宋濂曾说："昔人之论文者，曰有山林之文，有台阁之文。山林之文，其气枯以槁，台阁之文，其气丽以雄，岂惟天之降才殊尔也，亦以所居之地不同，故其发于言辞之或异耳。濂尝以此而求诸家之诗，其见于山林者，无非风云月露之形，花木虫鱼之玩，山川原隰之胜而已，然其情也曲以畅，故其音也眇以幽，若夫处台阁则不然，览乎城观宫阙之壮，典章文物之懿，甲兵卒乘之雄，华夷会同之盛，所以恢廓其心胸，踔厉其志气者，无不厚也，无不硕也，故不发则已，发则其音淳庞而雍容，铿鏓而镗鞳，甚矣哉！所居之移人乎。"[①] 又说："予闻昔人论文，有山林台阁之异，山林之文，其气瑟缩而枯槁，台阁之文，其体绚丽而丰腴，此无他，所处之地不同而所托之兴有异也。"[②] 通过与"山林之文"的对比，对"台阁之文"的特点进行了详细归纳。从这个意义来说，"台阁之文"是处庙堂之上的作品，与"馆阁"一词相仿，意义基本相同，是可以混用的。[③] 对于"馆阁"，明人罗玘说："今言馆，合翰林、詹事、二春坊、司经局，皆馆也，非必谓史馆也；今言阁，东阁也，凡馆之官，晨必会于斯，故亦曰阁也，非必谓内阁也。然内阁之官亦必由馆阁入，故人亦蒙冒概目之曰馆阁云。"[④] 所说的"馆阁"是指一般的翰林院人员及其长官，是一种广泛意义上的文学创作，但"台阁"一词却有着另外的含义。徐伯鸿对此曾有非常全面清晰的解释，他认为"台阁"一词有三种含义：一是代指朝廷所设置的政府机构。二是与"台辅"义同，代指三公宰相之类的高级官员。三是用其本义指亭台楼阁。认为在明代更为广泛的用法却是与"台辅"义同，以之代指类似三公宰相一类的权臣[⑤]，所说甚是。台阁体与"馆阁体"相比较，从字面意义来理解，虽然其外延相同，都是指翰林文人的创作，但"台阁"一词其实更强调了这一文体引领者的作用[⑥]，台阁体的得名就与其密切相关。

　　李贤在为杨溥文集作的序中说："观其所为文章，辞惟达意，而不以富丽为工；

---

① 宋濂：《宋学士文集》卷 7。

② 宋濂：《宋学士文集》卷 24。

③ 相关论述可参看汤志波：《台阁体新辨》，见《中国文学研究》第 18 辑，中国文联出版社 2011 年版。

④ 罗玘：《圭峰集》卷 1《馆阁寿诗序》。

⑤ 徐伯鸿：《台阁体不能等同"馆阁体"辨析》，《海南师范大学学报》（社会科学版）2010 年第 5 期。

⑥ 郭万金认为明代文学中的台阁体是后人对于杨士奇拟法欧阳修简澹和易文章的专有称法，"三杨"虽共主朝政，但文学热情均十分有限，从未有意形成一种文学流派或团体。见郭万金：《台阁体新论》，《文学遗产》2008 年第 5 期。这一认识正确与否，无疑在文学史上有着极为重要的意义，但从后世对于明代文学的接受来看，无疑已把台阁体作为一个流派来看待，从这一角度来看，追溯其得名的缘由就具有了应有之义。

意惟主理，而不以新奇为尚；言必有补于世，而不为无用之赘言；论必有合于道，而不为无定之荒论。有温柔敦厚之旨趣，有严重老成之规模，真所谓台阁之气象也。"①在评价其文学特点时认为其文学有"台阁之气象"，着眼点自然在其台阁首辅的身份之上。最早命名台阁体的是王世贞，他说："台阁之体，东里辟源，长沙导流。"②说："文章之最达者，则无过宋文宪濂、杨文贞士奇、李文正东阳、王文成守仁。……杨尚法，源出欧阳氏，以简澹和易为主，而乏充拓之功，至今贵之曰台阁体。"③强调台阁体是杨士奇这一台阁首辅开创的，因为他的创作有着典型的风格，所以后人贵称其为台阁体。其后的何乔远也明确地说："士奇文法欧阳修，韫丽夷粹虽不逮之，质而理、婉而显，备有先正典刑，当时号馆阁体。"④又说："次载大学士杨士奇台阁之体，当世所推。"⑤钱谦益在《列朝诗集小传》乙集"杨少师士奇"条明言："国初相业称三杨，公为之首，其诗文号台阁体。"⑥《渊鉴类函》卷196引《明诗纪事》曰："杨士奇，太和人，其诗文号台阁体。"均认为正是因为台阁首辅杨士奇显著的文学特点，人们称其为台阁体。何乔远又说："士奇台阁之体，当世所推，良以朝廷之上，但取敷适，相沿百余年，有依经之儒，而无擅场之作。"⑦因为这一文学特征的典范作用，后人互相推崇模仿，相沿成习，称呼这一类文学作品为台阁体。而三杨虽然在文学成就上高下不一，但明人论及本朝贤相，必曰"三杨"，如"西杨有相才，东杨有相业，南杨有法度"⑧，"是时王振尚未横，天下清平，朝无失政，中外臣民翕然称三杨，以居第目士奇曰西杨，荣曰东杨，而溥尝自署郡望曰南郡，因号为南杨"⑨，"西杨之文学，东杨之政事，南杨之清雅，皆人所不及"⑩，"（杨荣）与杨士奇同主一代之文柄"⑪。钱谦益在《列朝诗集小传》乙集"杨荣"条所说就更具有代表意义，他说："国初大臣别集行于世者，不过数人。永乐以后，公卿大夫，家各有集。馆阁自三杨而外，则有胡庐陵、金新淦、黄永嘉，尚书则东王、西王，祭酒则南陈、北李，勋旧则东莱，湘阴，词林卿贰，则有若周石溪、吴古崖、陈廷器、钱遗庵之属，未可悉数。余惟诸公，勋名在鼎钟，姓名在琬琰，固不屑与文人学士竞浮名于身后。"⑫在此，所谓的"馆阁"就是这"台

① 李贤：《古穰集》卷8《杨溥文集序》。
② 王世贞：《艺苑厄言》卷5。
③ 同上。
④ 何乔远：《名山藏》卷59。
⑤ 何乔远：《名山藏》卷86。
⑥ 钱谦益：《列朝诗集小传》，上海古籍出版社2008年版，第162页。
⑦ 《西江诗话》引何乔远《文苑记序》。
⑧ 焦竑：《玉堂丛语》，中华书局1981年版，第226页。
⑨ 《明史》卷148。
⑩ 尹直：《謇斋琐缀录》卷1，明抄国朝典故本。
⑪ 《四库全书总目提要》卷170《东里集提要》。
⑫ 钱谦益：《列朝诗集小传》，第163页。

阁"，就是指的内阁首辅三杨与胡广、金幼孜、黄淮等人。可见台阁体的得名就是由此文体的引领者——台阁首辅——三杨的文学特点而决定的，虽然他们的文学成就不一，但其政治地位决定了其文学特征具有引领与示范效应，故以此来指称受他们影响的一批馆阁文人的创作，如陈田就说："文皇右文，顿改初政，刀碪之余，从事樽俎。永宣以还，沐浴膏泽，和平啴缓之音作，而三杨台阁之体兴。"[①]

但三杨的经历恩遇是后来的台阁大臣不能比拟的，杨士奇诗《二月二日秋官郎中彦谧贤友南行诗以识别》云：

> 杨生青云器，文彩辉白璧。腰间龙泉剑，别我有远适。吾闻禹徂征，舞干致苗格。所以宣尼训，服远修文德。好谋而有成，明明垂警饬。如何才智士，宏议薄古昔。怀忿忽远图，急功幸苟得。宁论万里行，糇粮豫峙积。汉廷所遣帅，孰是赵充国？子行职赞襄，黾勉摅良画。虽有斗酒饯，安能写胸臆。临岐念素交，聊赠绕朝策。[②]

诗中昂扬之气勃然而发，自信溢于言表。后来迭遭政治变乱，体会到生命无常的李贤、薛瑄、商辂诸人，他们在个人气质与文学思想、文学创作上都与三杨有着明显的不同，故当三杨逝去之后，台阁体自然也就不可避免地发生变化。

二、从台阁体的文学活动传统来看

台阁体的开始当以建文四年（1402）九月朱棣命解缙、胡广、杨士奇、杨荣、金幼孜、胡俨、黄淮等七人入值文渊阁参预机务为标志。台阁体之所以能在当时能引领文坛，转一时之风向，与当时的政治生态——帝王优容士人，通过频繁的对馆阁诸臣驾幸、召对、赐宴、示文翰等加以奖赏与引导，而诸臣则不断给皇帝应制、进呈文字、唱和等一系列的文学活动密切相关，台阁体显示在互动中形成的一种君臣融洽和谐的状态。钱谦益曾记载："仁宗在东宫久，圣学最为渊博，酷好宋欧阳修之文，乙夜翻阅，每至达旦。杨士奇，欧之乡人，熟于欧文，帝以此深契之。"[③]说宣宗时："帝天纵神敏，逊志经史，长篇短歌，援笔立就。每试进士，辄自撰程文曰：'我不当会元及第耶！'万机之暇，游戏翰墨，点染写生，遂与宣和争胜；而

① 陈田辑：《明诗纪事·乙笺序》，上海古籍出版社1993年版，第582页。
② 杨士奇：《东里续集》卷56。
③ 钱谦益：《列朝诗集小传》，第3页。

运际雍熙，治隆文景，君臣同游，庚歌继作，则尤千古帝王所希遘也。"① 正是对此的恰当描写。

在永乐、仁宣时期，这种特有的文学活动频见于记载，如《翰林记》载"赐宴"条载：

> （永乐）十八年闰正月丙子，命行在学士兼右庶子杨荣、学士兼右谕德金幼孜并为文渊阁大学士兼学士，特赐宴于礼部，此陞擢赐宴之始也。二十年九月己巳，以荣与幼孜扈从之劳，特命宴坐前，列食上殽，此赏劳赐宴之始也。宣德二年九月，少傅杨士奇三载考满，降勅奖谕，赐宴于礼部，此考满赐宴之始也。五年四月丙申，召大学士杨士奇、杨荣等赐燕文华殿，上亲待焉，赐钞一万贯。六年二月甲辰万寿圣节，赐士奇、荣等宴，乙巳复赐宴内庭，特赐诗一章褒嘉之，此又出于特恩者也。八年七月丁丑，吏部奏少傅杨荣满三载，上礼之如士奇，自后内阁大臣考满遂为例。②

阁臣拔擢、扈从、考满等，太宗、宣宗均赐宴赋诗以为尊宠，礼遇有加。"赐御制诗文"就更为直接：

> 仁宗在东宫，喜为诗文，赞善王汝玉、徐善述、梁潜等多被赐。宣德初，内阁大学士杨士奇等恒赐诗章，七年七月，屡赐御制《祖德诗》、《招隐歌》、《猗兰操》。九年七月，南京礼部尚书张英迎复入见，上特书制诗词，并缗钱二千缗赐之。英退陈于堂，语人曰："此吾稽古之力也。"大学士杨士奇、黄淮等被赐尤多。其后列圣多用故事制诗章，以宠词臣。……今载祖宗御制数章于此，直所谓昭回之光，下饰万物者，用以侈词林之荣云。③

"车驾幸馆阁"条云：

> 太宗皇帝初定内难，四方之事方殷，内阁七人者旦夕承顾问，受旨退治职务，且兼稽古纂述，殆不虚寸晷。上时步至阁中，亲阅其劳且视其所治无弗称旨者，乃喜，必有厚赉。或时至阁，阅诸学士暨庶吉士应制诗文，诘问评论以为乐。宣德四年十月癸未，车驾临幸文渊阁，周视大学士杨荣等寓直之所，命增益屋宇，

① 钱谦益：《列朝诗集小传》，第 3 页。
② 黄佐：《翰林记》卷 16，第 193 页。
③ 同上书，第 198 页。

兼赐饮馔器用，荣等次日具表谢恩；已而复至，赐荣等诗各一章，及宝钞酒馔，学士李时勉等皆与焉。七年某月，驾过史馆有作，并赋《招隐》之歌。是时天气清明，圣心悦豫，怀贤览古，天趣之高，见于吟咏。侍读学士钱习礼等迎谒，俱被赐赉。其过史馆六言诗云："荡荡尧光四表，巍巍舜德重华。祖考万年垂统，乾坤六合为家。"真圣王气象也。①

太宗与宣宗亲自驾幸馆阁，与阁臣唱和。臣下自然也就与多有诗书朝廷酬唱往来。如"燕饮赓和"条：

宣宗尤喜为诗，初即位，起学士李时勉而任用之。一日幸文渊阁，赐诸学士饮，呼时勉曰："卿非朕安得饮此酒。"时勉顿首谢。他日侍游东苑，上赐时勉酒，酌以上所御金瓯，时勉顿首辞曰："臣可与陛下同饮，不敢与陛下同器。"上悦，命易以银爵，既醉，上出御制诗一章，赐尚书胡濙、蹇义，大学士杨士奇、杨荣，且曰："朕茂膺天命，惟尔四人赞翼之功。"赐宴尽欢而罢。明日士奇、荣各奉和睿制以献。又尝与大学士黄淮燕饮于万岁山，淮献诗；他日陛辞，复燕饮于太液池，御制长歌以赠焉。②

君臣之间相处和乐融洽，自然在政治上对诸人亦恩宠有加，如仁宗甫一登基，就"出户部尚书夏原吉……右春坊大学士黄淮……于狱，复其官。以大学士杨荣为太常寺卿，金幼孜为户部侍郎仍兼前职，左春坊大学士杨士奇为礼部右侍郎兼华盖殿大学士，黄淮为通政使兼武英殿大学士，荣、幼孜、士奇、淮俱掌内制，备顾问，不预所升职务。洗马杨溥为翰林院学士，……初，上尝谕士奇曰：'自今朝廷事，仗蹇义与汝。'……赐……杨士奇、杨荣、金幼孜绳愆纠谬图书"③。恩遇非比寻常。宣宗时，杨士奇曾"请廷臣三品以上及二司官，各举所知，备方面郡守选。皆报可"④，表现了绝对的信任。而正统四年杨士奇归省时，英宗"命兵部缘途给行廪，水路给驿船递运船，陆路给驿马运载车，从者皆给行粮脚力，往复并给"⑤，荣宠无比。

而馆阁诸臣感恩于心，上呈文字自然也就成为了惯例，如"进呈书诗文序"条云：

<hr>

① 黄佐：《翰林记》卷16，第192页。
② 黄佐：《翰林记》卷6，第72页。
③ 谷应泰：《明史纪事本末》卷28。
④ 《明史》卷148《杨士奇传》。
⑤ 《东里续集》卷49《南归纪行录上》。

永乐二年八月，周王畋于钧州获驺虞，九月丁未王献于阙下，侍读梁潜进
《驺虞诗》，侍讲杨荣进《驺虞颂》。已而甘露屡降，嘉禾呈瑞，外国献麒麟、白
雉、元兔、白鹿、白象、灵犀、白兔之属，荣与学士胡广等咸为诗歌以进，上嘉
之。三年九月朔，赐太祖御书《嘉禾诗》于诸王及近臣。……四年二月视学，上
服皮弁御宸翰，赋长诗赐太子、亲王，祭酒胡俨、司业张智坐讲，文武三品以上
及翰林儒臣皆赐坐以听，讲毕赐茶。明日，俨等率师生上表谢，赐赉有差，大燕
群臣于奉天门，学士胡广进《视学诗》，一时词林诸儒臣咸和之。八年五月己卯，
上北征败布尼雅实哩于饮马河，七月壬午驾还，士奇献《平边颂》及《铙歌鼓吹
诗》。十二年六月亲征瓦剌，败之于撒里怯，又败之于土剌河，擒斩无算，八月驾
还，庶子邹缉献《永乐清边颂》。十七年十一月，甘露降于孝陵松柏凡四日，学士
王直《献瑞应甘露诗》。十八年正月，礼部郎中周讷请封禅，大臣有阴主之者，于
是学士胡广献《却封禅颂》，上遂止。宣德二年三月，驺虞复见，大学士杨荣献
颂，上襃赏之。三年九月，荣扈从北征凯旋，进《平边诗》，凡十篇，各立题命
意，上览之喜，屡沐白金、钞币之赐。自是每同游匪颂，荣与士奇等多以诗进，
遇令节被召宴游，亦多以诗谢恩。①

即使没有进呈文字，这对于士人内心的影响也是无与伦比的，如叶盛《水东日记》
记"仁庙赐徐善述书诗"条②，见到君主的文字也要详细描述一番，引以为荣。君臣
在这种融洽和乐的气氛之中对于文学的探讨自然会频繁且深入，引领整个士人的文学
创作，如"评论诗文"条，杨士奇给仁宗谈及真德秀《大学衍义》一书君臣不可不观
后，仁宗亲阅，给自己留下一部朝夕阅读，"又取一部命翻刻以赐诸子"。仁宗曾与杨
士奇谈及对于欧阳修文章的喜爱，甚至恨不能生于同时，明确地指出了文字所尚的方
向。③上述这些君臣之间的文学活动，看似只是普通的，无足轻重的，但其给士人的
心理暗示与鼓舞却是极其重大的，黄佐就说："夫燕所以示慈惠也，诗所以道性情也，
燕饮赓和之际，而至情蔼然，迥出千古，祖宗盛时，上下之交，有如是哉！"④这些普
通的游宴传递着诗情文意，这种现象反映在文学上，就是台阁体的出现与兴盛，诸人
对当朝的颂扬，其在文学上追求的那种"简澹和易"、"平正纡余"、"春容典雅"的文
风，实在是其内在心迹的表露。故黄佐感慨道"故馆阁文字，自士奇以来，皆宗欧阳

---

① 黄佐：《翰林记》卷 11，第 137 页。
② 叶盛：《水东日记》卷 11，第 118 页。
③ 黄佐：《翰林记》卷 11，第 139 页。
④ 黄佐：《翰林记》卷 6 "燕饮赓和"条，第 72 页。

体也"①。

但"土木之变"前后，明代的政治生态发生了重大变化，君臣之间的融洽关系亦发生了急剧变化。"祖宗以来，于凡燕间之际，执政大臣、左右近侍时常皆得接见。自英宗以幼冲嗣位，此礼遂废，惟有大事，则传奉召之，问对一二语遽出，因袭以为故事。景帝时壅蔽尤甚，及英宗复辟，始知其由，乃亲决章奏，日与大学士李贤议之，贤据便殿入奏。……自天顺至今四十年，先帝及今上之初，间尝召内阁不过一二语，是日经筵罢，有此召，因得以窥天质之明睿，庙算之周详，圣心之仁厚，有不可测量者如此。自是平台暖阁，稍稍召对，并及部院大臣，询其政务，若欲复祖宗之旧者。"②因为英宗即位之时年少，君臣之间的这种传统就中断了。后来的景帝更甚。至"夺门"之变后，虽然英宗也意识到了这一问题，常召李贤，但也仅仅是做样子而已，整个明代社会再难回到以前了。此类记载频见于史，如永乐仁宣时的"赐宴"，"正统以后，万寿圣节、皇太后千秋等节，及节序，本院官同群臣通宴于午门外，而燕见奏事、特恩赐燕者，遂无闻焉"③，越来越少了。如"赐饮馔"，"正统以后莫考，惟丁巳腊月、望后、大雪三日，圣情悦怿，赐大学士杨溥等黄封内珍。成化中，宪宗一日于内库得古帖，断烂不可读，命中使持至内馆使理之，适检讨傅瀚在直次，为韵语，须臾而成，授中使以复，上大悦，有珍馔法酒之赐"④，正因为后世记载寥寥，故而唯一的一次要大书特书。

君臣关系如此冷淡，彼此之间的文学互动自然也就寥寥，如进呈文字"自正统后，此事寝不闻矣"⑤，"赐御制诗文"这种活动也随着后来皇帝的兴趣转变而发生了极大的变化，如"正德初，赐御制《写怀》等诗及《蟠龙》诸诗，然未敢必其果出于宸衷也"⑥。后人对武宗的这种举动表示了极大的怀疑。其后的皇帝都耽于游乐，实际上已没有了前朝的气象。成化初年，因为首辅李贤的"夺情"起复与元宵节举行灯节，罗伦、章懋、黄仲昭、庄昶公然上疏阻止，出现了有"翰林四谏"⑦，实际上表明了自永乐、仁宣时形成的台阁体的文学传统因为明代中期政治生态的变化就已中断了。

---

① 黄佐：《翰林记》卷 11 "进呈书诗文字"条，第 139 页。
② 黄佐：《翰林记》卷 6 "召对"条，第 73 页。
③ 黄佐：《翰林记》卷 16 "赐宴"条，第 193 页。
④ 黄佐：《翰林记》卷 16 "赐饮馔"条，第 194 页。
⑤ 黄佐：《翰林记》卷 16 "进呈书诗文字"条，第 137 页。
⑥ 黄佐：《翰林记》卷 16，第 198 页。
⑦ 冯小禄、张欢：《成化初台阁派内部的一次政治、文艺斗争："翰林四谏"事件分析》，《贵州师范大学学报》（社会科学版）2011 年第 5 期。

三、从台阁体的具体特点来看

关于台阁体的文学特点，太宗曾对胡广说："永乐甲午十一月，上谕行在学士广、侍讲荣、幼孜曰：'《五经》、《四书》，皆圣贤精义要道，其传注之外，诸儒议论有发明余蕴者，尔等采其切当之言，增附于下。其周、程、张、朱诸君子性理之言，如《太极通书》、《西铭正蒙》之类，皆六经羽翼。然各自为书，未有统会，尔等亦别类聚成编，务极精备，庶几垂后。'广等总其事，举朝臣及教官有文学者同修，开馆东华门外。明年九月书成，上御殿受之，群臣表贺。盖未及一年而成，可谓太速矣。"[1]直接对文士进行了要求，而杨士奇《圣谕录》中与仁宗的两段对话，很好地体现出了台阁重臣对于文学看法：

> 殿下监国，视朝之暇，专意文事，因览《文章正宗》，一日谕士奇曰："真德秀学识甚正，选辑此书，有益学者。"臣对曰："德秀是道学之儒，所以志识端正，其所著《大学衍义》一书，大有益学者及朝廷，为君不可不知，为臣不可不知。君臣不观《大学衍义》，则其为治，皆苟而已。"殿下即召翰林典籍取阅，大喜曰："此为治之条例，监戒不可无。"因留一部朝夕自阅，又取一部命翻刊以赐诸子，谕士奇曰："果然，为臣亦所当知。"遂赐一部。盖殿下汲汲于善道如此。
>
> 上在东宫，稍暇即留意文事，间与臣士奇言欧阳文忠公文雍容醇厚，气象近三代，有生不同时之叹，且爱其谏疏明白切直，数举以厉群臣，遂命臣及赞善陈济校雠欧文，正其误，补其阙，厘为一百五十三卷，遂刻，以传廷臣之知文者，各赐一部，时不过三四人而。上恒谓士奇曰："为文而不本正道，斯无用之文；为臣而不能正言，斯不忠之臣。欧阳真无忝矣。"庐陵有君子，士奇勉之。臣叩首受教。
>
> 永乐七年，赞善王汝玉每日于文华后殿道说赋诗之法。一日殿下顾臣士奇曰："古人主为诗者，其高下优劣如何？"对曰："诗以言志，明良喜起之歌，南熏之诗，是唐虞之君之志，最为尚矣。后来如汉高《大风歌》，唐太宗'雪耻酬百王，除兇报千古'之作，则所尚者霸力，皆非王道。汉武帝《秋风辞》，志气已衰。如隋炀帝、陈后主所为，则万世之鉴戒也。如殿下于明道玩经之余，欲娱意文事，则两汉诏令亦可观，非独文词高简近古，其间亦有可裨益治道。如诗人无益之词，不足为也。"殿下曰："太宗高皇帝有诗集甚多，何谓诗不足为？"对

---

[1] 郑晓：《今言》卷2，中华书局1984年版，第98页。

曰："帝王之学，所重者不在诗。太祖皇帝，圣学之大者，在《尚书》及诸书注，作诗特其余事，于今殿下之学，当致力于重大且大者，其余事可姑缓。"殿下又曰："世之儒者，亦作诗否？"对曰："儒者鲜不作诗，然儒之品有高下，高者道德之儒，若记诵词章，前辈君子谓之俗儒，为人主尤当致辨于此。"①

　　通过这两段文字，我们看到，一方面，传道是台阁体文学的首要追求，若"如诗人无益之诗，不足为也"，"为文而不本正道，斯无用之文"，甚至认为与传道相比较，作诗只是"余事"而已。另一方面，鸣盛也是其文学的追求方向，认为"诗以言志，明良喜起之歌"，风格上追求雍容醇厚。当时的台阁重臣在文学思想与文学创作中也是自觉实践的。如杨士奇就说："诗本性情，关世道，'三百篇'无以尚矣。自汉以下历代皆有作者，然代不数人，人不数篇，故诗不易作也。而尤不易识，非深达六义之旨而明于作者之心，不足以知而言之。……我国家文运隆兴，诗道之昌追古。作者、选录者不啻十数家。……都督沐公以其所得名人之作，择其粹者，通古近体二百余篇，皆前选所不及者，名《沧海遗珠》。将刻，以传属余序。余阅其诗，大抵清楚雅则，和平婉丽，极其趣韵，莹然夜光明月之珍，可爱可玩而可传也。"②提倡、追求的是"清楚雅则，和平婉丽"的文风。他在《题东里诗集序》中又说："何足以言诗也？古之善诗者，粹然一出于正，故用之乡闾邦国，皆有裨于世道。夫诗，志之所发也。"③表现的正是台阁典型的创作目的。而杨荣则更明确地说："诗自三百篇之后，作者不少，要皆以自然醇正为佳。世之为诗者，务为新巧而风韵愈凡，务为高古而气格愈下，曾不若昔时闾巷小夫女子之为。岂非天趣之真与夫摹拟掇拾以为能者，固自有高下哉！"④认为"自然醇正"才是最好的诗文。这无疑树立了一个创作的标准。应制、题赠、酬应之作应运而作，"颂圣德，歌太平"，一己陶然悠然的满足心态自然成为创作的主流。故而罗玘说："有大制作，曰此馆阁笔也。有欲记其亭台、铭其器物者，必之馆阁；有欲荐道其先功德者，必之馆阁；有欲为其亲寿者，必之馆阁。由是，之馆阁之门者，始恐其弗纳焉，幸既纳矣，乃恐其弗得焉。故有积一二岁而弗得者，有积十余岁而弗得者，有终岁而弗得者。"明确说明了台阁体以歌功颂德、应酬交际、粉饰太平为创作目的。

　　台阁体是作为"山林文学"的对立面而出现的，但台阁重臣即使作山林之文，仍然不忘歌颂皇恩浩荡，如杨士奇《满江红·归田趣》四首，其一《春牧》云："霜鬓萧萧，皇恩重，赐归田里。郊郭外，草亭四面，青山绿水。好鸟好花春似昔，同时同

---

① 杨士奇：《东里集》卷 2。又黄佐：《翰林记》卷 11 "评论诗文"条亦有相同记载，个别文字稍异，第 139 页。
② 《东里续集》卷 14《沧海遗珠序》。
③ 《东里续集》卷 15。
④ 杨荣：《杨文敏集》卷 11《逸世遗音集序》，《影印文渊阁四库全书》本，台湾商务印书馆 1986 年版。

辈人无几。一布袍棕帽任逍遥，东风里。芳草岸，平如砥，垂杨径，清如洗。散牧处，冉冉晴霞飞绮。江色比于怀抱净，都无一点闲尘滓。更小儿，牛背有书声，清人耳。"① 连田里乡间的美好景致也是满沐皇恩，就是对于这种文学思想的完美实践。

后人对台阁体的文学特点的评价也颇为中肯，如王世贞就说："杨尚法，源出欧阳氏，以简澹和易为主。"② 认为"简澹和易"为其特点。胡应麟说："永乐中，姚恭靖、杨文贞、文敏、胡文穆、金文靖，皆大臣有篇什者，颇以位遇掩之，诗体实平正可观。"③ 概以"平正"二字。钱谦益评价杨士奇说："今所谓《东里诗集》，大都词气安闲，首尾停稳，不尚藻饰，不矜丽句，太平宰相之风度，可以想见。"④ 均对"台阁"文风做了恰当的概括。而四库馆臣评价杨荣的诗文则说："荣当明全胜之时，历事四朝，恩礼始终如间，儒生遭遇，可谓至荣。故发为文章，具有富贵福泽之气，应制诸作，汎汎雅音，其他诗文亦皆雍容平易，肖其为人。虽无深湛幽渺之思，纵横驰骤之才，足以震耀一世，而逶迤有度，醇实无疵，台阁之文所由与山林枯槁者异也。"⑤《四库全书总目提要·东里集》提要也从源流上总结说："明初'三杨'并称，而士奇文笔特优，制诰碑版，多出其手。仁宗雅好欧阳修之文，士奇文亦平正纡余，得其仿佛，可称春容典雅之音。当时馆阁著作，遂沿为流派。……其转移一代之风气，非偶然也。"⑥ 都可以看作是对台阁体风格的典型概括。

但正统后明代政治生态的演变，台阁文学没有了生成的土壤，继起的台阁诸人的文学作品，在内容上也已不复先前的气象。如表现国家气象的代表性文体——赋，在"土木之变"后，虽仍以赋来表现北京的壮美，但后来的赋就不一味地歌颂，而是多了狐狸、老鼠的意象，用来讽刺京中的权贵与贪官。⑦ 由此可见，台阁文学已然发生了变化。

四、结论

其实关于台阁体文风的变化，后来的学者其实已经谈及，如《四库全书总目提要·东里集》也从源流上总结说："明初'三杨'并称，而士奇文笔特优，……其后效

① 《东里续集》卷 62。
② 王世贞：《艺苑卮言》卷 5。
③ 胡应麟：《诗薮续编》卷 1，第 345 页。
④ 钱谦益：《列朝诗集小传》，第 162 页。
⑤ 《四库全书总目提要》卷 170。
⑥ 《四库全书总目提要》卷 169。
⑦ 孙康宜、宇文所安等编：《剑桥中国文学史》下卷，刘倩等译，生活·读书·新知三联书店 2013 年版，第 39 页。

尤既久，或病其渐入于肤庸，然亦不善学者索貌遗神之过。"①四库馆臣在评价岳正诗文时就说："正统、成化以后，台阁之体，渐成啴缓之音，惟正文风格峭劲，如其为人，东阳受学于正，又娶正女，其《怀麓堂集》亦称一代词宗，然雍容有余，气骨终不逮正也。所谓言者心之声欤。"②均指出了其变化的一面，但关于其具体的衰落时间却语焉不详。综上所述，可以看到明代台阁体盛行的时代大致在永乐经仁宣而至正统前期，这一时间是与"三杨"的政治生命相终始的。随着"三杨"的逝去，时代的变迁，新的社会现象的出现，台阁体失去了存在的条件，其文风自然也发生了不同。今人也已认识到这一点，左东岭就说："严格地讲它既不在洪武甚至亦不在永乐时期，而是在仁宗、宣宗及英宗前期的近二十年时间内广为流行，高潮乃在宣宗一朝，景泰、天顺、成化三朝则是其余响。"③汤志波认为台阁体流行于永乐至成化间④，只不过在具体时间上稍有不同。罗宗强则直接说："永乐一朝营造的文化环境，延续至正统。在这近五十年的时间里，正是文学史上称为台阁体的文学思想潮流充塞文坛的时期。"⑤但均未展开论述。我们一贯认为，弘正间李东阳、王守仁等对台阁文风有接续，实际上要重新检视，如《剑桥中国文学史》就说："一般而言，'台阁'在明代中叶变成了一个文体概念，特指那些在官方公开场合写作的颂祝之作。根据这个新的定义，在这期间许多翰林院士人的作品并不属于台阁文学。"⑥确实是中肯之见。

（作者单位：西安财经学院文学院）

---

① 《四库全书总目提要》卷 169。
② 《四库全书总目提要》卷 170。
③ 左东岭：《王学与中晚明士人心态》，人民文学出版社 2000 年版，第 18 页。
④ 汤志波：《台阁体新辩》，见复旦大学中国古代文学研究中心编：《中国文学研究》第 18 辑，中国文联出版社 2011 年版。
⑤ 罗宗强：《明代文学思想史》，中华书局 2013 年版，第 129 页。
⑥ 孙康宜、宇文所安主编：《剑桥中国文学史》下卷，第 46 页。

户县草堂寺金代题咏小考

孙海桥

户县草堂寺原为姚秦时期逍遥园，鸠摩罗什曾在此译经，后改为禅院，古往今来有很多文人墨客游览草堂寺且留下题咏。今草堂寺专门设有碑廊，保存了 21 方碑刻，其中一方为金大安元年（1209）所立，共录诗歌四首，今就其略加考证。

此碑录诗四首，作者为东原田曦、史奕以及雪嵒老人。东原田曦诗有诗题，《大安改元春六十日，因陪子晋先生泊诸友过草堂而宿，偶成二绝》："萦纡一迳绕山根，野草闲花种种新。要识我来林下意，不教虚负草堂春。""飞花狼藉送春忙，乘兴来游古道场。拟把尘昕顿祛释，会须今夜宿山堂。"史奕诗："一春风土暗商颜，随牒口东我自顽。今日圭峰尘障里，山灵应怪未归山。"雪嵒老人诗："竹外溪山总是泉，马蹄无处避苍烟。圭峰面目真如在，何必林间去学禅。"

东原田曦之诗题较长，其中透露出来的信息也比较多。首先可以确定的是时间，"大安改元春六十日"即金代卫绍王大安元年春三月，同行者其中一人为"子晋先生"。此"子晋先生"疑为侯子晋。《中州集》录元好问之父元德明诗有《同侯子晋赋雁》、《寒林图为侯子晋赋》，元德明于金泰和六年去世，距大安元年仅三年，与"子晋先生"生活年代相符。而且，元德明的诗题是《同侯子晋赋雁》，故侯子晋应也有赋雁诗作，可知侯氏精于诗文之道。

东原田曦并非是人名，乃是地名与人名的合称。据《史记》卷 2："集解，郑玄曰：'东原，地名，今东平郡即东原。'索隐，张华《博物志》云：'兖州东平郡即《尚书》之东原也。'"[1] 因此，田曦为东平人。田曦生平无考，据《山左金石志》卷 20《棣州重修庙学碑》记载，明昌六年（1195）田曦任棣州州学教授，参与了重修庙学。[2]

---

① 《史记》，中华书局 1959 年版，第 57 页。
② 《历代碑志丛书》第 15 册，江苏古籍出版社 1998 年版，203—205 页。

　　另《关中金石记》卷7有《田曦谒祠记》，时间为泰和七年（1207）四月①，或此时田曦任职于关中地区，故历览秦地古迹。

　　草堂寺碑刻已有数字模糊不清，《金石文考略》记述圭峰草堂诗时有缺文，"大安改元春六十日洹山史口题诗一首"，（乾隆）《西安府志》则记载缺名之人为"史奕"。

　　经笔者查阅，洹山史奕应当是史公奕。《雪桥诗话三集》王齐翰勘书挑耳图题跋"前有大安庚午中秋洹山道人史公奕季宏题"②。《全金诗》有史公奕小传："公奕，字季宏，大名人，系出石晋郑王弘肇。父良臣，宣和中擢第，终于潞州观察副使。季宏大定二十八年进士，再中博学宏词科，程文极典雅，遂无继之者。累迁著作郎、翰林修撰、同知集贤院。正大中置益政院，杨吏部之美与季宏皆其选也。以直学士致仕，年七十三卒。季宏文章尽翰，皆有前辈风调，下至棋槊之技，亦绝人远甚。闲闲称其温厚谦退，与人交愈久而愈不厌，其学问愈扣而愈无穷，其见重如此。诗文号《洹水集》，兵后失之。"③

　　陕西可查的关于史公奕的碑刻，除了草堂诗碑之外，尚有《关中金石记》所录的虞用康、史公奕雁塔题名碑，时间为"泰和五年（1205）春四十日"④，以及《金石萃编》所记载的"大名史公奕、王官麻邦宁被檄游京兆，同观石经，泰和五年春三十五日博陵崔选继至"⑤。泰和五年早于大安元年，且史公奕长期在中央担任官职，疑其草堂寺乃是泰和五年所作，并非大安元年。

　　雪嵓老人为田唐卿，金代著名诗人蔡松年与之私交甚厚。在《明秀集注》中有一首蔡松年为田唐卿而作的《念奴娇》，蔡松年自序曰："田唐卿，九江人。……比罢熙和酒监，后为药局。"下又有魏道明小字注曰："唐卿名秀实，浔阳人，侨寓汴梁，尝监杞县酒，又佐南台惠民局，构书斋，牓曰'小眠'，蓄湖石名雪嵓，自号雪嵓老人，又号东岫种玉翁。"⑥

　　关于田秀实任酒监的地点，蔡松年说是"熙和"，魏道明的小注认为是杞县，当以蔡松年所记为准，但宋代并无熙和，实则是熙河，宋神宗熙宁五年置熙河路。金代废弃熙河路，且没有监酒税与惠民局，因此田秀实任职的时间应该是在北宋时期。在第一首《念奴娇》下，蔡松年写道，"仆来京洛三年，未尝饱见春物，今岁江梅始开，复

① 《丛书集成新编》第49册，台北新文丰公司1984年版，第274页。

② 杨钟羲：《雪桥诗话三集》，北京古籍出版社1991年版，第327页。

③ 郭元釪撰：《御订全金诗增补中州集》，《影印文渊阁四库全书》本，第1445册，台湾商务印书馆1986年版，第384页。

④ 《丛书集成新编》第49册，第274页。

⑤ 《历代碑志丛书》第7册，第28页。

⑥ 《丛书集成三编》第47册，第413页。

事远行，虎茵、丹房、东岫诸亲友折花酌酒于明秀峰下"[①]。《皕宋楼藏书志》曰："明秀峰在汴梁。"此时蔡松年与田唐卿等人在汴京聚会。宣和七年（1125），蔡松年降金，故他在汴京时至少是宣和七年之前。靖康之变后，北方地区尽落入金人之手，田秀实并未南渡，而是留在了北方。《明秀集注》卷 2《水龙吟》前有比较长的序："余既沉迷簿领，颜鬓苍然，倦游之心弥切……癸酉岁遂买田于苏门之下，孙公和、邵尧夫之遗迹在焉。……双清道人田唐卿清真简秀，有林壑癖，与余作寂寞苍烟之友。"[②] 此处的癸酉岁应当是金海陵王贞元元年（1153），此序可证田秀实由宋入金。

在宣和七年之前田秀实已经历任熙河路监酒税与惠民局，故其年岁应当长于蔡松年。大安元年已经是金朝末年，若蔡松年活至大安时期，年龄也已逾百岁，何况是田秀实，故田秀实作诗时间肯定不是大安元年，应该是金前期。

该碑大安元年二月初十由寺主了珍立石，田曦作诗时间为大安元年春六十日，按照古人以正月初一为春天开始的习惯来算，已经是三月初，与二月初十时间不符，而且古人立碑时间基本上是要晚于作诗时间的。

因此，笔者做如下推测，田秀实和史公奕的诗作早已写就，大安元年二月初十寺主了珍为之立诗碑，田曦诗作为后来补刻。

（作者单位：西北大学文学院）

---

① 《丛书集成三编》第 47 册，第 409 页。
② 同上书，第 417 页。

后　记

　　为了加强陕西省文化建设，弘扬祖国传统文化，陕西省政府在"十二五"期间启动了"陕西古代文献集成"（初编）项目。此项目2013年3月立项，分两期进行，先期整理一百六十余部古籍。三年多以来，进展顺利，目前已经完成五十余种典籍的校勘，年内即将出版。

　　在项目进行过程中，编纂委员会的原则是每年举办一次大型研讨会，供参与者就所发现问题进行讨论交流。第一届研讨会已于2013年3月举办，发表高质量论文四十余篇，已结集出版。2014年6月，"第二届陕西地方文献学术研讨会"由西北大学文学院和陕西省社会科学院古籍研究所举办，会议的参加者全部是项目的承担者，各位学者专家对自己承担课题中的学术问题做了归纳研究，发表的论文专业性强，水平高，有很强的现实针对性。探讨的问题包括所整理古籍的作者生平交游的考证，古籍的版本、史料价值的考述，校勘中所发现的问题，以及该书所涉及的民俗、思想史等相关问题的探讨。

　　本书将此次会议所发论文三十余篇，二十余万字，汇编成书，西北大学文学院教师杜学林与古典文献学博士生孙海桥在其中做了大量工作，在此谨致谢忱。本书主要供广大从事历史学、文学、社会学、哲学等学科的科研工作者参考使用，并请批评指正。

贾三强

2016年初冬